新时代大学体育文化建设与发展研究

王　哲◎著

吉林科学技术出版社

图书在版编目（CIP）数据

新时代大学体育文化建设与发展研究 / 王哲著 . ——
长春 : 吉林科学技术出版社 , 2023.6
ISBN 978-7-5744-0561-5

Ⅰ . ①新… Ⅱ . ①王… Ⅲ . ①高等学校—体育文化—
研究 Ⅳ . ① G807.4

中国国家版本馆 CIP 数据核字 (2023) 第 109473 号

新时代大学体育文化建设与发展研究

著	王　哲
出 版 人	宛　霞
责任编辑	蒋雪梅
封面设计	筱　萸
制 版	筱　萸
幅面尺寸	185mm×260mm
开 本	16
字 数	260 千字
印 张	14.75
印 数	1–1500 册
版 次	2023年6月第1版
印 次	2024年1月第1次印刷

出 版	吉林科学技术出版社
发 行	吉林科学技术出版社
地 址	长春市福祉大路5788号
邮 编	130118
发行部电话/传真	0431-81629529 81629530 81629531
	81629532 81629533 81629534
储运部电话	0431-86059116
编辑部电话	0431-81629518
印 刷	廊坊市印艺阁数字科技有限公司

书 号	ISBN 978-7-5744-0561-5
定 价	86.00元

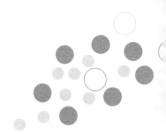

前　言

　　大学体育文化是中国特色社会主义先进文化的重要组成部分，是在学校的特定环境下，经过全体师生的共同努力，促使体育文化和校园文化相互碰撞、整合、渗透、积淀而形成的产物。大学体育文化历史悠久、持续时间长、影响广泛，具有鲜明的时代性、教育性、实践性等特征。作为学校体育教育发展的重要内容，大学体育文化建设不仅引导着学校体育工作的发展方向，还担负着营造积极健康的大学体育文化氛围的使命。发展积极向上、健康有益的大学体育文化，一方面可以充分发挥大学体育文化在强身健体、休闲娱乐、个性发展、审美陶冶、教育育人等方面的独特价值，对学校师生的价值取向、人格塑造、道德品质和行为习惯产生深远的影响；另一方面可以促使学校师生从更深层次上理解体育文化，从而树立终身体育意识。由此可见，研究大学体育文化具有重要的现实意义。

　　本书第一章至第三章为基础理论，阐述了大学体育文化的基础知识、建设依据、体育文化对大学生的影响等，包括大学体育文化的内涵、新时代大学体育文化建设的目标与任务、大学体育文化建设的内容要求以及大学体育文化对大学生身体健康、心理健康、人文精神、健康行为与社会化的影响；第四章至第七章为建设实践，对大学体育文化的建设进行研究分析，内容包括体育教学与大学体育文化的融合、大学竞技体育文化建设、大学体育艺术文化建设、民族传统体育文化的弘扬与发展等，这些研究有助于丰富大学体育文化，促进大学体育文化体系的健全和完善；第八章至第十章为创新发展，探讨了大学体育文化的传播与发展、大学体育文化体系的构建、新时代大学体育文化的创新与体育文化现代化等，为新时代高校立德树人，培养新时代德智体美劳全面发展的社会主义接班人提供了理论依据。

　　本书在撰写过程中参考了大量相关书籍和资料，在此向有关专家和学者表示敬意和感谢。由于编者水平有限，书中难免存在不足之处，欢迎广大读者批评指正。

目　　录

第一章　大学体育文化概述

第一节　大学体育文化的内涵与特征

一、大学体育文化的内涵

（一）文化

人类传统观念认为，文化是一种社会现象，它是由人类长期创造形成的产物，也是一种历史现象，还是人类社会与历史的积淀物。确切地说，文化是凝结在物质之中又游离于物质之外的，能够被传承和传播的国家或民族的思维方式、价值观念、生活方式、行为规范、艺术文化和科学技术，它是人类相互之间进行交流的普遍认可的一种能够传承的意识形态，是对客观世界感性上的知识与经验的升华。

文化作为人类创造性实践过程和产物，实质上包含着三部分内容，即由人在实践过程中创造的物质文明成果、精神文明成果和人的创造性智慧能力。在这个意义上说，文化是人类摆脱原始的野蛮状态，逐步走向文明状态所不可缺少的条件，是一种具有进步意义的历史性标志。

文化是人类社会生产力发展到一定历史水平的必然产物。在马克思主义看来，所谓文化，在本质上是人类的一种特殊精神生活。而这样的比较高级的精神生活，必然是以一种比较高级的物质生产力发展水平为基础的。比如说，由于工业革命，社会的生产力发展到了相当高的水平，人的精神也随之获得了一定程度的解放，于是就产生了对精神生活的需要，这恰恰成为人类文化形成和发展的根本动力。关于这个问题，恩格斯说过，正是由于工业革命，人的劳动生产力才达到了相当高的水平，以致在人类历史上破天荒第一次创造了这样的可能性：在所有的人实行明智分工的条件下，不仅生产的东西可以满足全体社会成员丰裕的消费和造成充足的储备，而且使每个人都有充分的闲暇时间去获得历史上遗留下来的文化（如科学、艺术、社交方式等）中一切真正有价值的东西。很显然，人只有获得了充分的闲暇时间，才有可能去创造文化和获得文化，而这样的闲暇时间必须以一定高度的生产力发展水平为前提。正是在这个意义上，我们可以说，文化是人类社会生产力发展到一定历史水平的必然产物。同时，文化也是人类社会生产力发展水平的一种特殊表现形式。不言而喻，要想建设社会主义文化，就必须真心实意地去发展社会生产力。同样道理，人类社会摆脱野蛮走向文明，即社会文明水平的提高，归根到底决定于社会生产力水平的提高。

（二）校园文化

1. 几种有关校园文化定义的说法

当前，存在很多种文化的定义。文化观不同，对于校园文化的理解也会多种多样。国内学者分别从多个角度、多个侧面、多个层次，界定了校园文化的概念。这里主要对以下几种常见的说法进行阐析。

（1）"文化氛围说"

校园文化是众多群体文化中的一种，是校园的一种小环境和小气候，是校园中具备学生特征的精神环境与文化氛围，是学生在教学管理和教学全过程中逐步形成的文化氛围与传统。

（2）"社区说"

持该观点的人运用社会学理论，对校园文化进行进一步阐释，并认为社区文化中包括校园文化。他们认为，校园文化是社会文化大背景下特色鲜明的亚文化形态，是生活在学校社区的每位成员共同拥有的校园价值观以及校园价值观在物质形态和意识形态两方面的具体化。

（3）"补充说"

校园文化是以学生的兴趣与条件为参照依据，对学校课堂教学的缺陷加以补充，对学生的才能与爱好产生积极影响，是对学校第一课堂的深入完善。

（4）"体现说"

校园文化是学校精神、学校传统、学校作风、学校理想的整体体现。

除此之外，还包括"综合说""启蒙说""精英说""二课堂说"等关于校园文化概念的说法。以上这些说法的共同特点是立足于一个角度或方面来界定校园文化某些方面的内涵，以增多人们认识校园文化的角度。但从全局分析，上述定义有以下四个方面的缺陷。

第一，极易陷入校园文化就是纯精神文化或者校园文化就是娱乐文化的误区。

第二，极易把研究校园文化的角度只定位在学生群体上，导致教师、职工等人员的具体作用被忽视。

第三，极易陷入校园文化就是社会其他文化的误区，弱化校园文化的教育价值与校园特色。

第四，没有对校园文化和校园主体的互动性，以及两者间的相互影响、相互作用进行阐析。

2. 校园文化的内涵

综合"文化"概念以及校园文化的多项定义，将校园文化的本质和校园文化的特性作为切入点，将其概念归纳如下。校园文化是指处在教书育人的校园环境中，发挥学生的主体地位以及教师的主导作用，将目标设定为推动学生成长、提升学生文化和审美水平，动员学校所有教师、学生、员工在教学、科研、管理、生产、生活、娱乐等领域的相互作用中，共建校园特色鲜明、对学校生活主体追求的物质、制度、精神、行为等成果的总和。简单地说，载体是物质、形式是制度与行为、内部核心是精神，四者共同构建成的特殊文化形态，即校园文化。

立足于特定角度进行分析，校园文化是指教师、学生、员工学习、工作和生活的一种精神氛围与物质环境，是特定生活方式的具体体现。教师、学生、员工均在校园文化中生活，不仅扮演着校园文化的建造者和变革者，而且在被校园文化自觉或者不自觉地陶冶、引导与塑造，最后教师、学生、员工的行为习惯、精神追求以及生活方式逐渐确定和形成。

（三）体育文化

至今，国内外还未形成统一的体育文化概念。我国学者卢元镇归纳了体育文化的概念，他认为体育文化具体包括人类体育活动的物质文化、人类体育活动的制度文化、人类体育活动的精神文化。从这一观点来看，体育认识、体育情感、体育价值、体育理想、体育道德、体育制度和体育物质条件是体育文化的主要内容。立足于广义的角度，体育文化包括物质形态文化和精神文化两个方面，物质形态文化包括身体素质、体育器械、运动产品等，精神文化包括体育知识、技术、组织和制度文化、思想观念文化等。[①]

学者杨文轩在《体育原理》中认为："体育文化是在增进健康、提高人们生活质量的过程中创造和形成的一切物质的和精神的财富，包括与之相适应的社会组织及其规范体育活动的各种思想、制度、伦理道德、审美观念，还包含为达成体育目标的各种改革措施以及相应成果。"[②]

---

① 葛丽华，胡烈刚.校园体育文化概念之辨析［J］.浙江体育科学，2006，（第4期）：47-48+71.

② 杨文轩，陈琦.体育原理［M］.北京：高等教育出版社，2004.04.

体育文化是文化的分支之一，因此体育文化的上位概念是文化。在人类文化的多个组成部分中，体育文化属于其中之一。体育文化是和人类体育运动相关的物质、制度、精神、行为文化之和，是社会文化的亚文化。立足于文化学角度与社会学角度进行分析，相比于体育运动的开展，建设体育文化显得更加关键，可以推动人类向着全面、自由、和谐的方向不断前进，使个体的性格和社会性格尽可能达到统一。

综上所述，体育文化是指以提高身心素质、寻找健康生活方式为目的的体育运动，以及由体育运动产生的物质财富、精神财富的总和。这里所说的精神财富主要是指体育运动在思想意识和价值取向方面产生的作用。

需要注意的是，体育作为人类社会创造的一种身体文化样式，是人体运动发展的产物。人们只有把身体运动作为一种形式和手段，有目的地、有选择地、能动地挖掘人体潜力，促进身心全面发展的社会实践活动，身体运动才具备体育文化的意义。

（四）大学体育文化

大学体育文化是以学生、教师为主体，以促进学生、教师、员工身心全面发展为目标，以身体锻炼为手段，以多种多样的运动项目、活动、竞赛为主要内容，传授体育知识，满足学生、教师、员工的健康需求和精神需求，开发学生潜能、改善学生智能结构、拓展学生综合素质的物质成果和精神成果的总和。

大学体育文化既是学校文化的重要组成部分，也是体育文化的重要内容。具体来讲，大学体育文化包括以下四个方面的含义。

第一，大学体育文化区别于企业文化、家庭文化、社区文化等，是学校所特有的文化现象。大学体育文化是学校文化和体育文化这两种文化体系交互产生的一种跨文化体系，它与其他文化最明显的区别是学校环境的特殊性和参加主体（教师、学生、员工）的特定性。大学体育文化是发生在学校内的体育文化和特殊群体的文化，具有环境的特殊性和参加主体的特定性，这是其特殊性和特定性的核心所在。一方面，大学体育文化是社会大文化在学校内的折射；另一方面，大学体育文化是学校历史传统的积淀，其性质是一种区域文化，属社会文化的亚文化范畴，在内容和体系上又有着自己独立的形式和结构。

第二，大学体育文化既是整个体育文化的组成部分，又是学校文化的重要载体。大学体育文化的构成要素是体育物质文化和体育精神文化，它通过学校体育氛围、学校体育环境、体育制度规范、学校体育活动、大多数人共同遵守的法规以及学校体育制度等因素，对学生施加影响，从而促进学生身心全面发展。大学体育文化反映了学校广大师生的生命观、健康观、人生观、健身目标、健身理念以及行为准则，既是一种有着深刻内涵和外延的文化，又是一种具有多文化层、系统开放的文化形式，既有严谨的科学方法、健全的组织结构，又有丰富的人文资源。

第三，大学体育文化是以价值观为核心的，师生的价值取向决定了大学体育文化的特征和功能，决定了大学体育文化的发展方向，这是整个学校教育文化中最重要、最核心的部分。大学体育文化本质上体现的是关于教师、学生、员工的体育价值观，它必然会对全体教师、学生、员工的行为产生强有力的导向作用，形成一种强势的学校氛围，造就学校特有的体育文化品质和体育传统，进而形成该学校区别于其他学校的一个特征。优良的大学体育文化品质、精神和体育传统作为学校发展的潜在动力，无疑是一种巨大的激励因素，推动着人们积极进取、战胜困难、开拓创新，特别是在学校遇到困难或挫折时，它会给人们以信念的支撑，成为人们追求理想、追求发展的力量源泉，具有无形的凝聚力和感召力。在这种品质、精神、传统的熏陶下，生活在同一所学校的人彼此之间会产生强烈的认同感、责任感和荣誉感。

第四，大学体育文化中承载着价值观的活动形式和物质形态，主要指师生的活动方式以及与此紧密相关的生活方式，这是大学体育文化的具体体现。大学体育文化与学校的德育、智育、美育等文化一起构成了学校文化群，其价值取向、目的都与学校文化所依托的价值体系、目的相统一，其落脚点都在于培养人、造就人。大学体育文化还是民族体育文化在学校的反映，学生学习和开展的民族传统内容的活动也是民族文化的载体和传承。从某种意义上说，学校既是文化的受益者，又是文化的创造者，在一定文化所形成的精神氛围、特质和环境潜移默化的影响下，学生成为社会群体的一分子、民族大家庭的成员。通过自己的言行参与文化的创造与传播，学生对于大学体育文化的认同可以表现在他们参与学校的各项体育文化竞赛活动中。例如，在校际运动会上，学生对学校和班级的归属感就会转化为体育比赛中争夺名次、顽强拼搏的责任感和荣誉感。

二、大学体育文化的特征

大学体育文化不仅有着学校文化的一般特征，还具有自身相对独立的特征，主要表现在以下几个方面。

（一）客观性和主观性

文化是人创造的，人是有意识的动物，但是人创造文化的原动力却不是人的主观意识，而是人的客观需要。反过来说，人们接受一定文化影响的过程是一种不以人的意志为转移的客观过程，即无论人们有意或无意，自觉与不自觉，都必然要受到一定文化的熏陶。大学体育文化作为一种亚文化，同样具备这一客观性质。

学校是人类传播文明、培养人才的专门场所，学校内的一切活动基本上都有着明确的目的性，这就使大学体育文化的有意识成分大大增加，成为一个比较自主的文化系统，即能够在一定程度上按照学校的意志建构和选择其影响的文化系统。正是由于这种自主性，极大增强了大学体育文化的可控性，人们可以通过学校内的舆论宣传、气氛营造、积极引导、奖励机制、纪律约束和教育灌输等把大学体育文化控制在教育目的的实现范围内。因此，大学体育文化具有主观性的特征。[①]

大学体育文化的客观性和主观性特征说明，作为一种文化现象，大学体育文化的存在是不以人的意志为转移的。同时，学生也并不是大学体育文化消极的适应者，而是其积极能动的参与者、享用者。因此，学校在积极主动的体育实践活动中，不仅要构建自身所处的大学体育文化氛围，还要重视学生的身体、个性和人格健康。

（二）系统性和人文性

大学体育文化是一个全方位的综合性概念，它不是一些简单的要素组合，而是由诸多形式内容、功能组合形成的特殊而复杂的社会文化系统。它包罗了学校体育思想、观念，是社会大文化系统在学校中的折射和反映，全体教师、学生、员工都会受到这种文化氛围的影响，并且这种影响作用具有全面性和综合性的特点，从而构成了学校生活的丰富多样，对学校师生发挥着潜移默化的作用。因此，大学体育文化具有系统性的特征。

大学体育文化最突出的表现形式是身体活动。身体活动在大学体育文化中既强烈地表现出人的自然生物属性，又具有鲜明的人文精神。人的肢体语言是人类最原始的文化思想、情感交流工具，其丰富的内涵充分体现了人类的创造力。大学体育文化中的肢体语言可以使人的本能得到理性表达。大学体育文化属性和学校文化属性密切交互作用，其原因是大学体育文化将本能的或功利性的身体的活动引向人自身的发展，不仅将身体活动纳入学校体育精神文化领域，而且赋予大学体育文化永恒而持久的使命。可以说，大学体育文化自始至终体现着一种人文精神，蕴涵着一种人文目标，昭示了一种人文价值理念，自然具有人文性的特征。

---

① 马万凤，徐金华，夏小平，平朋刚.试论高校校园体育文化的特征及其功能[J].北京体育大学学报，2003，（第4期）：508-510.

（三）时代性和长效性

任何文化都是时代的产物，都具有一定程度的反映时代本质的特征，同时又随着时代的发展而不断地演化自己的形态。学校离不开时空环境，时空环境是影响学生生存发展的重要因素。具体到大学体育文化的形成和发展方面，大学体育文化的内容与形式会受到一定时代的政治体制、经济体制、教育体制、社会结构和文化风尚等因素的制约，自然容易受到时代特征的影响。

大学体育文化对学生产生的影响具有持久性，对人才的培养具有长效性，它影响着培养出来的人才走上社会后的发展。在良好的大学体育文化氛围中成长的青少年进入社会后，可以不断巩固自己已形成的良好品质，即便面对悬殊的文化环境差异和文化层次距离，也不会产生异化作用，反而会强化自己已形成的良好品质和行为方式，对其一生起到重要的作用。可以见得，大学体育文化具有长效性的特征。

（四）延续性和继承性

大学体育文化和其他亚文化一样，具有历史延续性，可以形成一种传统或风气。学校体育传统或风气是指一个学校在体育活动方面形成并进行的带有普遍性、重复出现和相对稳定的一种集体行为风尚，是学校教育的一种氛围与环境，是教师、学生、员工共同创建的校园文化，是校风的有机组成部分。传统和风气作为一种社会文化现象，二者之间既有区别又有联系。一般认为，传统多指纵向性的继承，风气更多指横向性的传播。某种风气的长期存在可能逐渐形成传统。总之，大学体育文化具有延续性和继承性的特征，其开展得如何主要看学校体育传统和体育风气。需要注意的是，大学体育文化不是在短时间内可以形成的，需要长期积累和人们坚持不懈的努力。

（五）组织的闭合性和活动内容、活动空间的广泛性

从组织观念看，学校是一个大组织，由一个个小组织构成。学校层次分明的组织结构，相对集中的组织单位，给大学体育文化带来了新的特点，使其不仅在内容上向开放方向发展，而且在形态上相对闭合，从而形成一个个大学体育文化圈，如学校的系、专业、年级、班级小组以及自发形成的专项体育协会等。长期的学习、工作和管理实践，不可避免地使这些群体组织形成相对闭合的大学体育文化圈，形成相对独立的集体、相对固定的群体和相对定向的实践对象。因此，大学体育文化具有组织闭合性的特征。

大学体育文化活动内容丰富多彩，从学生自发组织的活动到仪式正规的运动竞赛，从娱乐性体育活动到竞技性运动项目等，无所不包。体育的活动空间非常广阔，从环境幽雅的学校到校外广阔的空间，从拥挤狭窄的寝室、走廊到空气清新的大自然，到处都

是体育活动的场所，处处可见进行体育活动的学生。因此，大学体育文化具有活动内容、活动空间广泛性的特征。

（六）竞争性和共享性

竞争是体育运动的灵魂，也是大学体育文化的核心内容和精彩所在，没有竞争就没有发展和进步。现代体育正处于不断创新和变革时期，竞争性是这一时期的主要特征。学校体育是最富有竞争性的领域，也是学生培养公开、公平、公正竞争精神的最好的演练场和实践地，丰富的学校体育竞赛可以培养学生的竞争意识，使他们学会遵守规则、尊重裁判，并能磨炼意志，增强取胜的信心。因此，大学体育文化中必然要具备竞争性的特征。

此外，大学体育文化还具有资源共享的特征。21 世纪是高科技和信息化的时代，互联网具有丰富的表现力以及交互性强、共享性好、知识信息量大等特点，已经成为人们生活和工作不可或缺的一部分。借助网络技术，全球任何角落的人都可以及时获得各种体育信息，从而为大学体育文化的共享拓宽路径。

同时，学校的体育设备、设施也可以为社会提供服务。例如，2008 年北京奥运会部分场馆就建设在高校，实现了学校与社会的体育资源共享，也使大学体育文化跨出了校门，社会体育文化融入了学校。

（七）隐蔽性和持久性

大学体育文化以体育实践为载体，通过建造丰富多彩的体育场馆和建筑，创造发明各种有利于锻炼身体的器材和方法，同时利用各种各样的渠道进行体育宣传，提高教师、学生、员工的体育认知，培养他们的体育情感，磨练他们的体育意志，让体育规则意识、体育运动精神、体育道德风尚等体育精神内化为其个人品质，最终让他们形成有利于自身发展和社会进步的体育价值观，实现学校的育人目标。在教育方面，不同于其他文化通过教学、观察、感悟来实现对人的教化，以视觉、听觉和大脑中枢神经系统的运作来实现知识的传递和能力的培养，大学体育文化主要通过身体运动，动觉和小脑的参与来促进技能的提高和身心的协调。这种方式不太注重大量信息的摄入，更在于自身机能的自动化训练和培养，外界的影响因素较少，自身的参与因素较多，是较其他文化育人形式更隐蔽的一种方式。因此，大学体育文化具有隐蔽性的特征。

文化本身是智慧生物在长期的生存和发展中积淀起来的财富，具有延续性、持久性的特征。文化育人是一项漫长而持久的，有目的、有组织、有计划的社会活动，是贯穿于个体终身的一项活动，育人的效果是终身的、不可逆的。校园文化对人的影响几乎是终身的，几乎每一个学生都会对学校的标志性人物、事件、建筑等留下终生的记忆，这就是校园文化影响的持久性。大学体育文化作为社会文化和校园文化的分支，理所当然地具有同样的特征，即传承性、延续性和持久性。具体而言，大学体育文化以培养学生的技能和促进学生形成良好的行为习惯为主要目的，学生掌握的技能或形成的习惯均是在长期的训练中获得的，通过神经记忆，以自动化反应的方式内化于心，或以身体组织的形态变化外化于行。由此可见，大学体育文化对学校教师、学生、员工精神意识的渗透、行为习惯的养成、身心状态的改变，影响深刻而持久。

（八）活动形式的多样性和活动方法的灵活性

大学体育文化活动的形式多种多样，方法灵活多变，有早操、课间操、课余体育锻炼、运动队训练及家庭体育活动等。可以是个人活动、小组活动、班级活动，也可以是年级活动、全校活动，还可以是兴趣小组、各种学生社团、俱乐部等组织形式开展的体育活动。在学校体育活动中，学生活动的主体性和教师指导的辅助性得到了充分体现，为学生提供了一个充分发挥自己能动性的可能性。

大学体育文化具有的活动方法灵活性的特征表现在除了学生必须参加的早操、课间操等体育活动之外，学生还可以自愿参与趣味性强、自主性强的课外体育活动，如同学间轻松愉悦、自主松散的远足，充满乐趣的家庭体育活动等。

（九）民族性和教育性

中国是一个多民族和谐统一的国家，诸多民族体育文化构成了中国传统体育丰富多彩的形式和内容，如摔跤、骑射等极富民族、地域特色的传统体育项目。学校体育教学可以推广民族传统运动项目，增强学生的民族团结意识，促进各民族的交流，有利于各民族的文化交融和传播。因此，大学体育文化具有民族性的特征。

学校的一切教育活动都是为了培养人，大学体育文化活动是学校教育的重要组成部分，担负着培养人的重任。大学体育文化不仅在提高学生身体素质、增进健康方面有独特的作用，而且在培养学生树立崇高理想、坚韧不拔的意志品质、拼搏进取的精神、良好的道德品质、敏锐的思维和创造能力等方面都有显著作用。学生观看、欣赏、参与体育活动的过程也是受教育的过程，是学生从其他文化活动中难以感受到的。另外，大学体育文化活动也是培养爱国主义、集体主义、社会主义教育的重要途径，对社会主义精神文明建设具有积极作用。因此，大学体育文化具有教育性的特征。

第二节　大学体育文化的功能

一、文化功能

大学体育文化作为一种社会文化，是学校在长期的教学实践过程中逐步形成的，更是在广大师生直接参与和精心培养下发展起来的。它对改善学生的智能结构，加强学校与社会的交往，传承、借鉴人类社会的文明，提高学生的积极性、主动性和创造性，促进教育改革的深入发展具有特殊的作用。

大学体育文化生活可谓是精神文化的大舞台。有了丰富的大学体育文化，就能营造出教育的氛围，增添学校的活力，使校园生活变得多姿多彩，有效地提高学生的生活质量。可以说，大学体育文化是最受学生欢迎的一种群体文化，也是学生从"自然人"向"社会人"转变的推动力。

二、育人功能

大学体育文化具有多重功能，这些功能主要贯穿在学校的整个育人过程中，对于培养德、智、体、美、劳全面发展的学生至关重要。具体来讲，大学体育文化的育人功能主要体现在以下几个方面。

（一）促进学生身心发展

1. 促进学生体质健康

增强学生体质，促进学生生长发育，提高学生健康水平，是大学体育文化的主要功能，也是大学体育文化的特殊功能。大学体育文化对于成长中的青少年学生来说，最直接、最显著的功效主要以两种方式体现出来。一是在身体形态和机能的变化上。大学体育文化活动可以促进学生身体的生长发育，使学生的体格得到改善，体质得以增强，身体各器官得以协调发展，机能水平得到提高。二是在行为和意识的变化上。学生通过长期的运动参与和实践体验，可以促进自身新陈代谢，更具旺盛的生命活力，还可以通过体育实践活动了解自己的身体，认识自我，认识到健康对于人的重要性，逐步养成健康的行为习惯和生活方式，同时增强自我保健意识，掌握科学锻炼的方法。

2. 开发学生智能潜力

智能是指能集中精力保持情绪稳定以从事艰难、复杂、敏捷和创造性活动的一种能力。智能的基础是智力，而体育文化活动本质上是一种有益的智力活动。学生正处在智力发展的高峰阶段，大学体育文化活动对学生智力发展有着举足轻重的作用。有研究表明，经常参与体育锻炼活动，能改善大脑的物质结构和机能状况。同样，学生积极参与各种类型的大学体育文化活动，能消除大脑的疲劳，使头脑清醒，精神焕发，从而提高学习效率；可以提高感知力、思维能力，丰富想象力，增强记忆力，为智力开发创造良好的生理条件和环境条件。[①]

3. 塑造学生健全人格

健全人格是一种理想的社会人格形态，是指人具备社会普遍认同的、良好的、全面的做人的品质，是个人智慧和能力、气质和风度、品质和品格、心理和思想等各方面的总和。它既具有广泛的社会认同，又有鲜明的个人特征；既体现了做人的基本方向和标准，又是个体生命独立、自主理性的存在方式，是个体与社会交汇融合的桥梁。

大学体育文化作为塑造大学生社会化人的文化要素之一，始终与处于该文化环境中的生活成员发生密切的联系，参与大学体育文化活动的学生是受教育的主体，而大学体育文化作为客体存在，随时发挥着显性或隐性的作用。有目的、有组织的体育文化可以使学生在各种活动中彼此情感融洽、人际交往和睦，既满足了学生的生理需要，又满足了学生的心理需要。此外，大学体育文化中的道德规范、规则和制度，体育观念、体育风尚、体育精神、体育意识等会时时影响在其中活动的学生，使学生的内部心境与外部环境达到协调统一，将积极进取的精神、乐观向上的态度、真诚和善的品格逐渐内化成自己的行为方式，并能迁移到日常的学习和生活之中，在潜移默化中帮助学生形成健全的人格，从而提高学生的社会适应能力，为学生踏入社会继续发展奠定良好的基础。

（二）调节和疏导心理功能

首先，大学体育文化可以调节学生的心理，使学生朝气蓬勃，充满活力。学生经常参与大学体育文化活动和学校体育锻炼活动，特别是参加那些自己非常感兴趣且擅长的运动项目，不仅可以促进身体健康，还可以增强自尊、自信和自豪感，增添生活的情趣。在和谐、平等、友好的运动环境中，通过相互评价和自我评价，学生可以感受到友谊、赞扬、批评、激励等，并产生各种复杂的情感体验。

其次，大学体育文化对学生具有心理疏导功能。学生正处于受教育和长身体的关键时期，担负着繁重的学习任务。生活中优胜劣汰的竞争机制，使学生的学习任务和负担日趋繁重，相当数量的学生产生了厌学情绪和逆反心理，加上诸多的外界不良信息侵

---

① 丁艺，杨玉伟.论校园体育文化的特征与功能［J］.沈阳大学学报，2004，（第4期）：97-99。

袭，致使部分学生的心理和行为处于亚健康状态，精神压力大，经常处在焦虑、压抑、狂躁的情绪之中。无论何种原因造成的心理焦虑、压抑、狂躁，都需要有一种合适的排遣方式，以利于学生调适心理，进而恢复健康的心理状态。对此，大学体育文化活动以其固有的竞争性、刺激性、娱乐性和欢快性，丰富学生的精神生活，能够使学生在紧张的学习之余体验到激励的情绪，感到心情愉悦、精力旺盛、情绪高涨；能消除学生心理上和情绪上的干扰和摩擦，减少内耗，协调人际关系，满足学生各种正当的、合理的体育文化活动需要，充分发挥心理引导作用。这样一来，学生的个性心理品质、行为规范等，在渗透着优秀的大学体育文化的氛围中，可以得到进一步提高。

总的来说，学生参与大学体育文化活动的过程是不断面对挫折和克服困难的过程，在这个过程中，学生的耐受力、抗挫折能力可以得到提高。在不断超越昨天、超越自我的过程中，学生能够体验到进步或成功的喜悦，同时学会反思，形成客观评价自我的习惯和能力，形成积极向上、乐观开朗的人生态度。从某种意义上讲，大学体育文化活动是促进学生心理健康的重要手段。

（三）审美功能

体育本身就是一种健与美相统一的活动。体育锻炼活动能使人体魄健壮，体形匀称，动作矫健，这既是健康的标志，又是人体美的体现。大学体育文化活动会针对青少年身心发育的特征制定设计相应的活动内容和活动形式，培养学生塑造体形美、动作美、仪表美、姿态美、心灵美，帮助学生树立正确的审美观，提高学生发现美、感受美、鉴赏美、表现美、创造美的能力。

大学体育文化中包含了多种美的表现，无时无刻不对学生进行着美的教育、美的体验。例如，健美操、体育舞蹈将健壮、力量、节奏高度统一，配合以优美的旋律，将运动的美、韵律的美、节奏的美、活力的美、健康的美表现得淋漓尽致。再如，学校运动会上，水平不一的长跑队员坚持不懈地完成比赛，动作虽然没有太多美感，但顽强的意志品质赢得全场学生为之加油呐喊，这种拼搏的精神具有强烈的感召力，是意志美、品质美的表现。

当今社会一些消极、悲观、颓废心理状态极易弥漫到校园，而学生的身心均处于将熟未熟的状态，可塑性较强，社会化程度不高，极易受到外来因素的影响和干扰，因而学校亟须积极文化的激励、正确文化的引导。大学体育文化中积极进取、公平竞争、团结协作的精神正是引导学生树立正确的世界观、人生观、价值观，坚定理想信念的一剂良方。大学体育活动中凝练出来的爱国爱家、尽职尽责、尽心尽力等精神文化，能够培养教师、学生、员工的爱国精神、孝心、爱心、事业心、责任感和拼搏进取精神，为他们担负家庭和社会责任鼓气，为他们实现梦想加油，为他们的人生方向导向。同时，大学体育文化积极进取的价值观、注重参与的世界观以及和谐身心的健身观能将教师、学生、员工从低俗庸俗、审丑媚世的生活情趣引导到积极进取、乐观向上、奋发有为的精神状态上来，引导到健康文明的情怀上来。

（五）娱乐功能

娱乐活动是人们在相对闲散的时间内自由、自愿进行的，使身心愉悦的活动。在大学体育文化活动中，属于体育娱乐形式的活动方式占有相当大的比例。鉴于学生的特殊属性，大学体育文化对学生所具有的娱乐功能是其他文化娱乐形式所不能替代的。

大学体育文化的娱乐功能通常以两种基本途径来实现。一是参与，即学生投身于大学体育文化活动之中，切身感受、体验这一活动形式所带来的乐趣。二是观赏，即通过观看大学体育文化竞赛活动、表演活动，欣赏力与美、技术与战术、身体与智能完美结合的运动动作、比赛画面、精妙配合、博弈策略，体会和谐的旋律、激烈的场景、胜利的喜悦。

三、社会功能

大学体育文化的社会功能就是学校体育多元社会功能的间接体现，它通过体育活动，直接或间接地促进社会文化的发展、民族精神的提升。

（一）增强学生的社会意识

体育对竞赛秩序的维持，增强了参与者的规则意识。规则意识是一种界限意识，它体现了维护秩序的权威和价值，界定了主体行为的阈界和限度，是社会个体和社会组织关于自身行为的"度"的意识，体现的是人们权利与义务的一致。大学体育文化活动本身就是社会的缩影，具有完善的规则、完备的制度，学生在参与活动的过程中对活动规则的遵守，会增强其今后步入社会中遵守社会规范、遵守法律的意识，从而增强社会的稳定性，切实促进社会的和谐发展。

社会是一个有机整体，其发展不仅仅需要竞争，更需要合作。大学体育活动对于成绩和名次的鼓励，可以强化学生的竞争意识。比赛的顺利进行又离不开队友的合作与配合，离不开观众的加油呐喊，这又进一步增强了学生的合作意识，特别是一些集体项目活动，这种合作尤为重要。所以说，大学体育文化活动对于竞争、合作的鼓励和追求，可以增强活动主体现实生活中的竞争和协作意识。

此外，任何活动都具有一定的道德指向和道德目标。大学体育活动对于公正、正直、包容、积极向上等优良品质的追求，不仅仅影响到参与活动的队员、裁判员、管理人员，更进一步反映到社会的方方面面，逐步成为整个社会的价值追求，促进社会的和谐进步。

（二）促进学生的社会化

人的社会化有广义和狭义之分，狭义的社会化是指个体从"生物人"转变为"社会人"的过程；广义的社会化既包括个体从"生物人"转变为"社会人"的过程，又包括个体内化社会价值标准、学习角色技能、适应社会生活的过程。这里主要分析大学体育文化在狭义的社会化中的作用。人的社会化过程是在家庭、学校、社区等场合，通过家长、兄弟姐妹、教师、伙伴等各种人物，借助社会习俗、民族习惯、宗教传统、宣传等社会文化力量，进行社会学习的过程。在这一过程中，人要掌握适应社会生活所必需的知识、技能，培养遵守社会生活准则的习惯，学会按社会允许的生活方式生活，养成社会所需要的个性特征。在人的整个社会化过程中，大学体育文化起着非常重要的作用，无论是作为内容还是作为手段，都是不可或缺的。

大学体育文化活动是一个社会互动的场所。在大学体育文化活动中，特别是在对抗的竞赛中，个体之间、集体之间发生着频繁而激烈的思想和行动上的交锋，会不时地出现对参加者的思想品德的严峻考验，如长跑到了"极点"时，是坚持下去还是半途而废？对方犯规时，是毫不计较还是"以牙还牙"？因集体配合不够默契导致比赛失利时，是相互鼓励还是相互抱怨？裁判员误判时，是宽容谅解还是"斤斤计较"？比赛胜利时，是谦虚谨慎还是骄傲自大？个体经受了这些体验与考验，才能培养出集体主义精神，培养以大局为重和善于处理人际关系的优良品德。

总的来说，培养社会角色是社会化过程的最终结果，社会化过程就是角色学习过程，角色学习又必须以基本生活技能和某些专门技能的掌握为基础。大学体育文化活动的基本手段是身体练习，活动中的运动动作是在劳动动作、生活动作等动作基础上发展起来的，它们源于生活又高于生活，丰富多彩的活动能使学生受益终身。因此，大学体育文化活动是学生获得基本生活技能的重要途径，为学生提供了角色体验的机会和场所。

（三）激励社会情感

大学体育文化具有激励社会情感的功能，主要是指具有激起学生积极向上的社会心理体验的作用。

大学体育文化活动把学生置于一个良好的心理氛围与和谐的人际关系环境之中，使他们获得精神上的需求与满足，同时也为学生设置了创造的空间，提供了活动的背景与使用场馆、设施、器材的机会，使学生的活动兴趣得以满足，最大限度地提高了学生的参与热情。

大学体育文化的激励功能主要表现为激发学生的学习动机，调动学生的积极性、主动性和创造性。大学体育文化活动以其固有的竞争性、趣味性，诱导和激发师生奋发进取，有效地缓解心理压力。学生间、师生间因学习和生活中偶尔会有感情沟通造成的情感纽带的脆化、弱化现象，参与大学体育文化活动，大家齐心协力，形成一个团结的集体，有利于相互沟通，可以有效化解学习和生活中产生的隔阂、孤独和无助等不良情绪，进而增强集体凝聚力，强化学生间、师生间的情感互助。

此外，大学体育文化活动还能够增强学生的事业心和责任感，激励学生保持高昂的情绪和进取精神。

（四）凝聚功能

大学体育文化活动像一条无形的纽带，把学生与大学体育文化活动紧密联系在一起，使学生对大学体育文化活动的目标、制度和准则产生认同感，整合学生作为学校一员的使命感、自豪感和归属感，进而凝聚成强烈的向心力、内聚力和群体意识。

大学体育文化活动的许多项目都要求参与者共同配合与协作，长期的风雨同舟使队员们可以相互理解与相互帮助，加深友谊，可以树立以集体利益为重的大局观，可以形成热爱集体、关心集体、服从集体、维护集体的意识。各种大学体育文化活动的开展加深了学生间的感情，增强了集体荣誉感，增强了团体的凝聚力。

综上所述，大学体育文化是一种群体文化，它有赖于群体的共建，又反作用于每个个体，使个体把这种集体的行为风尚内化为自我要求，突出培养学生的社会认同感、团队意识等社会观念和行为模式。

（五）社会经济功能

随着市场经济的发展，大学体育文化的经济功能越来越显示出它的影响力，并发挥着越来越大的作用，具体体现在两个方面。

第一，发挥大学体育文化的固有作用。体育文化活动的场馆、设施、仪器设备除了满足日常的教学、活动需求以外，还可以向社会开放，承办各种国内外体育比赛，接纳歌舞、戏曲表演，举行体育文化宣传活动，以提高场馆的利用率。这样一来，学校体育设施既能发挥固有功能，又能创造经济价值。

第二，发挥大学体育文化的高级作用。体育教师可以发挥自身的专业和运动技术特长，在校内外举办或联办各种类型的培训班（如健美操、武术、气功、拳击、散打等培训班）、校内外体育文化活动、卫生知识讲座和咨询等。这样一来，不仅能提高师生、员工自身的社会价值，达到资源共享，还能带来一定的经济效益和社会效益。

（六）构建和谐社会的功能

构建社会主义和谐社会是中国特色社会主义的本质属性，是国家富强、民族振兴、人民幸福的重要保证。构建社会主义和谐社会，是用科学发展观，从中国特色社会主义事业总体布局和全面建设小康社会全局出发所提出的重大战略任务，它反映了建设富强、民主、文明、和谐的社会主义现代化国家的内在要求，体现了全党、全国、各族人民的共同愿望。

要想构建社会主义和谐社会，首先要发展和建设和谐文化。这是构建社会主义和谐社会的基础，也是全国人民团结奋斗的思想道德基础。大学体育文化是学校文化的重要组成部分，大学体育文化活动的开展对于社会和谐发展具有不可替代的独特功能和作用，是和谐社会、和谐学校建设的重要环节，而且，和谐学校是和谐社会的基础，构建和谐社会首先要构建和谐学校。此外，学校是人才培养基地，和谐学校可以为社会各行业培养具有和谐精神的人才，促进社会各行业的和谐；学校是人才聚集之地，和谐学校可以产生示范诱导作用，促进整个社会的和谐。

总的来说，构建社会主义和谐社会就是要推动物质文明、精神文明和政治文明的全面协调可持续发展。而大学体育文化对促进人自身的身心和谐，人与人之间关系的和谐，人与自然、人与社会的和谐，对提高民族素质、振奋民族精神、增强社会凝聚力、促进社会和谐发挥着越来越重要的作用。

第三节 大学体育文化的分类

一、按文化形态划分

（一）大学体育物质文化

大学体育物质文化是构成大学体育文化的有形部分。大学体育物质文化是指学校内看得见、摸得着的物化的体育文化形态，是大学体育文化存在和发展的物质基础，是大学体育文化的载体，体现着一定的价值目标、审美意象等。此外，大学体育物质文化可以使学生在不知不觉中受到熏陶、启发和感染，从而实现大学体育文化的育人功能。

具体而言，大学体育物质文化主要体现在大学体育物质文化环境上，包括学校体育场馆建筑、学校体育场馆设施器材、大学体育文化传播设施等。

1. 学校体育场馆建筑

学校体育场馆建筑以物质载体的形象综合反映了学校文化内涵和学校文化心理，并以一种意义独特的文化形式存在于学校之中。总之，学校体育场馆建筑具有多种文化内涵。

第一，学校体育场馆建筑的设计具有鲜明个性和独立特征，具有较高的文化品位，它主要通过建筑物表达体育文化精神，彰显体育文化魅力、文化功效，这也是学校体育场馆建筑获得持续生命力的动因之一。

第二，学校体育场馆建筑突出表现了人的顽强进取、勇于竞争、挑战极限、超越现实的理想主义色彩和人文特征以及通过体育活动获得心理释放感和自我能力实现的快乐感。同时，学校体育场馆建筑以其色彩、标志物、雕塑、壁画等丰富多样的艺术形式和简明、象征性的建筑语汇，对体育精神、体育思想、体育观念进行了物质化、形象化的注解和诠释，成为建筑艺术与体育文化、体育精神、教育文化交融的物化形式。

第三，学校体育场馆建筑是学校标志性的外在形象，是学校号召力、吸引力和综合实力的表现，是一个文明、开放、充满活力的学校所必不可少的。学校体育场馆建筑和其他建筑相比有其独立的功能和魅力，更具文明、开放、充满活力的鲜明特征，并通过其建筑语言充分表达出学校教育文化和体育文化的意蕴。

第四，学校体育场馆建筑是承载大学体育文化活动行为的物质基础，其中渗透了体育文化精神、体育文化思想、体育文化观念、体育文化艺术、体育文化心理、建筑文化艺术，它们共同构筑了学校整体的、复合的文化教育属性，并表现出学校文化教育多层面的品格特质。

第五，学校体育场馆建筑既是一定社会政治经济文化发展的产物，又是一定教育思想和教育观念在建筑形式上的物化和体现。由于它是某一社会历史时期教育的象征之一，其风格和形式是多种多样的。学校体育场馆建筑对学校教育、教学影响较大，它对教学情景、教师教学心态、学生学习心理、学生参与体育文化活动和体育锻炼行为，以及对大学体育文化活动的开展有直接影响，甚至会影响到整个学校的教育质量和效果。

2. 学校体育场馆设施器材

（1）运动场

运动场包括田径场、篮球场、足球场、排球场、网球场、羽毛球场等。运动场属于露天建设，方便向学生开放，因此成为了学生参加体育活动的最主要场所。学生的体育课、课外体育活动、体育文化节、体育竞赛都依靠体育运动场进行。由于不同地区经济发展程度的不同，学校体育运动场的质量存在着很大的差距。在经济发达地区，运动场规模较大、造价较高，如塑胶田径场、篮球场、网球场、绿茵足球场等，而且外延设施比较齐全，如设有看台、风雨棚等；而在经济贫困地区，运动场的质量和规模比较落后，大多是煤渣跑道，或是不太正规的跑道，篮球场、排球场大多是水泥地。

（2）运动馆

运动馆包括综合性的体育馆、篮球馆、排球馆、乒乓球馆（房）、艺术体操房、游泳馆、肋木区、单杠双杠区、攀爬角、健身角等。相比运动场，运动馆的造价高且开放时间有限，因此不能成为大众学生参加课余体育活动的首选。但是，运动馆不受天气影响，场地质量较高，安全系数比室外运动场高，通常一些重要的比赛都在运动馆进行。

（3）运动器材

按照不同运动项目所需的器材分类，学校的运动器材可分为体操类器材、球类器材、田径类器材、健身类器材等。通常学校的运动器材是与学校开设的课程相匹配的。随着人们对体育活动要求的提高，学校运动器材的配置必须完善。种类齐全、数量充裕、质量较好的体育运动器材是学生从事体育文化活动、体育健身锻炼、体育竞赛活动的基础。

（4）其他体育物质形态

学校其他体育物质形态包括体育雕塑、体育壁画等。看起来它对学生参加体育活动并没有实质性的作用，但实际上它对营造大学体育文化氛围以及培养学生浓厚的体育兴趣具有重大意义。例如，学校的体育雕塑、体育壁画以最直接的方式传达给学生浓厚的体育寓意，学生在看到体育雕塑的时候自然会联想到相关的体育历史故事，从而对体育产生浓厚的兴趣。总而言之，不能忽视学校其他体育物质文化形态在大学体育文化环境中作用。

3. 大学体育文化传播设施

大学体育文化传播设施是大学体育文化不可缺少的组成部分，是大学体育文化传播的物质载体，它对学校师生、员工的思想观念、行为的形成同样起着不可估量的作用。尤其在今天的信息社会，学生不仅从课堂、书本上接收信息，而且在课程以外的其他多种活动中，从各种传播媒介，如电视、计算机、广播、报刊、书籍中接收信息。现代强大的传播媒介已经成为现代学生获取各种信息的主要渠道。在这种情况下，必须加强学校文化传播设施的创设与管理，以净化学生接受各种信息的来源渠道，扩展学生的知识面，促进其全面发展。

大学体育文化传播设施既包括学校计算机网络、计算机中心、闭路电视、广播、报刊等传播工具，也包括体育图书室、体育电子阅览室等。其中，电视具备声、像、文字等各种形式，比其他文化传播工具更为直观、形象，因而为广大师生所喜闻乐见，已成为表现大学体育文化的一种极好形式；学校的广播也是一种有效的文化传播工具，它以"短、平、快"见长，以声音的无限魅力征服了听众，以其独特的形式渲染出一种热烈的气氛。

大学体育文化传播设施中除了各种声像传播工具之外，还存在着文字形式的传播媒介，如各种大学体育报刊、体育图书馆（室）等。其中，大学体育报刊是学校师生了解体育时事新闻、学习各种体育知识的重要来源，大大拓展了学生的知识面。

（二）大学体育制度文化

大学体育制度是指由教育部、国家体育总局以及相关机构和社会体育组织制定并在学校实施的较固定的各种制度和办法的总称。我国的大学体育制度是根据我国的社会制度、文化、经济和教育发展水平，从社会发展和全面建设小康社会的实际出发，根据不同的历史、社会和教育及学校体育发展的阶段而逐步建立、完善和发展起来的。大学体育制度文化主要是指学校中特有的体育规章制度、体育管理条例、学校领导体制、学校体育政策、学校体育组织、学校体育机制，体育检查评比标准，以及各种体育社团和体育文化组织机构受其体育职能范围等，它是一所学校正常开展体育文化活动的条件和保证。此外，大学体育制度文化还包括体育信念、体育价值观、体育态度及体育行为方式等，它体现着社会对学校在体育方面的正式要求，并通常以国家正式文件的形式被明确规定下来。

1. 大学体育制度文化的理论基础

《中华人民共和国宪法》第四十六条明确规定："中华人民共和国公民有受教育的权利和义务。国家培养青年、少年、儿童在品德、智力、体质等方面全面发展。"《中华人民共和国教育法》第五条规定："教育必须为社会主义现代化建设服务、为人民服务，必须与生产劳动和社会实践相结合，培养德、智、体、美等方面全面发展的社会主义建设者和接班人。"《中华人民共和国义务教育法》第三条规定："义务教育必须贯彻国家的教育方针，实施素质教育，提高教育质量，使适龄儿童、少年在品德、智力、体质等方面全面发展，为培养有理想、有道德、有文化、有纪律的社会主义建设者和接班人奠定基础。"

2. 大学体育的法规、制度

（1）体育课程教学的法规、制度

《学校体育工作条例》第七条规定："学校应当根据教育行政部门的规定，组织实施体育课教学活动。"《中华人民共和国体育法》第十八条规定："学校必须开设体育课，并将体育课列为考核学生学业成绩的科目。"这明确了体育课不仅是学生平时的考核科目，而且是学生毕业、升学考试的科目。

《全国普通高等学校体育课程教学指导纲要》指出："体育课程是大学生以身体练习为主要手段，通过合理的体育教育和科学的体育锻炼过程，达到增强体质、增进健康和提高体育素养为主要目标的公共必修课程；是学校课程体系的重要组成部分；是高等学校体育工作的中心环节。""体育课程是寓促进身心和谐发展、思想品德教育、文化科学教育、生活与体育技能教育与身体活动并有机结合的教育过程；是实施素质教育和培养全面发展的人才的重要途径。"

（2）课外体育活动、课余体育训练与竞赛法规、制度

《学校体育工作条例》对课外体育活动和课余体育训练与竞赛作了明确规定。另外，《中华人民共和国体育法》第二十条明确规定："学校应当组织多种形式的课外体育活动，开展课外训练和体育竞赛，并根据条件每学年举行一次全校性的体育运动会。"

（3）体育教师法规、制度

《中华人民共和国体育法》第二十一条规定："学校应当按照国家有关规定，配备合格的体育教师，保障体育教师享受与其工作特点有关的待遇。"这使得体育教师的工作和体育教师队伍建设有了直接的法律依据。体育教师作为从事学校体育工作的专业人员，要符合国家对教师的基本要求。《学校体育工作条例》和《中华人民共和国教师法》规定了合格教师的基本条件。《中华人民共和国教育法》对教师的聘任、考核、奖励制度以及教师合法权益的维护做了明确规定。

（4）体育场地设施法规、制度

体育场地、器材和设施是开展学校体育工作的重要物质基础，是保证学校体育活动正常开展的基本条件。《学校体育工作条例》第六章对体育场地、器材、设备和经费做了明确规定。《中华人民共和国体育法》第二十二条规定："学校应当按照国务院教育行政部门规定的标准配置体育场地、设施和器材。

学校体育场地必须用于体育活动，不得挪作他用。"《中华人民共和国教育法》第四十五条规定："教育、体育、卫生行政部门和学校及其他教育机构应当完善体育、卫生保健设施，保护学生的身心健康。"

（5）学生健康检查和体制监测法规、制度

①《国家学生体质健康标准》。《国家学生体质健康标准》测试是指测试人员采用规范的技术、方式和方法组织学生参加《国家学生体质健康标准》所确定的测试项目及有关内容的实际测评，是促进学生体质健康发展，激励学生参加身体锻炼的教育、评价和反馈手段，重点监测学生的身体形态、身体机能、身体素质和运动能力等方面的情况及其变化趋势。

《国家学生体质健康标准》是为了贯彻落实"健康第一"的指导思想，切实加强学校体育工作，促进学生积极参加体育锻炼，养成良好的锻炼习惯，提高体质健康水平而制定的。2014年，教育部为建立健全国家学生体质健康监测评价机制，激励学生积极参加身体锻炼，引导学校深化体育教学改革，推动各地加强学校体育工作，促进青少年身心健康、体魄强健、全面发展，在认真总结各地实施现行《国家学生体质健康标准》的基础上，结合新时期青少年体质健康状况和学校体育工作实际，对《国家学生体质健康标准》进行了修订。

《国家学生体质健康标准》（2014年修订）是国家学校教育工作的基础性指导文件和教育质量基本标准，是评价学生综合素质、评估学校工作和衡量各地教育发展的重要依据，是《国家体育锻炼标准》在学校的具体实施，适用于全日制普通小学、初中、普通高中、中等职业学校和普通高等学校的学生。

②《学生体质健康监测评价办法》。为提高学生体质健康监测评价的制度化、规范化和科学化水平，深化学生综合素质评价、学业水平测试和考试制度改革，完善学校体育工作评价机制，促进青少年身心健康、体魄强健，教育部于2014年颁布了《学生体质健康监测评价办法》。《学生体质健康监测评价办法》适用于全日制普通小学、初中、普通高中、中等职业学校、普通高等学校的学生体质健康测试以及各级教育行政部门以此为基础开展的学生体质健康监测评价工作。《学生体质健康监测评价办法》要求各级教育行政部门以强化体育课程和课外锻炼为基础，以《国家学生体质健康标准》为依据，在本行政区域内统筹开展面向全体学生的体质健康测试，逐步建立健全包括学校测试上报、部门逐级审查、随机抽查复核、动态分析预测、信息反馈公示、评价结果应用等相关制度和管理措施在内的学生体质健康监测评价体系。

（6）学校体育运动伤害事故的政策法规制度

学校体育运动伤害事故的法规制度是指防范和处理学校体育工作中出现伤害事故的政策法规制度，它是学校体育工作得以全面落实的重要保障。我国有关学校运动伤害事故的处理，除了适用《中华人民共和国民法通则》《中小学幼儿园安全管理办法》《中华人民共和国未成年人保护法》等普通法规的有关规定之外，针对校园伤害事故（包括运动伤害事故）的专门法规主要有《学生伤害事故处理办法》《教育部关于加强学校体育活动安全防范工作的紧急通知》《教育部办公厅关于在全国学生体育竞赛活动中加强卫生防疫与安全工作的通知》《教育部财政部中国保险监督管理委员会关于推进校方责任保险工作完善校园伤害事故风险管理机制的通知》等。

《学生伤害事故处理办法》的处理对象包括国家或者社会力量举办的全日制的中小学（含特殊教育学校）、各类中等职业学校、高等学校中全日制就读的受教育者。该办法的第一章第二条明确了学生伤害事故的范围，第二章至第五章则详细规定了事故与责任、事故处理程序、事故损害的赔偿以及事故责任者的处理。总而言之，《学生伤害事故处理办法》的实施为学校处理学生伤害事故提供了有力的政策法规依据，是学校体育安全管理制度的重要组成部分。

（三）大学体育精神文化

大学体育精神是在一定的社会发展阶段，大学体育文化与社会主流文化、意识形态、价值观念不断冲突、融合，经过沉淀和提炼出来的具有学校特征，反映大学体育文化的行为准则、价值观念和意识形态的总和。大学体育精神包括学校、班级气氛中形成的良好体育传统与风气，领导者的体育风格，体育教育理念，体育教师的人格魅力，体育教育中的心理气氛等。大学体育精神直接影响着学生主体的精神状态和体育观念以及学校的体育指导思想和体育教学管理。大学体育精神文化是指经过一定的历史阶段，在大学体育文化建设中积淀、整合和提炼出来的，反映大学体育文化的行为准则、价值观念和意识的总和，是学生的体育精神、生活方式和意识形态的反映。大学体育精神文化是在学校中由教师、学生、员工长期创造的特定的精神财富和文化氛围，是大学体育文化建设的灵魂和核心。大学体育精神文化的主要内容包括体育思想观念、价值取向、精神理念、道德风尚、实践能力和审美观念等。

具体而言，大学体育精神培育的主要内容包括以下五个方面。

1. 公平竞争精神

学校的育人方向是根据社会需求而定的。在当今市场经济体制下，竞争是最突出的社会表现，而大学体育精神最能体现出公平竞争的精神。大学体育精神是给体育精神加上一个特定的学校体育环境，它的公平竞争精神的本质没有变。大学体育竞赛本着公正、公开、公平的原则进行，在此原则下每个人公平参与比赛，每个参赛的选手都能享受到公平比赛所带来的气氛，使得学生在生活中养成一种公平竞争的意识。公正诚实是道德的底线，服从规则是体育制度的要求。体育运动的竞争必须是公平的竞争，公正的竞赛。竞技赛场的实质就是人类对体育道德的追求和法律面前人人平等的美好理想的向往，它蕴含着人类以公正、平等、正义为主要内容的社会理想。

体育竞技是以公开竞争为前提的，但竞争又不是无序的和盲目的。现代社会的发展使得仅靠道德的力量不足以维护公平竞争的秩序，需要有严格的体育制度。因此，要求所有的竞赛都有严格的制度，所有参加者都拥有平等的权利，每项竞赛都有细致而严格的评判标准，场地、器材都要符合统一的标准和要求。这样一来，体育竞赛就是竞赛双方在公平的条件下进行技术、战术、体能、智慧及心理素质的综合较量，只有这样才能体现对人的尊重和人人拥有平等权利的体育价值观。对于运动员来说，在参赛时服从规则，在竞赛中服从裁判，既是体育制度的要求，又是文明的表现。体育作为一种教育，最重要的功能或许并不是激励人们怎样去争取赢，而是怎样对待输、怎样尊重对手。

2. 顽强拼搏精神

顽强拼搏精神在当今社会必不可少。在竞争激烈的社会中，每件事情的成功都必须付出一定的努力，如求学的道路上必须克服一道道难题，人生的道路上必须坚强面对种种挫折。学校体育弘扬顽强拼搏精神，可以使学生养成对真理的执着追求，对目标的坚定奋斗，克服困难的坚强意志和良好的心理素质。

激烈竞争是体育的魅力，顽强进取是体育的灵魂。竞争是体育运动的基本形式，人类正是在体育竞争中发展了向极限挑战并不断超越自己和他人的进取精神。奥林匹克的格言是"更快、更高、更强"，它不仅表现在竞技运动中要不畏强手、敢于胜利，而且鼓励人们在生活和工作中不甘于平庸、朝气蓬勃、超越自我，为高尚的事业将自己的潜能发挥到极限。在学校教育中，竞技体育能培养学生形成忠诚、勇敢等良好品质和顽强拼搏精神、合作精神，能够引导学生在任何艰难困苦的条件下都尽自己最大的努力，同时使学生懂得自我控制，遵守规则，公平竞争，保持荣誉和尊严。具体而言，大学体育竞争精神教育的措施有两种：一是组织多种形式的体育比赛，鼓励学生大胆发挥技术，敢于拼搏，具有不怕输、不服输的精神；二是集中力量宣传奥林匹克精神，特别对那些在奥运会上勇于拼搏、敢于向世界强大对手挑战的队员或团体进行宣传，以此鼓舞学生在面对困难时也敢于发出挑战，营造出你追我赶的竞争气氛。

3. 爱国主义、集体主义精神

爱国主义、集体主义精神一直是我国精神文明建设的主旋律，大学体育活动作为学校文化建设的一部分，弘扬我国精神文明主旋律是必不可少的。大学体育精神倡导个性的弘扬与集体的配合相结合。为完成共同的目标，学生既要展示个性特征和个人才能，又要互相支持、相互配合、团结合作，这是集体主义精神的体现。同时，大学体育活动中的升国旗、唱国歌，组织观看国家的比赛，为我国的运动健儿呐喊助威等活动形式本身就是爱国主义教育的体现。而且，学生作为建设祖国的后备力量，爱国主义、集体主义精神是每个学生必须具备的。因此，不管现在还是将来，爱国主义、集体主义精神都是学校体育精神的重要内容。此外，体育竞赛还可以增进学生之间、师生之间、班级之间的友谊，提高班级凝聚力和团队精神，培养学生形成积极向上的集体荣誉感。

4. 开放创新精神

实施素质教育就是要以培养学生的创新精神和实践能力为重点，而大学体育文化环境更适合培养学生的开放创新能力。这是因为相比于其他文化活动，大学体育活动更能为学生提供自主发展的空间。学生为获得胜利，就会不断对内容进行创新，不断地研究新的战术以便战胜对手，进而形成一种创新精神。

5. 体育道德精神

学生从步入学校的第一天起，就开始不断被灌入新的知识。在体育知识方面，学生从开始的小学游戏活动逐渐地对体育活动有了朦胧的认识，然后随着知识的增长对体育精神有了充分的认识。同时，学生在学习的过程中不断地参与实践活动，开始懂得如何通过体育进行人际沟通，懂得如何去尊重对手，也开始明白"友谊第一、比赛第二"的体育道德精神。可以说，个体的体育道德精神是从学校开始产生萌芽并最终形成的。换言之，学校体育给予了体育道德精神一个良好的发展空间。

具体而言，体育道德精神包括理想主义精神、科学理性精神、团队意识和遵纪守法精神四个方面。

（1）理想主义精神

理想主义精神是指为实现强健体魄、报效祖国的理想目标而执着地追求，满怀信心地坚持，矢志不渝地为之奋斗的精神。一个人只有具备了为崇高理想而献身的精神，才会真正具有一种历史使命感和责任感，一颗爱校、爱国、报国之心，一种为人民服务的思想意识，一种伟人信念和百折不挠的信心，这是大学体育精神追求的最高境界。

（2）科学理性精神

大学体育要倡导和培育科学理性精神，具体表现在两个方面。一是对真理的执着追求，即有着对客观事物孜孜以求的探索精神，不轻信、不盲从、不唯书、不迷信的精神。二是追求体育精神与人文精神的和谐统一，既关注社会发展，又关注人类的命运；

既追求体育科学的进步，又追求人性完美的人文理想。总之，只有在科学精神和人文理想的共同关注下成长起来的人，才有可能成为真正现代意义上完整的人。

（3）团队意识

社会竞争注重集体力量的发挥。在体育团体活动中，人和人之间交往频繁，不论是集体项目还是个人项目、训练都离不开集体的协作。在比赛中要取得胜利，既要发挥个人作用，还要依靠集体的力量和智慧。对于学生来说，在学校体育教育或运动竞赛中，不仅可以感受到集体活动对个人行为的要求，还能感受到完成锻炼任务或取得良好成绩所需的集体协作精神的帮助。因此，大学体育精神教育应加强对学生集体协作精神的培养。在教学中，要加强教学的组织性和教学秩序，鼓励学生互相帮助、互相学习、共同进步；在体育比赛中，要求队员养成集体战术配合的习惯，一切以集体胜利为目的。

（4）遵纪守法精神

在当代中国，任何组织和个人都没有超越宪法和法律的特权，遵纪守法是每个公民的基本义务。体育竞赛、裁判规则也是社会法规制度的模拟和缩影。学生在参加体育活动时必须在体育运动特定规则下施展自己的才能，如果违反体育规则就会受到处罚。这种遵纪守法精神教育有助于增强学生对社会制度的认识和行为的自我控制力，克服感情用事以及改正不良习惯，培养社会生活中的遵纪守法意识。因此，在学校体育精神教育中，要重视学生遵纪守法精神的培养，教育学生在比赛中要自觉遵守规则、服从裁判、尊重对手，在日常生活中要懂得遵守校纪、校规和法律。

二、按体育活动的类型划分

（一）校园健身体育文化

校园健身体育文化是大学体育文化的子文化。大学体育健身文化是学生在健身的各种具体形式中的自我创造、自我运动，是学生为满足自身健康的需要、适应生态环境而创造出健身方式的过程和累积的物质与精神成果。

（二）校园竞技体育文化

1. 竞技体育的定义与内涵

竞技体育是社会的一种缩影，是体育运动的重要组成部分，也是体育文化发展的最高层次。许多专家、学者从不同的角度对其进行了定义。从社会学的角度分析，竞技体育是一种在正式组织起来的体育群体的成员或代表之间进行的，以打败对手来获取有形的或无形的价值利益为目标的竞赛活动。这种竞赛是在正式的规则所设立的限度之间进行的，其规则要对参加者的职责和位置作出明确的界定，强调通过竞赛来显示体力和智力。从运动训练学的角度分析，竞技体育是在全面发展身体，最大限度地挖掘和发挥人在体力、心理、智力等方面潜能的基础上，以提高运动技术水平和创造优异运动成绩为主要目的一种活动过程。

综上所述，我们可以把竞技体育定义为：一种有意识的，以制定正式规则为限度，以战胜对手为目的，最大可能地挖掘人的身心等各方面潜能，同时获得各种价值形态的一种社会活动。从竞技体育的定义可看出其内涵主要包括以下几个方面。

首先，竞技体育是一种有意识的社会活动。这种社会活动的对象是人，是以人为主体的，以发展人的身心、运动技术等为目的而进行的一系列活动过程。

其次，竞技体育是一种在正式规则限定范围内进行的一种社会活动。俗话说"无规矩不成方圆"，同样，竞技体育也是在规则规定的范围内，个体充分利用规则的规定和自身的优势来取得优异运动成绩，并推进竞技体育的发展。

最后，竞技体育是以竞赛方式而进行的一种社会活动。竞技体育的竞赛活动都是有组织的，而且参加的人都要经过严格的资格审查，只有那些符合参赛资格的人，才能参加竞赛。

2. 竞技体育文化

作为体育文化的重要组成部分，竞技体育文化是奥林匹克运动的核心范畴，包含人本和谐、人与自然的和谐、人与人的和谐和国际社会关系的和谐等内容；体现出公平正义、充满活力和积极乐观向上的拼搏精神。

（三）校园艺术体育文化

校园艺术体育文化是指在学校这个特定范围里，人们在学习、历史实践的过程中创造的精神财富和物质财富的总和。由于艺术体育的特殊性，它对不同层次的学生提出了不同的要求，形成了层次化的教学方式，促进了学生个性化的发展。此外，校园艺术体育文化建设中应用的各种传媒工具，集中反映了学生的艺术体育精神、道德观念等，能更好地引导他们形成完善的世界观与人生观。可见研究新型艺术体育文化的重要性。

第四节　新时代大学体育文化建设的目标及任务

一、新时代我国大学体育文化建设的目标

关于新时代我国大学体育文化建设的目标，在 2020 年 10 月，中共中央办公厅、国务院办公厅印发了《关于全面加强和改进新时代学校体育工作的意见》和《关于全面加强和改进新时代学校美育工作的意见》（以下简称《意见》）中对做好新时代学校体育工作和美育工作提出了主要目标。关于全面加强和改进新时代学校体育主要目标：到 2022 年，配齐配强体育教师，开齐开足体育课，办学条件全面改善，学校体育工作制度机制更加健全，教学、训练、竞赛体系普遍建立，教育教学质量全面提高，育人成效显著增强，学生身体素质和综合素养明显提升。到 2035 年，多样化、现代化、高质量的学校体育体系基本形成。[①] 以上是《意见》中提出的关于全面加强和改进新时代学校体育工作的主要目标，大学体育工作是整个学校体育工作重要组成部分，也是大学人才培养体系重要组成部分。通过《意见》的两个时间节点分析新时代我国大学体育文化建设目标。

通过两年时间的努力，到 2022 年我国大学体育工作基本做到学校体育教育教学质量全面提高，育人功能明显提升，大学生群体的身体健康和综合素养显著增强。通过 5 年的时间，到 2035 年大学体育工作基本形成全覆盖、多样化、现代化、高质量具有中国特色的社会主义新时代大学体育文化。

二、新时代我国大学体育文化建设的任务

（一）落实《意见》中的主要目标，强化大学生身体素质

关于《意见》中提到了大学体育工作加强和改进意见，大学体育文化属于大学体育工作重要内容，通过落实《意见》主要目标，也清楚了大学体育文化建设的主要任务。大学生是大学的主人，是国家和社会人才储备优质资源，是社会主义建设者和接班人。但是只有好的身体素质才能实现，所以大学生的身体素质尤为重要。现阶段根据大学生身体素质调查数据显示，大学大学生的身体素质普遍呈现较弱水平，而且每一年都在呈

[①] 中共中央办公厅国务院办公厅印发关于全面加强和改进新时代学校体育工作的意见关于全面加强和改进新时代学校美育工作的意见［N］.人民日报，2020-10-16（004）

下降趋势，这种情况，完全不符合《意见》中提出的大学体育工作改革目标，也不符合新时代大学体育文化建设的任务，其主要原因还是学生在学校体育锻炼时间太少了，这就说明大学体育文化建设还存在很多的问题。大学体育文化能让大学生愿意连续的、积极地主动的锻炼，是提升大学生整体身体素质的关键渠道，大学体育文化建设首要的任务就是强化大学生身体素质。

（二）以立德树人为根本任务，使大学生全面发展

在《意见》中总体要求里的指导思想提出立德树人为根本任务，立德树人也作为社会主义新时代教育的根本任务，是大学需贯彻落实的主要指示。在党的十八大和党的十九大会议中党中央提出了："落实立德树人根本任务，发展素质教育，推进教育公平，培养德智体美劳全面发展的社会主义建设者和接班人"。以立德树人为根本任务反复的提出，不仅要求大学要注重培养大学生专业知识学科和技能教育，还要关注学生心理健康、思想观念、身体素质以及个人品质等方面培养学生。大学体育作为全面发展人才教学中的重要组成部分，大学体育文化也在其中，要为学生提供公平竞争、合作等实践环境，这些实践环境都可以通过大学体育文化建设加强，多组织体育活动来实现，使大学生身临其中，发自内心感受强大的团队凝聚力以及公平公正的思想观念的力量，促使大学生形成正确的世界观、人生观、价值观，有良好的意识品质和行为习惯，是培养大学生道德素养的主要途径，是贯彻立德树人为根本任务的关键渠道。大学是国家开展高等教育的场所，大学体育文化建设承担着贯彻立德树人的根本任务，大学体育文化建设进行改革是应按照政策的要求，完善学校德智体美劳教学体系，帮助大学生提供多元化的教育，促使大学生得到全面发展。

（三）传承中国优秀的体育文化，提高大学生体育素养

自古以来上下五千年见证了中华民族通过勤奋的劳作、实践及变革形成了中国优秀的传统文化。中华优秀传统文化存在于党的革命、建设及改革历史过程中，使国家富强于文化的基石。习近平总书记在庆祝中国共产党成立 95 周年大会上讲到："文化自信，是更基础、更广泛、更深厚的自信。在 5000 多年文明发展中孕育的中华优秀传统文化，在党和人民伟大斗争中孕育的革命文化和社会主义先进文化，积淀着中华民族最深层的精神追求，代表着中华民族独特的精神标识。"[①] 中华优秀传统文化有着五千多年的悠久历史，不仅包含文学、伦理、服饰等内容，还包括体育、习俗等方面。体育文化作为中国优秀传统文化中的重要组成部分，也蕴含着中华民族自强不息、顽强拼搏以及敢为人

---

① 习近平. 在庆祝中国共产党成立 95 周年大会上的讲话［N］. 人民日报，2016-07-02（002）.

先的精神面貌。大学作为知识教育与文化传播主要战场，大学体育文化能使广大在校大学生深入了解中国传统体育文化，例如大学开展了太极、武术等体育课程来增强传统体育活动的影响力与普及度，进而达到传承优秀体育文化的任务。因而在新时代中国特色社会主义背景下，传承与发展中国优秀体育文化，提高大学生体育素养是大学体育文化建设义不容辞的责任。

第二章 大学体育文化建设的基础依据

第一节 大学体育文化建设的原则与要求

一、大学体育文化建设的原则

（一）方向性原则

我国校园文化是社会主义学校的校园文化，因此其建设必须坚持社会主义方向，坚持以马克思列宁主义、毛泽东思想、邓小平理论、"三个代表"重要思想、科学发展观、习近平新时代中国特色社会主义思想为指导，坚持用积极的、健康向上的思想引导校园文化发展，占领校园文化阵地，以确保校园文化始终沿着积极健康的道路发展。2004年，《教育部共青团中央关于加强和改进高等学校校园文化建设的意见》中明确指出，在建设高等学校校园文化时要"以邓小平理论和'三个代表'重要思想为指导，坚持社会主义先进文化的发展方向，遵循文化发展规律，借鉴吸收人类文明有益成果"。这就明确告诉我们，大学校园文化作为社会主义文化的重要组成部分，必须以马克思列宁主义、毛泽东思想、邓小平理论、"三个代表"重要思想、科学发展观、习近平新时代中国特色社会主义思想为指导，这是大的原则和方向，必须坚持，不能动摇。校园文化建设要积极倡导社会主义、爱国主义和集体主义，努力培养广大师生民族自尊心、自信心和自强不息的精神，始终做到以科学的理论武装人，以正确舆论引导人，以优秀文化感染人，以优美环境熏陶人。

（二）主体性原则

大学体育文化建设要遵循主体性原则，即遵循"以人为本"的原则。学生是大学体育文化的创造者和受益者，大学体育文化建设理应围绕着学生这个主体来进行。现代教育理念已经从过往的单一向学生教授某项技能或知识向全面的素质型教育转移，新型的素质教育更加注重对学生全面性和社会适应力方面的培养，即培养出德、智、体、美、劳全面发展的综合型人才。大学体育文化的建设应该继续秉承这一理念，使学生能够在这种有利的氛围下，通过丰富多彩的体育运动得到充分锻炼，对体育观念、体育精神、体育价值、体育道德有一个正确的认识，并把公平、公正、公开的体育原则，更高、更快、更强的体育精神融入学生平时的学习和生活。此外，学生在享受参与体育活动体验时，还应该积极主动地组织某些体育活动，了解其中的组织方法和运行规律，这是对学生能力方面的培养。在这些要求下，大学体育文化的建设要以学生为主体，学校组织的体育活动要以学生为核心，了解学生需要什么、想要得到什么样的体育文化氛围，将这些看作大学体育文化建设的首要原则。一旦脱离了学生作为大学体育文化的主体这一主线，一切行为都是游离于形式，没有实质性作用的文化形态是没有生存价值的。[①]

（三）教育性原则

大学体育文化有助于提高大学生的思想道德素质水平，因此大学体育文化建设应充分挖掘体育文化的教育价值。例如，在校园课余活动中，学校可以通过组织各种体育活动，提高大学生的思想道德素质。大学体育文化的教育作用还体现在体育文化对学生心理健康发展的重要促进作用上。良好的大学体育文化有利于促进学生形成良好的体育精神，养成敢于挑战、勇于拼搏、乐于助人、直面挫折等良好品质。

（四）多元化原则

大学体育文化多元化是指大学体育文化活动内容形式应当丰富多彩。多元化的大学体育文化环境能够满足学生的不同需求，为他们提供展示自我的平台，使他们获得充分的发展。多元性的体育文化活动有利于激发校园文化的生机与活力，形成独具特色的大学体育文化。

（五）与时俱进原则

事物都是处在不断发展变化中的。人的思想变化带来了新鲜事物，新鲜事物的频繁出现又必定会影响整个社会的变革，文化也就在这种变化中逐渐改变。尽管文化是时代的产物，每种文化都有其固定性的一面，但总体上看，几乎所有文化在面对社会变革时都会发生或多或少的变化。大学体育文化也是如此，如20世纪80年代的排球热，到20世纪90年代变成了足球热。随着这些运动的蓬勃发展，大学体育文化也做出了相应的调整，排球、足球运动成为大学体育文化的主流。

到了21世纪，人们生活观念开始转变，物质上的富裕并不算真正的富裕，只有身体和心理健康才能算得上真正的富裕。在这种时代背景下，作为社会亚文化的大学体育文化，仍旧要随着社会需要而转移建设方向，与社会同步发展，只有这样才能更好地服

---

① 陈媛媛，马小平.高校校园体育文化建设［J］.西安建筑科技大学学报（社会科学版），2004，（第1期）：10–13.

务社会。

（六）统筹协调原则

大学体育文化包含的内容较多，因此它的建设是一个系统工程，要做到多方面统筹兼顾、相互协调。只有做到这些才能将大学体育文化建设得合理，才能使建设过程有序、顺利，才能够得到文化主体的赞许。具体而言，在建设大学体育文化的过程中遵循统筹协调原则主要通过以下几个方面体现。

1. 软件与硬件协调

大学体育文化有关的软件和硬件之间要做到匹配与协调。其中，硬件包括承载各种体育活动的体育场地、体育器材、体育师资队伍和体育社团等；软件则包括校园师生的体育精神、体育制度和体育观念等。

实践证明，大学体育文化的建设不应过分偏重于某一方面的建设，而是应该尽量做到"两手抓""软硬兼施"，两者协同发展，只有这样才能确保大学体育文化的发展始终保持在一种平衡的状态下，达到事半功倍的效果。在建设过程中，如果学校的硬件设施完善，但软件设施建设与大学体育文化格格不入，体育活动组织内容单一，没有把学校具有的硬件设施充分利用起来，那么学校的硬件设施就成了一种摆设，优良的硬件设施只能作为展示实力的摆设。相反，如果学校的组织内容多样、制度完善，但硬件设施始终跟不上组织活动的要求，那么，所谓的组织计划、规章制度都只是空谈，因为它缺乏必要的承载物质。由此可见，硬件是软件的基础，软件是硬件的条件，只有两者协调发展，才能促进大学体育文化的建设。

2. 课堂教育与课外活动的协调

在现代校园中，体育教育的形式主要有课堂教育和课外活动两种形式。因此，大学体育文化的建设应建立在这两种形式的基础上。

在我国，体育课已经成为各级各类学校的必修课，体育教学大纲中规定了学生每周的最少体育活动时间。这里所说的体育课即课堂教育，其可以分为室内课和室外课。其中，室内课主要讲授一些体育理论性知识，或者是体育相关的运动医学、疲劳的恢复与营养等内容。它是由体育教师根据教育部颁布的体育教学大纲按照班级授课制的方式进行的，总体上看，体育理论课所占的比重较少。室外体育课则以实践为主，主要传授学生某项体育运动的技战术方法、体育游戏的开展方法，以提高学生的运动技能为主要内容。它采取有计划的、循序渐进的教学方法，对成套的运动套路分阶段地进行解析，总体上看，实践课所占的课时比例远远高于体育理论课。

课外活动也是大学体育的重要组成部分，尽管它并不是国家规定的活动内容，但它的丰富程度在很大程度上决定了大学体育文化的开展水平。相比于传统的课堂体育教学，课外体育活动拥有更强的生命力，主要原因在于活动时间充足，活动形式多样，是对课堂体育教学的补充与完善。另外，由于课外活动不受教学大纲限制，它体现出比体育课更为灵活、内容更为丰富的特点，能够充分地满足学生的个性需求。需要注意的是，课外体育活动并不是简单的、无目的的"疯玩"，它也需要理论知识和运动技能做基础。因此，需要把课堂上的理论知识赋予课外活动实践，用实践的经验来补充理论知识，两者相互完善。

（七）创新性原则

创新是一个民族进步的灵魂，是一个国家兴旺发达不竭的动力。一个国家和民族，没有创新就没有生命力。学校同样如此，没有创新也就没有发展。校园文化的生命力也在于创新，在于结合自身特点，并不断借鉴别人长处，创造出新的成果，只有这样校园文化才更有生命力。校园文化中的学术文化要想发展和繁荣，就必须大力倡导创新。只有努力营造创新的环境和氛围，创新的种子才能在校园里生根、开花、结果，才能促进学术文化的发展与繁荣。以大学来说，其先天就具有创新的各种优势和条件：一是拥有大批专家教授等高层次人才，他们以提出新见解、发现新理论为己任，引领各学科的发展；二是大学生尤其是硕士研究生和博士研究生思想活跃，富有探索和开拓精神；三是拥有先进的仪器设备和丰富的图书资料，有利于开展科学研究；四是宽松的学术环境，为学术的发展提供了创新的空间。因此，在校园文化建设中坚持创新原则，既是必要的，又是可行的。

需要注意的是，坚持校园文化的创新原则，首先要重视处理与传统文化的关系。校园文化建设既要继承传统文化中的精华，在过去的历史文化传统中寻找文化的生长点，又要结合现实特点，吸取新的时代气息，大胆进行改革创新，与时俱进，使之具有长久的永不衰竭的生命力，让校园文化之树常青。同时，坚持创新性原则，还要求在遵循校园文化建设规律的基础上，关注时代发展，准确把握时代发展脉搏，结合新时期、新条件下的新情况、新变化，不断对校园文化的内容和形式进行改造和创新，以增强校园文化对广大教师、学生、员工的吸引力和影响力，进一步提升校园文化的地位。当然，大学仅坚持创新原则还不够，还应该努力培育自己的特色，打造自己的品牌，将校园文化建设成为国家创新的重要阵地。

二、大学体育文化建设的要求

（一）物质文化建设要安全、实用

1. 安全性

健康体育有许多理念，其中安全是最基本的理念。在学校体育活动中，有时会发生安全事故，这与安全这一基本的理念是相违背的。因此，在进行大学体育物质文化建设时要特别强调安全性，要经常检查体育场地与器材，年久的器材与不符合标准的器材要及时更换，以确保学生的安全。

2. 实用性

大学在修建体育场地、购买体育器材时，要注意场地与器材的实用性，要坚持的主要准则就是最大限度地满足学生的体育需求。一些学校设计体育场地时，仅仅是为了好看与时尚，却忽略了其实用性，这样不仅浪费了资金，而且没有实用性，不能满足学生的需要，难以发挥其价值。

（二）组织形式要多样化

建设大学体育文化需要与时代发展的要求相适应。现在，学校中开展的大学体育活动主要就是运动会、体育课、课间操等，这些活动形式已经无法满足学生的体育需求了。大学体育文化发展必然要求学校组织丰富多样的体育活动，既要确保其具有健康的体育内容，又要确保体育活动具有娱乐性特点。因此，多元化发展道路是大学体育文化建设的主要方向，多元化的发展主要通过多样化的组织形式体现出来。多样化的组织能够使学生有更多的空间做出选择。同时，多元化的组织形式才能满足学生的体育需求，才能使学生更加积极参加体育锻炼活动。

此外，大学体育文化的健康性与娱乐性也要通过多样化的组织形式体现出来。如果学校只有单一的体育组织形式，就会降低学生参与的积极性，也就难以实现大学体育文化的健康性和娱乐性。

（三）内容要具有娱乐性和健康性

1. 娱乐性

学生的学习负担很重，压力也很大，精神上就会受到影响，如果经常处于紧张状态，学生就无法拥有健康的身体。而大学体育文化的娱乐性能够使学生消除紧张心理，放松身心。学生需要参加丰富多彩的娱乐项目，这样才能获得精神上的愉悦和享受，才能处于积极乐观的状态。在轻松愉悦的氛围下生活有利于学生的成长，进而可以提高学生的学习效率。[①]

2. 健康性

建设大学体育文化要以"健康第一"为主题，主要包括以下两方面内容。

其一，学生正处于身体发育的关键与最佳时期，参加体育锻炼能够促进发育进程的加快，使学生拥有一个健康的身体。大学体育文化的建设要为学生营造一个健康的体育锻炼环境，这主要体现在：有良好的体育物质文化；有精英体育教师作指导；有健全的大学体育健身模式；有浓厚的大学体育文化氛围。

其二，学生的思想稳定性较差，大学体育文化建设要求教师经常向学生宣传体育意识，使学生树立正确的体育观、人生观，并能够将体育精神应用于生活中，影响自己的行为习惯，从而提高学生抵抗外界诱惑的能力，免受身心伤害。

（四）要持之以恒

学生要想掌握体育技能，强化体育意识，树立正确的体育观，需要持之以恒地接受体育教育，参加体育锻炼。同理，大学体育文化建设也是如此，也应持之以恒不断完善。另外，大学体育文化建设过程中总会出现问题，旧的问题解决了，又会出现新的问题，而且这一过程中出现的问题通常带有时代因素。对此，只有长期坚持大学体育文化建设，用时代的眼光进行建设，才能防患于未然，才能对不断出现的问题进行有效的解决，才能更好地使大学体育文化服务于学生。

第二节　大学体育文化建设的形式及其内容

一、体育课

（一）理论课建设

建设大学体育理论课的基本思路是，向学生讲授体育基础原理和知识、体育卫生保健知识。向学生传授体育基础原理和知识，能够使学生对体育对人类社会、国家、自己未来生活和工作产生的重要影响有更加深刻的理解，积极地参与到体育的学习中；向学生传授保健与卫生知识，能够使学生对健康的重要性和身体健康所需要的环境有一个准确的认识，从而掌握一些基础的保健手段与方法，更自觉地爱护环境、保持健康。

---

① 陶华滨,邹师.关于校园体育文化建设若干理论问题的思考[J].沈阳师范学院学报(自然科学版),2001,(第4期)：59-64.

在建设大学体育理论课时要注意以下几方面。

第一，内容要力争与学生现实生活中可能遇到的实际问题保持密切联系。

第二，内容的选择切忌支离破碎、简单无逻辑地罗列知识，而应注意紧跟当前社会发展潮流，精选对学生有重要意义的体育、保健原理来组织教学内容，并注意结合运动实践部分的内容来组织建设。

（二）实践课建设

1. 田径

田径运动与人的走、跑、跳、投等基本活动能力有内在关系，因此被誉为"运动之母"。通过此项实践教学内容，应使学生了解田径运动，理解田径运动在锻炼身体中的意义，明白跑、跳、投等的基本原理和特征，掌握一些基础性、实用性较强的田径运动技能，学会用田径运动来了解增强体能的方法和注意事项，掌握一些基础的田径判罚和组织比赛的技能。田径教学内容既与田径运动技能有直接联系，也与人克服障碍、进行竞争的心理要求有内在联系。因此，应从文化、竞技、运动、心理体验以及发展体能等多方面理解、分析教学内容并组织教学。

2. 体操

体操运动是发展人的力量性、协调性、灵活性、平衡性最有效的运动。体操的历史较为悠久，自人类进入文明时代后，体操就一直伴随着人类的发展，而且与人克服各种外界物体的心理欲求有联系。通过此项实践教学内容，应使学生了解体操运动文化的概貌，了解体操运动对人体锻炼的价值和作用，明白基本的体操原理和特征，掌握一些典型的、实用性较强的体操技能，学会用体操的动作来进行身体锻炼和娱乐、竞赛，能运用保护与帮助的手法安全地从事体操运动。

3. 球类

球类运动包括足球、篮球、排球、乒乓球、羽毛球、橄榄球、网球等。通过此项实践教学内容，应使学生理解球类运动的概貌和球类比赛的共性特征，有效掌握球类运动的基本技术和战术技能。需要注意的是，此类实践教学内容中的技战术通常较为复杂，每种技战术或技战术之间的组合相互依存、相互制约，要想筛选出适合教学的内容比较困难。如果只是对单一技术进行教学，那么就失去了球类运动的本质，不能进行顺畅的比赛和应用，也会导致学生对球类运动失去兴趣，最终也不能使单个技术得到运用和提高。而若想整体详细讲解和介绍又需要较长的时间，有些球类运动若想达到一定的教学目标，至少需要一学年的时间甚至更长。因此，如果计划开展此类项目，应通盘考虑，注意把技术教学、战术教学与教学比赛结合起来。

4. 民族传统体育

民族传统体育的内容有武术、导引、气功及各民族的传统体育内容。通过此项实践教学内容，应使学生对中国优秀的、丰富的民族传统体育情况有所了解，并懂得用其来健身、自卫的方法；还应使学生在学习技能的同时理解中国的"武德"精神，讲究武术中的礼貌举止，并与爱国精神、民族自尊心的培养结合起来，教会学生基本功和一些主要动作。

民族传统体育教学需要较长的教学时间，还要兼顾教学的实效性。对于普通学生而言，鉴于民族传统体育往往需要较强的基本功，这种基本功不是一朝一夕能够习成的。因此，教授这部分内容时，应根据学生的心理特点强调教学内容的文化性、实用性、范例性以及其文化背景和意义。

5. 韵律运动

韵律运动包括健美运动、民间舞蹈、健美操、体育舞蹈、韵律操、艺术体操等内容。韵律运动在组织教学内容时，应从审美观培养、舞蹈音乐理论介绍、感情表达能力培养和健身效果等多方面考虑。以往此类教学内容过多地考虑动作练习的教学，对于向学生传授一些基本原则并让学生尝试自编动作的要求较弱，应考虑加强学生自编动作方面的教学。

二、课外体育活动

（一）教师的课外体育活动

教师是大学体育文化的主体之一，开展针对教师的课外体育活动是十分必要的，这既是对大学体育文化氛围进行积极营造的要求，又是全面健身活动发展的要求。

针对教师的课外体育活动主要包括以下两个方面。

1. 组织有利于缓解压力的体育活动

登山运动、春游等都能够使教师缓解压力，远离工作上的问题，不仅能够锻炼身体，还可以消除心理疲劳，形成良好的精神面貌。

另外，也可以举办一些体育比赛，如教师田径赛、教师排球联赛、健美操比赛等。教师自觉参与体育锻炼，不仅能促进自身技术水平的提高，还能拥有健康的身体。

2. 组织师生之间的体育比赛

教师在日常上课时比较严肃，学生自然就会对教师有一种害怕心理，距离感由此产生。而组织师生之间的体育比赛，可以让师生之间自由地展现自己的个性，秉承着公平竞争的原则发挥自己的体育技能，并在比赛结束后针对体育或共同感兴趣的话题展开讨论。这样一来，能够增进师生之间的了解，使师生之间不再感到陌生，学生不再害怕教师，双方的距离自然就拉近了。

（二）学生的课外体育活动

学生的课外体育活动有以下几种形式。

1. 全校活动形式

全校活动具有庞大的规模、恢宏的气势和巨大的影响力，而且可以进行统一领导与指挥，操作起来比较方便，也为组织与管理者的督促、检查与评价工作提供了便利。全校活动形式的主要作用表现在以下几点。

首先，可以促进班级、年级之间相互学习、共同进步。

其次，有利于对学生进行爱国主义与集体主义教育。

最后，有利于增强学生遵守纪律的意识和培养学生的集体荣誉感。

需要注意的是，全校活动的开展会受到一系列因素的限制，如场地、组织措施、学生个体差异等因素，全校活动比较适合在早操与课间操等组织。

2. 班级活动形式

便于组织管理、选择余地较大、限制因素较少以及锻炼效果良好是班级活动形式的主要优势。班级活动以教学班为单位，由班级体育委员负责组织，团支部、学生会等组织的其他班干部负责协助配合体育委员，班主任与体育教师负责指导和辅导班级活动的开展。

3. 小组活动形式

小组活动可以根据学生班级、学生性别、学生兴趣等因素自然分组。例如，根据学生体质与兴趣爱好成立足球组、体操组等。各组由体育积极分子或项目擅长者担任组长，小组在组长的带领下开展活动。可以根据季节与场地器材等条件的不同来灵活选择小组的具体活动内容。

4. 团体活动形式

团体主要是由体育兴趣爱好和特长相同或相似的学生自发组成的。共同的目的、兴趣爱好和特长使学生自发组织起来，共同开展体育活动，互相学习与交流，共同提高与进步，增进友谊，并通过团体体育活动体验成功和快乐。由于团体活动是学生自发组织的，可以极大地发挥学生的创造能力和组织能力，使团体开展的体育活动形式多种多样。

团体的组织比较松散、自由，成员多少视具体情况而确定，且团体内的成员相对不固定。团体的成员没有局限在一个班级或一个年级中，他们可以是本班、本年级的学生，也可以是其他班、其他年级的学生。团体活动不需要进行专门特别的管理，主要是因为团体组织相对比较随意，没有固定的活动时间和地点。

在学生的课外体育活动中，团体的体育活动具有其他组织形式无法企及的积极影响，它有利于形成和发展学生的体育兴趣与爱好，促使学生养成良好的体育锻炼习惯，积极促进学生终身体育意识的形成与发展。换言之，学生可以通过团体活动获得身体、心理和社交等方面的全面发展。

5. 个人活动形式

个人活动是指学生根据自己的体育兴趣爱好与需要，根据体育锻炼的方法与要求，自觉自愿选择体育锻炼项目，在体育课外活动中进行单独锻炼的活动方式。个人活动是一项非常重要的体育实践活动，它反映了学生体育意识的觉醒，有利于促进学生体育兴趣的形成和发展，也有利于学生养成并巩固良好的体育锻炼习惯，帮助学生实现体育学习的终极目标。个人活动可选择的内容十分广泛，学生大多选择与自身兴趣爱好与需求相统一的体育项目进行锻炼。

通常情况下，学生大多因为对体育有较浓厚的兴趣才会自觉进行体育锻炼，经常参加体育锻炼的学生在体育知识、身体素质、运动技术技能等方面具有良好的基础，是班上的体育积极分子。因此，教师要积极做好这类学生的引导工作，使他们的特长充分发挥出来，达到以点带面、整体提高的目标。

需要注意的是，个人活动与全校、班级、团体等集体活动并不矛盾，绝对的排他性是不存在的。恰恰相反，个人活动与集体活动在一定程度上可以相互促进与转化。

6. 俱乐部活动形式

近些年，在学校尤其是大学，体育俱乐部活动这类的课外体育活动组织形式相继出现。俱乐部主要分为两类：单项俱乐部和综合俱乐部。学校主要根据本校的场地设备、体育传统优势与师资力量等因素创办俱乐部。筹建俱乐部的经费主要来源于学校下拨的经费、学生缴纳的会费与社会赞助。学生按照自身的兴趣与爱好自愿加入俱乐部，在俱乐部内进行自己感兴趣的体育锻炼活动。学生参加俱乐部的目的各有不同：一些学生是为了提高技术技能水平，一些学生是为了参加课余体育训练，还有一些学生只是为了娱乐。俱乐部活动的主要特点是有专门的组织管理和专业的指导教练。俱乐部活动的效果良好，深受广大学生的推崇与喜爱。

三、课余体育训练

课余体育训练是指为了发展部分在体育方面有一定天赋或有某项运动特长的学生的体能和身心素质,提高他们某项运动的技术水平,利用课余时间,以运动队、代表队、俱乐部等形式对他们进行较为系统的训练,是为竞技体育培养后备人才的一种体育教育过程。课余体育训练是我国学校体育的组成部分,《学校体育工作条例》中明确规定:"学校应当在体育课教学和课外体育活动的基础上,开展多种形式的课余体育训练,提高学生的运动技术水平。"

课余体育训练要通过对具有运动特长的学生的训练,来提高学生对体育的认识,使其掌握一些专项与非专项技战术和知识,加强身体、技术、战术方面的全面训练,促进身体的正常发育,提高各系统器官的功能,发展体能,培养良好的体育道德作风和顽强的意志品质,为进一步的专项运动训练打下身体、心理、技术、战术和思想品质的良好基础,为提高运动技术水平输送优秀体育后备人才和群众性体育骨干服务。这便是学校课余体育训练的目的,其具体可以从以下三个方面进行阐述。

第一,学校课余体育训练要促进学生体能的发展与运动能力的提高。学生身心处于发育关键期,开展课余体育训练不仅能保证学生的正常生长发育,还能大大提高学生的生理功能,从而提高学生的运动素质和运动能力。

第二,学校课余体育训练应该是学校培养高素质人才的补充措施。通过课余体育训练,可以使学生掌握体育的基本知识和技能,提高学生的体能和综合素质,从而为运动队或群众体育提供人才。

第三,学校课余体育训练应该完善学生道德品质和提高其精神意志力。学校课余体育训练要力求使学生接受爱国主义、集体主义和社会主义教育,提高学生对体育的兴趣,培养学生的竞争意识、合作精神和拼搏意志。

四、体育竞赛

学校开展的体育竞赛主要有以下两种形式。

(一)校内体育竞赛

校内体育竞赛不仅能促进学生个性的发展,培养学生的能力,陶冶学生的情操,还能创造良好的大学体育氛围,这些作用都是其他活动所无法替代的。因此,学校应该开展多元的体育竞赛,以面向学生、服务学生为原则,采用大众化的组织形式和比赛方法。

按组织等级划分，可以将校内体育竞赛分为校级体育竞赛、院级或年级体育竞赛、班级体育竞赛。竞赛的项目主要有田径、篮球、羽毛球等。此外，也可组织一些小型的比赛，如接力赛、拔河比赛等，这些比赛能够使更多的学生参与进来。

（二）校际体育竞赛

校内开展体育竞赛的主要目的是传播体育精神，使学生参与到体育锻炼中；校际开展体育竞赛的主要目的是加强校际交流，促进学校文明形象的提高，同时加强学校与社会的交流。世界大学生运动会和世界中学生运动会是校际开展的比赛中级别最高的，通过比赛，学生可以将自己的活力与实践技能展示给全世界。

五、体育文化节

学校价值观念的传播方式之一就是举办大学体育文化节，文化节的举办能够有效激发出学生参与体育锻炼的兴趣。体育文化节的主要载体是体育活动，其宗旨是公平竞争、团结协作、拼搏进取，其主要目标是"健康、快乐、文明"，同时注重对师生体育道德素养的培养。现如今，大学体育文化的传播离不开文化节这一重要的形式。体育文化节主要是集中一周的课外活动时间，开展各种活动，面向全校所有学生，让学生感受体育运动的乐趣。学生可以利用这一平台将自己的才华展示出来，充分发挥自己的个性与技能。

此外，体育文化节也可以在节日里举行，如在劳动节、国庆节、元旦节举办学校篮球、足球、羽毛球等联赛，分教职工、学生两组进行循环淘汰赛，这样不仅能充实教师、学生、员工的节假日生活，还能增强其集体荣誉感和竞争意识。

第三节 大学体育文化建设的基础环境

一、大学体育物质文化环境建设

（一）扩充体育物资设备

优化大学体育物质文化环境，数量种类多是优化的前提，只有"多"才能"优"。可以说，优化在很大程度上就是一个如何选择的问题，如果连最起码的体育设施都不齐全，没有任何选择的空间，优化只能是"纸上谈兵"。然而，大学体育不同于商业体育，不能到处拉赞助，因此建造体育物质设施最主要的资金来源就是学校的直接投入。当然，这种资金投入并不是盲目的。

首先，要从实际出发。因为各学校的经济承受能力是不同的，在经济落后地区，学校体育设施方面的要求不能与经济发达地区的学校相比。

其次，要重视体育设施的扩充方向。每个学校的体育文化氛围倾向是不一样的，而这种氛围的倾向性决定了学生参加体育活动的方向。也就是说，在不同的运动项目中，参加的学生人数以及热衷程度是不一样的。因此，在扩充体育设施时必须对本校体育氛围倾向有一个充分的了解，然后针对运动人群多而体育设施少的体育项目来扩充设备，从而达到资金合理分配以及资源合理利用的目的。

（二）优化现有的体育物质文化环境

优化现有的体育物质文化环境其实就是对现有的体育物质资源进行合理规划，营造出良好的体育物质文化氛围。具体而言，可以采取以下两种措施。

首先，大学体育物质文化环境本身是一种文化现象，井然有序的体育场馆和体育运动器材会给人一种舒适的感觉，因此对学校体育物资设备的规划就显得格外重要。例如，把篮球场集中修建在同一个地方，当学生走进篮球场时就会被浓厚的篮球运动氛围所吸引，那里便成为篮球运动的一片沃土，方便了篮球爱好者之间的交流。

其次，体育场馆整洁干净也是非常重要的。干净整洁的体育场馆能给人一种舒适感，进而使学生更加亲近体育运动。相反，四处都是果皮纸屑、铁锈横生的体育场馆会让人产生厌恶感。因此，保持学校体育场馆的洁净非常重要，每天都必须安排人员对体育场馆进行打扫，以保持场馆的干净整洁，营造出良好的体育物质文化氛围，从而吸引更多的学生参加体育运动。

二、大学体育教学环境建设

（一）大学体育教学环境的构成

1. 体育教学的物质环境

体育课是一个实践性很强的课程，在学校体育教学环境中，体育物资设备起到了载体作用，教师通过体育器材来实施教学，学生则通过体育器材、场馆进行体育活动。体育教学物质环境通常包括自然环境和体育设施环境。自然环境指的是学校的花草树木、空气、噪声、光线等，这些客观事物在一定程度上会影响学生的学习和训练。体育设施环境指的是由后天改造而来的体育设施，如体育场馆、体育器材、教学设备（秒表、录像带、光盘等）。体育设施的好坏会直接影响到教学质量的好坏。此外，由于物质环境是客观事物的载体，合理的场地规划、整洁的场地能使学生产生良好的体育兴趣，体育教学物质环境本身就具有教育作用。

2. 体育教学的教师环境

学校体育教师是教学环境的灵魂，他们作为大学体育文化的指导者，对学校体育的发展方向具有绝对的主导权。学校体育要弘扬什么样的精神、发展什么样的体育传统、提倡什么样的品质和培养什么样的能力等都是由体育教师在思想、行为上的体现和认识决定的。通常体育教师传授什么样的体育传统、精神、品质等，学生就能收获什么样的体育传统、精神、品质等。因此，在学生形成正确的审美观、体育观、人生观以及体育意识上，体育教师的影响是巨大的。

3. 体育教学的网络环境

在当前的体育教学中，网络教学越来越广泛，体育教师利用网络给学生讲授最新的体育知识，实施远程教育，大大提高了教学效率。在网络教学环境中，体育教师通常有自己的网站或邮箱，学生可以从指定的网站或邮箱上获取最新的学习任务。另外，在体育课上，体育教师利用课件把平时很难用语言描述的技术动作以图片或视频的方式展现出来，使学生更容易理解和掌握。

4. 体育教学人际环境

学校体育教学是施教和受教的过程，这个过程中最重要的就是师生之间、学生之间、教师之间的交流。因此，体育教学的人际环境是不可缺少的一部分。良好的人际环境体现为师生间的一种默契，学生通过教师的一个眼神或一个手势就能体会其中的意图，师生互相尊重，教师以高尚的人格品质去感染学生，这对完善学校体育教学非常有帮助。

（二）营造体育教学环境应注意的问题

1. 体育教师的知识修养和综合能力

体育是一门多学科性课程，在运动过程中具有一定的规律性，同时它又是一个发散式的体育活动，如果教师没有一定的专业知识和体育经验，很难对学生当前提出的问题进行解答。因此，学校体育教师只有具备丰富的专业知识、文化知识以及体育经验，见多识广，才能让学生信服。

体育是实践性很强的学科，体育教师仅有丰富的理论基础还不够，还必须具备多方面的能力，如组织管理能力、动作操作能力、人际关系处理能力等。此外，体育教师作为传播者，其一言一行都备受学生的关注。因此，在体育教学过程中，体育教师应注意自身的言行举止，以身作则。

2. 体育教学环境的普及范围

目前，在体育教学环境普及范围上存在着很大的误区。例如，有相当一部分教师认为，学校余暇体育活动不属于教学范围，如课外体育活动、节假日体育活动等。这种认识是错误的，实际上学生参加余暇体育的时间远比课堂学习时间多，而且学生很多的体育技能都是在余暇体育中培养的。因此，教师应把余暇体育作为教学任务的一部分，充分利用余暇体育来传播体育知识。再如，一些教师认为体育教学就是以教师为主导，以学生为主体，以教学为内容，以培养学生的健康体魄和终身体育能力为主要目的的一种教学。这种认识过于片面，实际上培养学生的健康体魄和终身体育能力只是教学目的的一部分，在具有浓厚体育文化内涵的体育教学中，引导学生养成正确的人生观、体育观以及培养他们的合作能力、竞争意识、拼搏精神，同样是体育教学的目的。

3. 体育教学环境的硬件设施

学校体育教学环境的营造需要软件与硬件的协调。目前，硬件建设跟不上软件建设已成为一种普遍现象，许多体育教师有教书育人的抱负，但因为缺少硬件设施，最终只能使抱负变成空想。而造成这种现象的原因是多方面的，如学校的财政紧缺、学校对体育教学环境的认识不够等。总体而言，硬件设施是体育教学的基础和保障是不争的事实，硬件设施的短缺必然会给体育教学的质量带来影响，不仅教师无法施教，学生参加体育活动同样会受到制约。因此，学校必须高度重视这一问题，加大经费投入，尽可能地满足体育教学的要求。

第四节 美国大学体育文化概览与启示

一、美国大学体育文化透析

（一）"互联网＋"时代下的体育产业文化

1. 体育产业与文化繁荣共生

美国大学体育产业每年收入高达 160 亿美金，甚至要超过盈利最高的职业体育联盟 NFL。但是赚钱与盈利却并不是美国大学体育的目的所在，而是美国大学体育在几乎没有政府经费的支持下，为实现生存和发展的自我造血功能①。虽然美国大学体育的商业化运作水平非常高超，但是 NCAA 和帕克十二联盟本身却都是非营利组织，它们的主要目标是通过体育来实现教育理想，因为从美国大学的教育体系看来，体育是教育中非常重要的一个组成部分②。

NCAA 和帕克十二联盟的成员学校将橄榄球和男子篮球项目盈利收入用来发展其他21 个并不盈利的美国大学奥林匹克运动项目，这也是没有设立体育行政部门的美国在历届奥运会上高居金（奖）牌榜首位的重要原因。可见，非营利性体育组织是美国体育产业发展的重要依托，美国体育产业高度的自治性和文化的繁荣共生有着密切的联系。

2. 体育营销与文化融会贯通

美国大学竞技体育赛事的影响力已超过 NBA 职业联赛，排名全美第 6 位③。NCAA 仅在赛事转播权上就可为全美联盟高校带来 12.3 亿美元的收入，帕克十二联盟下属的多所高校每年平均售出 3 000 万美元的体育比赛门票。2011 年，帕克十二联盟与 ESPN 和 FOX 达成 12 年 30 亿美元的合约，为 ESPN 和 FOX 提供一定场次的美式橄榄球和男子篮球赛事转播权。

帕克十二联盟中的斯坦福大学和华盛顿大学还专门创立了自己学校的体育特许产品专卖店，逐渐形成了大学体育产业链。可见，体育赛事营销与转播的收入是支撑美国大学竞技体育发展的财政路径之一，在互联网＋时代背景下，依托体育赛事形成产业链，采取自营自收的营销模式，有效规避财政赤字风险，保证美国大学竞技体育的可持续发展，凸显出美国社会文化中独有的商业气息。

3. 体育媒介与文化协同传递。

精准、有效宣传与推广是传承美国大学体育文化的重要途径之一。帕克十二联盟拥有自己的电视台，其中包括 1 个覆盖全美的全国性电视台和 6 个覆盖美国西部地区的电视台区域网，可向全美 6000 万户家庭转播高水平的大学生体育赛事④。此外，帕克十二联盟还与我国乐视网（LETV）、PP 聚力网（PPTV）合作直播，并与新浪微博、腾讯微信联手打造大学生体育品牌赛事的推广活动。

美国大学通过校园广播、校报等途径传递体育资讯、体育趣闻、体育赛事成绩等，

① 周丽君. 基于组织文化视角的美国大学体育文化剖析与启示——以美国耶鲁大学和北爱荷华大学为个案［J］.北京体育大学学报，2013，36（7）：103-108.
② 牛国胜. 美国大学生运动员培养模式及其对中国的启迪［J］.南京体育学院学报（社会科学版），2017，31（3）：81-87.
③ 杨铁黎，王刚，王晓毅. 他山之石：访美国帕克十二联盟［J］.中国学校体育（高等教育），2015（5）：1-5.
④ 付浩，骆秉全. 美国帕克十二联盟研究［J］.首都体育学院学报，2015，27（1）：47-49.

让全美大学生第一时间了解国内、外体坛快讯。此外，美国大学定期会召开体育学术论坛或报告会，通过多渠道、多视角、立体式的报道与宣传，加快了大学体育与文化的传播速度，促进了大学体育与文化的繁荣共生，构建体育媒介与文化协同传递的新模式。

（二）"体教融合"背景下的大学体育文化

1. 体育制度与文化相辅相成

美国大学有着相对健全、完善的招生制度，美国大学生运动员的生源基本都是普通全日制高中生，没有业余体校、专业队、职业俱乐部的运动员。因此，在入学门槛上执行统一标准，没有降分或加分录取的优惠政策。美国大学录取体育特长生的首选标准是文化课成绩，例如：斯坦福大学学生运动员入学的文化课成绩要求平均绩点（GAP）在3.7以上（相当于我国百分制平均成绩85分以上），达到相应标准后才有机会参加学校统一组织的体育专项测试。

美国大学在招生时也会考虑体育特长生的优势，注重体育特长生在课余训练、文化教育等方面的全面培养，而体育特长生选择知名学府的目的也希望得到优质的教育。美国大学对学生运动员的学业也有严格的要求，学生运动员突出的竞技水平是被学校教练筛选的前提，除了优异的竞技成绩外，还需要通过学校的学术测试、口语考核。美国大学将严格、有序的教学管理模式转化为一系列较为规范、可量化、可评判的教学制度，为学生运动员在校期间的学习与生活提供了有章可循、有法可依的制度保障。

2. 体育活动与文化互相融合

美国帕克十二联盟负责管理旗下12所大学的23项体育联赛，主要包括篮球、橄榄球、足球、游泳、田径和排球项目，其中游泳项目在美国大学中普及率极高，几乎美国所有大学均有游泳馆和游泳俱乐部。此外，网球、棒球、越野、高尔夫球、体操、赛艇、手球、摔跤等也是全美大学生喜闻乐见的体育项目，很多运动技术精湛、扎实的大学生明星运动员广受普通学生关注与追捧。每年NCAA大学生篮球联赛总冠军球员都会得到美国总统接见的机会。

体育活动的现场氛围与场馆环境布置也是体育文化传播的重要载体，在NCAA举办的赛事中运动场内座无虚席，球迷身穿所支持球队的队服，一同欢呼、呐喊；赛场上啦啦队员热歌炫舞，将现场氛围推向高潮。浓厚的体育文化氛围构成大学体育赛场上一道独特、靓丽的风景线。此外，校际的单项竞赛也是文化交流的主要途径。例如：斯坦福大学与加州大学伯克利分校、密歇根大学与俄亥俄州立大学之间在橄榄球项目均是多年的"冤家"，其100年来的交战与对抗史赢得了极高的关注度，美国帕克十二联盟橄榄球队的"爱恨情仇"早已成为美国大学生热议的焦点和口口相传的体育故事①。

3. 体育教育与文化紧密相连

在美国，体育教育和运动训练不存在矛盾与冲突。NCAA章程中明确规定大学生运动员每周训练不能超过20学时，每学期应修满12学分，且必须获得全部学分才能参加运动队的训练，才有机会代表学校参加体育竞赛②。如果学生运动员因参加体育比赛缺席文化课学习，美国大学则会选派教学经验丰富的教授随队辅导，以确保不会因集训或参赛而影响学业。这就促使大学生运动员在文化学习上不能有懒惰之心，否则不允许参加体育竞赛，也就不能获得高额的体育奖学金，从而失去自身的优势与价值。

正是由于体育与教育的有机结合，美国大学体育成为年轻人生活的一部分，依靠体育，学生运动员收获个人形象的展示与通往职业运动生涯的可能性。所以，体育制度是文化传承的根基，没有教育制度的约束，美国大学竞技体育难以得到长足的发展，大学生运动员也难以站在世界体育最高的舞台上。

（三）"体育强国"映衬下的本土体育文化

1. 体育元素与文化相互辉映

在美国帕克十二联盟总部到处都体现着体育文化元素。例如：办公区走廊的墙壁上悬挂着联盟发展的历史照片，大厅周围的间隔墙都是用篮球、垒球或网球串成的小纱帘；体育场馆的连接通道悬挂的是功勋运动员和冠军教练员的证书、奖牌和奖杯；运动员公寓的大厅中屹立着卓越运动员的石碑和激励运动员勇往直前的座右铭。体育元素点缀着美国帕克十二联盟总部，呈现出体育元素与文化相互辉映的绚烂场景。

美国大学的体育场馆、体育中心几乎都设有体育博物展室，特别注重体育展品的收藏，例如著名运动员的跑步鞋、运动服、运动器材，优秀教练员的参赛证、照片、纪念章，历届重大赛事的秩序册、成绩册、吉祥物等，通过这些潜移默化的运动元素，弘扬与传播榜样的力量，激励更多的大学生热爱运动、参与运动、享受运动。

2. 体育人物与文化合为一体

美国帕克十二联盟涌现一大批卓越的学生运动员，例如：来自华盛顿大学2017年NBA选秀状元马克尔·富尔茨、哈佛大学篮球队的NBA球员林书豪、斩获里约奥运会4枚金牌和1枚银牌的斯坦福大学19岁游泳运动员凯蒂·莱基德。一所大学拥有体育

---

① 胡乐乐. 透视美国大学的体育文化［N］. 光明日报，2016-12-18（008）.
② 邹月辉，李芫松，张爱红. 美国大学生运动员招生选拔的发展经验及启示［J］. 北京体育大学学报，2013，36（8）：101-105.

标志性人物不仅能够促进与提升大学综合竞技体育水平，还有利于弘扬与传播大学体育文化，形成积极向上的文化风气。美国大学培养的体育明星，彰显出体育人物与文化合为一体的气息，"培育人物""造就人物""启发人物"文化功能得以体现[①]。

3. 体育场馆与文化密切联系

美国大学竞技体育文化之所以兴盛，主要源于大学体育场馆的选址、规划及利用。在场馆选址上主要选取校园教学与生活的重叠区，体育场馆的设计与规划多以多功能、复合型、综合化的理念为主，场馆的利用率极高。

此外，美国大学校园里健身房和多功能体育馆无处不在，几乎所有综合性大学至少有一座现代化、标准的多功能体育馆，而校园里的健身房更是不计其数。多功能体育馆除了具备开展篮球、羽毛球、乒乓球、网球等项目外，还具备开设柔道、击剑、空手道、壁球等新兴项目的条件。总体而言，多功能的体育场馆带动了美国大学生参与体育运动的热情，已成为美国大学竞技体育可持续发展的重要保障。

二、对我国大学竞技体育的启示

（一）加强大学教育与体育深度融合

与美国大学相比，我国教育和体育系统缺乏互通与监管机制，大学生运动员学习与训练之间存在矛盾[②]。我国应加强大学竞技体育与大学教育的深度融合，构建由上至下、学训并举的教育制度，完善大学生运动员选拔与招生体系，严控入学考试文化分数线，建立"以考促学"的多方联动机制，实行文化考核与参赛资格挂钩、所修学分与竞赛成绩捆绑的举措。此外，应加强文化教育质量，定期监督检查，保证教育教学效果，提升大学生运动员的学习意识和理论素养。

（二）加快大学校园体育文化建设

与美国大学相比，我国大学校园体育文化建设存在精神文化缺失、特色文化虚渺、制度文化滞后的问题。体育文化是建设体育强国的核心元素，体育强国建设需要体育文化的引领和滋养。我国应坚持体育文化自信，加快大学体育文化建设，深度挖掘大学体育文化内涵，加大大学体育文化传播力度，树立新时代大学体育文化观，在体育标志性人物、体育建筑、体育场馆、体育特殊事件上融入民族文化，从而推动我国大学体育文

---

① 邹媛. 美国高校体育文化中的品格教育渗透 [D]. 重庆：西南大学，2012.
② 王长在，柴娇. 困境与突破：我国青少年运动员文化教育问题研究 [J]. 体育文化导刊，2017（10）：87-90.

化的健康发展。

（三）推动大学体育赛事市场化运作

与美国大学相比，我国大学体育赛事商业化运作手段匮乏，减缓大学体育赛事市场化发展的脚步。我国应创新大学体育赛事内容，加大大学体育赛事宣传力度，搭建大学体育赛事直播平台，提升大学体育赛事品牌价值，拓宽大学体育赛事开发渠道。根据大学生的观赛需求，充分配置大学体育赛事的内、外部资源，实现大学体育赛事的最大化效益，推动我国大学体育赛事的市场化进程。

（四）拓宽大学竞技体育筹资渠道

与美国大学相比，我国大学竞技体育筹资渠道相对单一[①]。我国大学在推进世界一流大学和一流学科建设的道路上，应瞄准市场、整合资源、精准定位，以体育赛事为窗口挖掘大学竞技体育市场潜力，加强内部文化自律建设，完善体育管理体制，健全社会支持长效机制。此外，应本着"对外开放、协作共赢"的理念，通过企业赞助、活动冠名、赛事转播权转让、特许商品销售等方式拓宽筹资渠道，从而形成以学校为主、社会协同参与的筹资模式。

（五）依托大学选拔培养后备人才

与美国大学相比，我国竞技体育后备人才培养主要依托竞技体校和专业队。我国应逐渐将竞技体育后备人才的培养重心向大学转移，形成以大学培养为主体、社会化培养相结合的竞技体育后备人才培养体系。此外，应加强大学高水平运动队建设，创新人才培养模式，转变人才培养观念，完善训练管理体制，坚持走"体教融合"的道路，确保人才培养的正确方向，从而推动我国大学竞技体育的可持续发展。

第五节　网络时代下我国大学体育文化建设

一、我国大学体育文化建设中存在的问题

（一）学生缺少足够的参与意识

中国人注重文化学习，当前考试制度和教育资源的不均衡使得家长把主要精力放在

---

① 王永盛，王超.中美一流大学竞技体育发展使命的研究：以哈佛大学和清华大学为例[J].首都体育学院学报，2017，29（5）：416-420.

了孩子文化课的学习与艺术特长的培养上。由于独生子女较为普遍，许多家长认为对子女的教育只能成功，不能失败。为了使孩子能够考一个好一点的初中、高中、大学，孩子从小就被迫上各类辅导班，从一个学习地点向另一个学习地点疲于奔命。运动安全问题让每个学校与家长谈虎色变，一些运动项目被迫取消，供学生们自我锻炼、自我玩耍的学校体育器材和设施几乎都被去除，有限的器材也被束之高阁，学生即便有意识、有动机去锻炼，也没有必备的设施和器材。同时，全员性运动会的推广和体育节的创新也进展缓慢，仅有的少数校内校外的各种体育竞赛也成为少数学生的专利，离广大的学生很远。

当前学生的课外体育锻炼面临着应试教育、特长功利、运动空间、网络电游、运动安全、运动伙伴、运动技能、枯燥锻炼等多重压迫。而且，由于学生在中小学阶段没有养成体育锻炼的习惯，也没在思想上形成对体育锻炼的正确认识，使得中学应试教育对体育造成的负面影响延伸到大学阶段，学生在大学阶段积极参与课外体育锻炼的热情不高，甚至相当一部分学生认为体育就是休闲玩耍、娱乐消遣，不认为体育也是一种文化。再加上，现阶段我国大学校园文化建设注重于物质建设，许多学校斥巨资搞体育场馆设施，努力为学生打造一个良好的外在学习环境，却对学生体育参与的积极性缺乏正确引导，从而导致学生缺乏主动参与意识。

（二）重视物质建设，轻视人文精神建设

大学体育文化设施建设一直是国外发达国家彰显学校魅力，培育良好校园文化氛围、凸显学校文化精神的载体，国内外著名学校在体育物质文化景观和场所的规划、设计与建设上均要从学校发展的高度进行严谨的论证分析，给予强大的支持和关注。随着我国经济的发展，教育资金的投入，我国的校园建设经历了一个重要发展期，体育场馆建设也如雨后春笋。这些体育场地与体育设施为体育的发展提供了物质保障，也在一定程度上反映了大学体育文化的发展水平。体育场馆的建筑风格、良好的体育设施能够让学生受到体育环境的熏陶，对体育运动产生向往。但是，许多体育场馆的建设缺少人文精神，缺少文化底蕴，同时对体育宣传及图书资料等相关配套设施的建设方面投入相对较少，体育图书资料老旧，大学体育宣传设施建设无法跟上潮流。

（三）重视活动形式，轻视育人功能

体育作为学校教育不可缺少的一部分，对人的全面发展起着重要作用。在具体的活动中，通过统一的规则、规范的行为、严密的组织及约定俗成的规定，学生能够自觉或不自觉地受到体育文化的教育、熏陶，从而养成团结友爱、吃苦耐劳、勇敢顽强、坚持不懈等优良作风，集体主义、爱国主义精神，机智灵活、沉着冷静、坚决果断、谦虚谨慎等意志品质。而且，学生亲身参与到体育活动中来，可以缓解学习和生活中的压力，享受体育运动所带来的愉悦和自由，这是网络所不能替代的。但是在当前大学体育文化建设中，群体性活动、体育竞赛、校级体育文化活动和体育社团建设滞后，其中学校的体育竞赛项目主要集中在球类上，多数以院系为单位组队参加比赛，这就使参赛人员受到限制，普通学生很难在这些比赛中一展身手。以班级为单位的系列赛却得到了学生的喜爱，因为这样的比赛能够满足普通学生的参与需求。校级体育文化活动主要包括校运动会和体育文化节，活动本身缺乏创新，活动内容缺乏普及性，校领导和普通学生对其关注度和参与度呈现下降的趋势，形式主义较为严重。体育社团的建设处于一种自发的组织管理活动状态，由于缺乏学校相应管理部门的关注、支持和考核，很多社团没有发挥应发挥的功能，无法满足大学生的体育文化需求，导致大学体育文化建设呈现出以下状况：一方面，体育文化活动日益丰富、多元，给师生提供了展示自我的舞台；另一方面，由于缺少科学的规划和有效的管理，造成了表面热闹与实施者的盲从，出现了组织者疲于应付而参与者意兴阑珊的现象。

二、网络时代下大学体育文化建设措施

（一）增强学生的体育参与意识

学生是大学体育文化建设的活动主体。学生体育参与积极性不高，究其原因是缺乏体育参与意识。要想增强学生的体育参与意识，具体可以从以下几个方面入手。

第一，加大宣传力度，通过校园网络、广播站等宣传体育运动与健康的关系，使学生树立终身体育思想。

第二，不断推进体育教学改革，提高学生的体育兴趣；加强课堂教学常规教育，严禁学生在课堂上过度使用手机。

第三，加强大学体育文化建设，渲染体育氛围，并充分利用网络发展大学体育文化，提高学生的参与意识。

第四，真正重视体育社团活动，学校有关部门应有意识地对其进行引导与支持。

（二）注重大学体育文化的硬环境与软环境建设

体育场馆建设要能体现该校的文化底蕴，与整个校园的文化氛围相融合，彰显校园文化的魅力，以体育场馆建设传播大学体育文化。无论是气势恢宏的体育馆，还是造型优美的体育雕塑、个性鲜明的体育标识，要能够撞击学生的心灵，激发学生向往体

育、参与体育、热爱体育的激情。在做好大型体育场馆建设的同时，也要注意体育景观小品，要有层次、有深度、以一定的文化底蕴体现其中所包含的体育精神，使每一处建筑、每一处景观都能传递体育思想，表达体育文化。也就是说，在关注"硬件建设"的同时，更需要考虑"软件"的融合，增添人文元素，丰富文化内涵，通过人与物的沟通与感悟，传承、创新体育文化，提升大学体育文化品位，实现以"物"化人。

在体育宣传与图书资料方面应加大力度，通过现代化手段加大宣传力度，充分利用校园网络，建立大学体育网页，开设学校体育网站，利用校园广播站和投影机，以播报体育新闻、播放体育比赛等方式，构建一个大的大学体育文化整体环境，为学生创造一个良好的体育文化氛围，给学生搭建了解体育信息的平台，为大学体育文化建设提供服务支持，通过网络让学生感受到体育的精神与魅力，接受体育文化的熏陶与洗礼，真正地爱上体育，参与体育运动，把课余时间更多地用于体育运动，从而树立终身体育锻炼的观念。

（三）重视体育文化活动的形式与内涵

大学体育文化对学生的人生观、价值观具有潜移默化的深远影响，其育人功能不容忽视。目前，我国大学体育文化的建设以自主学习为主，缺乏系统的指导，知识掌握不牢固，且缺乏实践机会，学生获得的只是一些科普类的预防知识，运动损伤的处理和治疗方面的知识严重缺乏。对此，大学不仅应重视大学体育教学，通过多种教学方式，将体育文化作为一种思维方式、行为方式和生活方式传授给学生，还应重视课外体育活动，通过多种体育活动，提高学生的实践能力和身体素质。

第三章 大学体育文化对大学生的影响

第一节 大学体育文化对大学生身体健康影响

一、大学体育文化对大学生健康的促进作用

（一）促进了大学生身心交互作用的实现

大学生正处于生理、心理成熟时期，他们思想活跃，易于接受新事物，精力旺盛。但长时间的"三点一线"式的学习生活，往往使大多数学生感到枯燥乏味，一些学生就把过剩的精力投入到体育活动和锻炼之中。他们热衷于开放、活泼、自由、自主参与的课外体育活动，已不再满足于被动的体育课的学习。新颖、多样、先进的体育设施和内容丰富、形式灵活的体育教学，为他们提供了更多的选择锻炼的机会，极大地满足了他们的兴趣、爱好及对体育锻炼的需要。同时，也为大学生提供了一个发展个性、展示自我、释放身心能量的广阔天地。

一方面，学生的体质增强了，身体素质得到了很大的提高，使他们在力量、耐力、速度、灵敏、协调等方面得到锻炼，全面地提高了肌体和内脏器官的功能，促进了中枢神经的兴奋，保持了旺盛的精力，从而使学生体验到体育活动给他们带来的身心快乐。另一方面，学生通过体育活动和体育比赛，可以调节学习生活，获得和谐心境，减轻压力。通过体育文化的学习，又可以使学生了解健康知识，掌握科学锻炼身体的方法，提高自身参与体育活动的主动性和自觉性。学生在体育活动中愉悦了身心，表现了自我，显示了身心力量。因此，参加大学体育文化活动，不仅使学生身体的生物学方面得到改造，而且又能使学生的心理在健康的生活方式中得到很好的调节，实现了身体健康——心理健康的交互作用。

（二）成为学生不良心理情绪的宣泄途径

处在象牙塔中的大学生，尽管任务比较单一，但是由于社会竞争日趋激烈，生活节奏加快，他们面对优胜劣汰的现实社会，不得不努力成为一个优秀者。生活、学习上的困难，人际关系的紧张，矛盾冲突的发生，失恋的苦恼，就业压力的增大，已成为当代

大学生无法回避的现实问题。在各种不良应激状态下，他们时常表现出易激动、急躁、恼火、紧张，甚至产生恐惧、悲观失落等情绪。这种心理状态持续时间越长，给学生带来的精神痛苦就越大，越容易产生各种心理疾病。无论何种原因引发的学生心理问题，都需要有一种排泄的方式，释放出负面的能量，以利于心理的调节，并恢复到健康的心理状态过程中。体育活动场所就是有效的平衡心理场所，并成为宣泄不良心理情绪的有效途径。在此基础上所产生的心理放松和畅快感，可以有效地降低焦虑，缓解精神压力，并起到治疗心理疾病的作用。因此，大学体育文化不仅能使大学生有舒畅感，而且能够有效地宣泄学生不良的心理情绪，进而获得心理快乐的动力因素之一。

（三）提高了学生社会适应能力

大学体育文化以其丰富多彩的内容吸引着众多学生前来参加，成为人与人之间交往的良好形式。通过体育活动使学生社会交往的需要得以满足，不仅丰富了自身的生活方式，而且扩大了知识扩展和信息交流，拓展了自身的生活圈。这样既有利于消除学习和生活带来的诸多烦恼，减轻精神压力，又能减少他们的孤独感，并在处理人际关系方面得到很好的锻炼。交往的成功又能增强彼此间的友谊、亲密感、安全感、自我责任感和集体责任感，摆脱猜疑和不信任，从中学会尊重他人和关心他人，并以积极的态度关注自身健康和群体的健康，提高自己的社会适应能力。近年来学生体育俱乐部的建立，不仅满足了不同层次的学生身体、心理需要，而且还把运动场变成了交流技艺、增进友谊、显示自我能力的场所。

（四）规范了学生自身的道德行为

学校体育文化不仅可以强身健体，调节心理平衡，愉悦身心，增加交往，而且它还集中反映了学生的体育精神面貌、体育道德观念与道德行为等。它对学生良好品德的促进作用是显而易见的。体育活动中所表现出来的良好道德品质和道德行为既可以让人们称扬赞叹，又可以迁移到个人的道德行为之中。在体育比赛和体育活动中，公平竞赛、公开竞争、求真求实、遵守规则、尊重对手的体育精神，可以教育和感化学生，可以培养他们高尚的体育道德风尚。特别是在一些集体项目活动和比赛中，需要参与者必须承受一定的生理负荷和心理负荷，而且还必须遵守相应的比赛规则，这不仅培养了学生的勇敢、坚毅、进取精神和团结、互助、公正、谦虚、热爱集体、遵守纪律的优良品质，同时，也是对学生心灵的一次检阅。如比赛规则的破坏、伤害性的故意犯规、集体荣誉的败坏等行为，会引发憎恶和鄙夷，而良好体育道德风范，则会受到大家的赞扬和敬重。

二、大学体育生活化环境的构建与学生体质健康改善

随着改革开放和社会主义市场经济的建立，我国现代化水平的迅速提高，给人们的生活创造了前所未有的良好条件，使人们的生活方式和生活质量进一步得到改善。作为社会文化的一部分，体育正扮演着愈来愈重要的角色，走进人们的生活。当前，对社会体育生活化问题的研究已不断深入，但探究学校体育生活化的问题才刚刚开始。

（一）大学"体育生活化"的现状研究

1. 大学生体质健康状况

由于学业、就业和经济等压力，大学生的身体健康状况堪忧。全国学生体质健康监测报告显示：尽管青少年的营养水平和形态发育水平不断提高，但青少年学生的部分体能素质指标却持续下降，超肥胖学生的比例迅速增加，城市中超重与肥胖的男生则更多；大学生的视力不良检出率较高；大学生的心理状况也是不容乐观，交际困难、学习及就业压力大、恋爱情感波动、人格缺陷成为困扰大学生的四大心理问题。

2. 身体形态水平

在国家的调查中，男生的正常体重人数仅占到三分之一，营养不良、较低体重和肥胖者数量很多。女生的正常体重比例较高，约为百分之四十，但是营养不良和较低体重的女生较多，这与女生追求瘦身减肥有关。这些都应该引起大学体育工作者的高度重视。

3. 身体素质指标

男生和女生的各项身体素质发展不均衡，男生的前臂和手指力量相对最好，下肢力量素质和耐力素质相对较弱。女生的情况基本和男生一致，只是女生的关节和肌肉的柔韧素质，及腹肌力量和耐力素质相对较好。

4. 营养状况

近年来，随着国民经济的发展，人们的生活水平得到了迅速提高，大学生的营养状况也有了较大的改善。但是由于他们缺乏营养知识，不能合理地选择和搭配食物，使得营养素缺乏和过剩等问题日益突出。

大学生每日的膳食构成以谷类为主，大学生对豆类、乳类、肉类、蔬菜的摄入量与中国居民平衡膳食推荐量相比较普遍不足。女生基本能满足水果的摄入量，但男生对蔬菜、水果类摄入量偏低。大学生的营养不良以轻度为主，说明大学生营养不良的程度较轻，主要是由于缺乏营养知识及不良的饮食习惯造成，而较少为器质性疾病所致。只要

重视营养知识的宣传和教育，增强学生的营养饮食意识，加强健康监测，经常开展营养调查和个体营养评价，营养不良会得到改善。

5. 课外体育活动

现阶段我国大学课外体育活动开展的主要形式是体育俱乐部，它的发展应该说是大学体育的一场革命，它打破了传统学校体育的格局和壁垒，建立了与现代社会相适应的学习方式，顺应学习化社会的发展要求，扩展大学体育学习的途径、增加体育课程的弹性，加大了学生选择的自由度。

我国大学体育俱乐部在树立新的大学体育思想和观念上的特点：第一是大学体育俱乐部蕴含丰富的教育内涵，打破了原有的大学体育管理模式，使整个大学体育教育具有教育整体性和连续性，生动地再现了现代教育理论与学校体育改革的成果；第二是把体育教学课堂与课外体育有机地联系在一起，充分发挥学校隐性课程的教育作用，也抓住大学体育文化的教育作用。

课外俱乐部是大学构建体育俱乐部初始阶段，体育俱乐部总的趋势是以课外体育俱乐部为最早的形式，它作为体育课的延伸和补充，以拓展学校体育功能、培养良好的体育习惯和行为为主要目标。因此，我国大学体育俱乐部发展出了两个特点：其一是学习方式的开放性；其二是学生获取知识的开放性。

随着经验的逐步积累，课外体育俱乐部主要有以下四种形式。

第一，学校提供体育场地、器材，完全由学生自愿参加、自我锻炼的课外体育活动。教师一般不参加课外指导，学校完全实行有偿的收费管理。其特点是自愿参加，自主锻炼，有偿收费，根据个人的兴趣自主选择锻炼内容，自由组合练习，提高体育技能和竞技水平。

第二，学校向学生开放体育场馆，学生按体育部门的安排，自愿选择自己喜欢的俱乐部参加活动，在俱乐部里教师参与学生的辅导和指导，对有些项目实施有偿收费。少数学校还将课外体育锻炼情况记入体育课成绩。其特点是自愿参加，有偿收费，在教师指导下进行体育锻炼，自愿选择体育项目，自愿选择辅导教师，这种形式比较受学生欢迎，学生参与积极性较高。

第三，由学校组织的以运动训练为主体育俱乐部，多数是以加入院校体育代表队的形式出现，学生经选拔组成各项运动队，先利用业余时间，在教师的指导训练下，完成各级各类体育比赛而进行的体育活动。其特点是：自愿参加与学校要求将结合，学校有相应的运动员优惠政策，有专门的教练员指导，固定的时间，固定的场馆，学生具有较高的参与意识。

第四，学校组织各类体育课外兴趣活动，成立各类课外体育俱乐部，进行体育培训、辅导，面向有一定兴趣、爱好的学生，实行有偿收费，以支持该项活动。其特点是：学生自愿参加，有偿收费，教师指导，针对性强，对有兴趣和专长的学生具有较强的吸引力。

（二）影响体育生活化的不利因素

第一，时间因素。一方面，由于学校对于体育的重视程度不够，再加上各种专业课程的时间安排较为密集，留给学生进行体育学习和体育锻炼的时间较少，难以满足那些体育爱好者的体育活动需求。另一方面，在大学校园中，由于现代科技的发展，许多大学生将大量的闲暇时间花费在静态的生活中，他们宁可坐在电脑前一天，也不愿意走出门进行一些运动。同时，由于课业、就业压力，导致大学生将更多的注意力放在学习、实习上，而无暇顾及体育运动。

第二，场地器材因素。当前大学的招生人数越来越多，学校原有的体育场地、设施已不能满足现有学生的需要，大大影响了学校课外体育活动的开展。

第三，组织形式。各学校课外体育活动多以篮球、排球、乒乓球为主，开展的形式相对单一，不利于发展学生个性和发挥学生特长。

第四，缺乏理性认识。体育课程是学生获取体育知识、技术技能、陶冶情操、健康成长的第二课堂，也是贯彻《学校体育工作条例》的规定，保证学生每天有一小时的体育活动时间的有力措施。然而，由于种种原因，学校的课外体育活动普遍存在重形式轻效果的现象，学生自主锻炼的积极性没有充分发挥，习惯、兴趣没有养成。为此，如何改变课外体育活动的现状，已成为学校体育改革面临的一个难题。

由于受长期传统观念的影响和束缚，人们对意识和生活方式的转变有滞后性，这直接影响了体育生活化的进程。体育生活化不单单是横切面上的"人人参加健身"，而是横切面纵切面上的"人人何时何地都在健身"，即一辈子都在健身，不能简单地看待体育生活化。当前大部分学生对自己的体育锻炼和体育生活化的价值意义缺乏理性认识，这阻碍了体育生活化的深入发展。

第五，体育指导员的缺乏。缺乏从事学校、家庭、社区运动监控、指导体育生活化的体育指导员，也是影响体育生活的不利因素。体育教师对运动技术教学、训练、竞赛得心应手，但对于如何指导人们进行"现代健身"，就无从着手。目前学校体育健身课基本上没有开设，体育生活化得不到及时的科学指导，缺少更有趣、更科学的内容，运动负荷得不到监督，组织和经费也得不到支持和保障，这些使体育生活化健康的发展和应达到预期的效果直接受到影响。

体育生活化在我国刚刚起步，开展体育生活化存在着种种不利因素，特别是人们对于体育需要的社会认同还十分脆弱。因此，应对传统人格和传统人文精神进行扬弃，健全人的生活需要递进的心理机制与社会机制，创造必要的物质基础和体育生活化运行的硬件和软件，使体育生活化在人民生活追求的递进发展中得以逐渐成长、发育和完善。

（三）构建大学体育生活化

建设健康校园应以学生的身心健康为本，满足学生多层次、多元化的健康需求。而健康城市建设的目的是实现"人群健康、环境健康和社会健康"的协调发展。其中，人群健康是首位的。大学作为城市的重要组成部分，应率先建设好健康校园，促进大学生的身心健康发展。

1. 加强学校体育卫生工作的领导和协调

教育部门和学校要贯彻德智体美全面发展的教育方针，全面推进素质教育，学校教育要树立健康第一的理念。学校要重视校长办学思想，主要领导要亲自抓学校的体育卫生工作，经常关心和定期研究学生的体质健康状况，采取切实有效的措施提高学生体质健康水平。

2. 加强政策引导

随着我国社会文明程度的不断提高，人们的思想观念也发生了很大的转变。但仍有相当多的家长、学生和学校不重视体育，他们对体育与健康的关系缺乏理解。究其原因是重视不够，主要是体育主管部门宣传得不够，各单位领导重视得不够，以及家长的重视程度不够。为此，我国有关部门应加强政策的研究和制定，通过宣传和政策引导，让广大人民群众转变落后的观念，增强健身意识，让体育走进人们的日常生活之中。

3. 加大学校体育经费的投入

社会经济的发展对体育的发展和体育生活化的进程有着直接的影响，并为体育生活化的发展提供直接的支持。经济收入的提高有助于体育进入家庭和个人生活。以前我国社会体育一直面临着经费不足的状况，这直接影响到了体育生活化的发展。近年来，随着我国经济的不断发展，国家对学校体育方面的投入越来越多，使社会学校体育活动在人们生活周围也广泛开展起来，加快了学校体育的发展步伐，为学校体育生活化提供了物质条件。营造学校校园的运动氛围，形成崇尚运动的大学体育文化，加大学校对体育场地、体育设施的投资力度，改建、完善现有的体育设施，提高其利用程度。

第二节　大学体育文化对大学生心理健康影响

一、大学生体育运动中常见的心理障碍及其具体表现

（一）体育运动中常见的学生的心理障碍

心理障碍是指由于一个人心理、生理或某些社会原因而导致的各种异常的人格特征、异常的心理特征的异常行为方式，指的是由于外部环境变化和自身身体内部机能所造的心理不平静和失调，并使正常的心理活动的主观体验受到了阻碍，是一个人表现为没有能力按照社会认可的适宜方式行动，以致其行为的后果对本人和社会都是很不适应的，甚至会无法融入正常的社会活动当中。体育运动中的心理障碍可以分为很多种情况，其中最常见的有以下几种。

1. 注意障碍

注意障碍是指心理活动难以专注于某一特定的对象，注意力不能很快地从一件事物上转移到另一件事务上来，或者不能正确的分配自己的注意力。从动作技能形成规律来看，内抑制过程还没有比较完善的建立，动作泛化阶段还处于大脑皮层的兴奋的泛化期。注意力大多数也只能专注于主要的动作环节上，其他的细节就很难注意到，而产生注意力分配不协调的障碍。还有一种可能是学生在某一次体育训练中突然产生的恐惧感，对具有一定难度可能引起伤害的动作会造成学生的惧怕心理，这时的注意障碍多表现在学生不能将注意力集中在动作技术方面，脑子里只会想到可能会发生的危险情况。此畏惧心理如果不能及时消除，则会使学生长期将注意力分散在学习运动动作技能以外的事情上，不能专心学习，从而影响运动动作技能的提高，使学生对体育运动的学习信心逐渐丧失，造成学生的心理障碍。

2. 动机障碍

动机障碍是指体育运动中，学生自身的情感对体育运动的认识不够准确。现如今的大学生个性特点较为鲜明，对事物的看法容易产生极端情绪。这点在体育运动中也较为明显。有些学生从来没有运动的渴望，而有些学生则莫名狂热地热爱着体育运动。过低的动机会让人无法积极地调动起自己的主动性、积极性，自身的技能无法正常发挥，体内积蓄的能量得不到充分的释放，产生消极心理，造成对体育运动不感兴趣甚至厌烦；相反的，如果是自身的积极性过高，甚至是有点兴奋性过度，那么非常容易导致注意力

分散，过度兴奋而情绪不稳定，自身的协调性也将会降低，无法准确地控制自身的身体动作，造成动作完成得较差甚至会发生一些意外的事故，这样的结果也不是我们想看到的。不论是过低还是过高的体育运动动机，其中都存在着对于体育运动的动机偏差。

3. 恐惧障碍

恐惧障碍是与回避行为类似的一种对某种特定的环境产生的抵制，不愿正面接触的心理障碍。在体育运动中最为常见的就是恐惧障碍，即对某一具体的可能会对人的生命造成危害，特定的环境或运动器材而产生惧怕心理。如学习长跑时突然摔倒并伤得较重时，往往在下次参与长跑时心里会有阴影甚至是导致无法进行该项运动；学习双杠动作时，从杠上摔下来，便产生对学习体操动作的恐惧和厌恶感。这些都是相似的，因为在运动中不小心对自己的生命安全造成了伤害而产生了对体育运动的恐惧心理，而这种恐惧心理会直接地让自己对体育运动产生了心理障碍。恐惧感是源于学生个体自身的，这种心理障碍往往比较难以消除，这需要周围的朋友们不断地鼓励，给他信心，让他自己最终战胜自身内心的障碍。

4. 疲劳障碍

疲劳障碍是指在体育运动教学和训练中，由于教学方法不当或练习过度而引起学生的生理和心理两方面的不良变化。例如产生了肌肉功能失调、痉挛、感觉迟钝、乏力等这些生理上的疲劳表现，在心理上则表现为精神涣散、怠倦、厌恶、紧张、反应迟钝、情绪不安等。除此之外教学内容的单一枯燥无味、体育运动环境较差等因素也会使学生产生紧张、烦躁、压抑、不安的感情并最终产生疲劳。如果带着疲劳感去进行体育运动的话，往往可能会发生一些意外的事故，所以此时是很不适宜进行体育锻炼的。疲劳感的产生使学生对体育运动产生厌倦与疲劳，产生心理障碍，不愿再参加体育运动。

（二）大学生在体育运动中心理障碍的具体表现

运动心理障碍也是有其一些特有的具体表现的，这与某种病也有其特有的并发症是一个道理，这些明显的表现可以帮助我们及早地发现学生的问题，并及早帮其改正，避免一些不必要的麻烦。

1. 消极被动心理

大多数同学对体育运动持喜欢与积极态度，少部分的学生以消极、被动的心理态度勉为其难去参与体育运动。女生群体在体育课和体育运动中消极被动的表现更为突出，她们生理发育渐渐成熟了，因此有了很多不便，在心理上就产生了对体育运动的惧怕心理。加之她们对体育运动的认识不是很正确，所以大多数女生不愿意上体育课，更不喜欢参加剧烈运动,她们总是安静地在一旁看着男生挥洒汗水,上课时女生格外的遵守纪律,总是认真地听老师说着运动注意事项但是却不愿意尝试,这些都是女生的独有特点。当她们进行一些强度较大、动作较难而又比较枯燥的练习时,她们的惰性表现得最为明显,常常要教师赶着、逼着去练习,并且由于学生处于消极、被动的心理状态,练习时情绪低落,更加造成效果不佳。当然,女生之所以不愿动,也有一部分客观原因,因为她们的疲劳耐受力比较差。在生理疲劳时,女生较早就会表现出心理的疲劳,从而表现出对体育活动的更大的惰性,正是受这种惰性的影响,使不少女生产生了参加体育课的各项活动是一种心理负担的想法,更使得她们有消极被动的态度,不喜欢上体育课。

2. 害羞自卑心理

还有一种情况是伴随着年龄的不断增长,自身生理发育的不断成熟,学生们性格上也变得更为敏感,他们对自身周围的任何事物更加关注,呈现出害羞和自卑的心理。奥地利著名心理学家阿德勒曾经这样定义自卑情结:当个人面对一个他无法适当应付的问题时,他表示出绝对无法解决这个问题,此时出现的就是自卑情结。要让学生在大庭广众下,特别是在异性同学面前做练习时,他们的虚荣心会作怪,有的男生更是会耍帅,拒绝做一些有难度可能会出丑的动作,同样女生也不愿意在那么多人面前做出让他人笑话的事,从而会产生怕丑心理。同时由于学生身体素质等各个方面存在个体差异,从而使部分身体素质较差、体育能力较弱的学生产生自卑心理,轻视自己,消极地评价自己的能力,从而使他们无法调动自己的运动积极性。有的学生甚至会对体育感到毫无兴趣,产生厌学体育心理,并且很多学生的这个心理还在不断地恶化。"按照自卑的表现形式可以将自卑分为情境性自卑和心因性自卑。情境性自卑指一个人在某些场合表现得很自信,而在另一些场合由于自己技不如人而感觉低人一等,也可称为技术性自卑。"体育运动中表现出的自卑障碍多数属于情境性自卑。

3. 怕累怕脏心理

由于国家政策方面的原因,当前我国大学生多数为独生子女,尽管这些独生子女在家庭生活中得到了较好的照顾,但是孩子们的身体素质却没有因为物质水平的提高而提高,反而是下降了很多。学生的身体素质、体育能力逐渐变弱,学生没有了吃苦耐劳的精神。学生在家中也基本是过着捧在手里怕摔了、含在嘴里怕化了的幸福生活,不爱运动,家长因为溺爱孩子也不加以督促,因此在体育运动中很多学生怕累怕脏,运动积极性下降。

4. 胆怯害怕心理

在成长的道路上，很多学生或多或少都有自己或看到别人在运动时受伤的经历，在某项运动上"摔了跟头"，就产生了"一朝被蛇咬，十年怕井绳"的害怕心理，对这项运动产生恐惧害怕心理。因而在练习时，特别是在做有器械、有一定危险性的运动的练习时，害怕受伤的心理反应就会产生，不愿再去尝试。更有些学生因恐惧会产生认识的杂乱，从而干扰注意，破坏对动作的记忆，甚至会出现呼吸和脉搏加快，血压增高，神经高度紧张，肌肉发硬，面色发白，出汗、颤抖等症状。另外，学生在练习中注意力不是集中在动作上，而是过分关注练习失败的可能性及老师的批评害怕影响体育成绩，这样一来反而更加不能表现出最佳水平，降低了体育成绩。

5. 人际关系紧张心理

人是各种社会关系的总和，每个人都不是孤立存在的，他必定存在于各种社会关系之中，如何理顺这些关系，提高生活质量就涉及社交能力的问题。大学生人群中出现了不少不敢交往、不愿交往、不善交往、不会交往的现象。许多学生把自己封闭起来造成了人际交往中的困难，使自己变得越来越压抑，不愿与人接触和沟通。不少学生看起来周围围绕着很多人，与大家嘻嘻哈哈，但其实内心却异常孤独，觉得自己没有知心朋友。有的因找不到知心朋友而焦急，有的为不被理解而烦恼，有的不愿对人敞开心扉却又抱怨别人，从而陷入苦恼之中。由于学习环境的不适应或在学习过程中失误，造成与同学、老师关系不融洽，处于一种孤独压抑状态，个人心理失去平衡。这种心理情绪也带到了体育运动之中，导致学生在运动练习时，能躲则躲，应付了事。

二、大学生体育运动心理障碍存在的危害

（一）不利于心理健康发展

现代大学生经历着青年亚文化的洗礼，是有特点的一代。他们处于由未成年人向成年人的过渡阶段，在心理上也经历着由幼稚到成熟的发展阶段。在这一重要的过渡和发展时期，会形成青年人特有的叛逆性格。再加之一系列的社会价值体系、规范体系的约束，成年社会的过度期望和严厉要求更加深了青年群体的反叛意识。青年亚文化代表着个人化空间的建立，是用以与成年社会对话，或者说发泄的一种方式。青年亚文化是相对于成年人主流文化而言的，"是不占主导地位的价值观，但在特定的社会中却是与主文化并存的一部分，成为主文化的一种补充，一种枝蔓，是一种相对独立的文化现象。青年亚文化是处于边缘地位的文化形态，对于成年人的主流文化是一种反叛的表现，其

最为突出的特点就是它的叛逆性。青年亚文化是在青年群体中形成的，又继而影响更为广泛的青年群体。在这种青年亚文化的环境中，青年们呈现出相同的群体叛逆性格特征，主要表现为以下几个方面：第一，自我个性的彰显。青年群体个性的彰显不仅表现在服饰装扮、言谈举止方面，也表现于他们的思想意识、价值观念、兴趣爱好等各个方面。第二，游戏精神的贯彻。游戏精神是稚气未脱的孩童身上所带有的特质，这种精神在青年亚文化中被演绎得淋漓尽致。游戏人间的处世哲学充分体现了青年群体的叛逆特征。第三，狂欢行为的持续。青年群体常常会将某一行为视作狂欢，并且乐在其中，乐此不疲。在狂欢中找寻个人化的空间和个性的显现。

青年大学生凸显的个性特点，使得他们的心理健康"危机四伏"，大学生的心理健康问题成为校园关注的焦点和社会的热点。体育运动的心理障碍对大学生的影响是巨大的，在运动中学生如果存在心理障碍则会影响到学生个体实现目标的积极性，学生的创造性思维活动水平就会大大降低，其自身的自我控制能力也会变得不是那么如意，从而导致消极行为的产生，降低学生对学习的热情与积极性，各种能力的发挥都会受到限制，降低体育成绩，并且有损学生的心理健康，造成心理发展的失调与不平衡，从而带来不适应感、焦虑感以及压抑感。而这些心理障碍如果能及时克服，能使学生产生积极、安定的情绪，更好地掌握体育运动知识、技术和技能，增强了体质，并且可以有更良好的心理素质，形成良性循环。

（二）造成运动损伤事故

我国大学生的心肺功能、体育能力、身体素质水平呈整体下降趋势，其中耐力素质的下降幅度最大。当学生对体育运动产生抵触情绪时，加之其没有掌握及时处理的方法很有可能导致严重的运动损伤事故。若克服了心理障碍，学生可以积极的态度参加体育运动，如果可以专心学习运动技能，就可以在很大程度上降低运动损伤事故的发生。

大学生的体育心理障碍表现是多种多样的。有些学生心里有畏惧心理，他们甚至都不愿意去尝试一些体育运动，即便是被迫参与了一些体育运动也是无法做到彻底的放松，全身心地投入到体育锻炼中去的。有些学生对进行体育运动感到很是反感甚至是达到了排斥的地步。该类学生对老师在课堂上所讲授的体育知识有种厌恶感，毫无兴趣可言。他们对该类知识没有丝毫的好奇心，也并不想深入了解，当自己要进行该项体育运动时，动作很不规范，老师讲的那些注意点他们也完全没有放在心上，这种不重视很容易发生意想不到的运动损伤事故。有些学生先天的条件不是很优秀，在潜意识里对自己很不自信，并觉得自己无法完成老师的任务。这类学生需要老师大量地鼓励和细心地指导，让他们从简单的动作做起，让他们感受到成功的喜悦并逐步树立信心，相信自己是可以完成挑战的，这对以后的体育运动都是很有好处的。

大学生的体育运动心理障碍有的是很明显的，也是很易于察觉的。有的是隐形的，是潜藏在学生内心深处的，这类往往是较难发现的。心理障碍其实在某种程度上来讲也是一种心理疾病，疾病的症状往往是千差万别的，个体特有的条件决定了病症的类型，作为从事体育方面教育的人士来说，细心地观察每一个学生的状况并耐心地进行分析，对学生进行深入地了解和开导，这些都是很有必要的。

（三）影响教学目标和质量

学生对体育运动有心理障碍会导致学生在体育教学中消极的心理情绪始终伴随着整个教学过程，进而导致体育教学质量以及效率的整体下降。如果学生有了体育运动心理障碍，通常会有以下几种表现：第一，当老师在教授某些体育动作、讲解一些注意事项的时候，学生不愿意认真去听老师所讲的内容，心思完全不放在老师所教授的内容上，而是抱着一种"学不学都可以、听不听都无所谓"的态度，不会在意与老师是否有足够的互动；第二，因为对某项运动存在心理障碍，在做动作的时候不敢做大幅度的动作，没有发挥出自己体内的全部运动潜能，无法达到老师在课前预计的期望值；第三，有些同学会直接不去上体育课，对于体育课的热情度不高，当老师在开始上课正对点名时发现有人逃课，会在很大程度上影响老师在接下去的课程教授中的热情。

在这样的情况下，老师如果还用以前老一套的强硬的手段"逼"着这些有着体育运动心理障碍的学生参加体育运动，不仅不会让他们认真上课、积极参加体育运动，反而会引起相反的效果，导致这些学生产生厌烦、暴躁的消极情绪，更加不愿意参加老师组织的体育运动，甚至有些情绪过激的极端学生还可能会说出一些不恰当的言语顶撞任课老师。这样一来，不仅会耽误其他同学宝贵的时间，还会毁掉当时任课老师的授课心情，影响后面课程的教学质量。

三、应对大学生体育运动心理障碍的策略

心理障碍的存在对大学生有严重的不良影响，应从学校和大学生两个方面共同努力，运用大学体育文化促进大学生健康心理的培养。

（一）学校方面

1. 开发体育课程资源

学校作为学生练习体育运动的场所，应建立学科教学与渗透心理健康教育的教育制

度，将心理健康教育与体育学科有效结合并具体化，巧妙地将心理健康教育融入体育教学中。充分发挥大学体育教育的作用，有效利用现有的硬件设施，培养大学生运动的兴趣；此外，可以将教学评价与心理健康知识有机结合，综合理论与实践，在体育课程理论以及实际考试中，更多地了解学生如何运用运动方法舒缓情绪、排解压力，关注他们在体育运动方面的弱项，改善体育运动能力；与此同时，可以对学生每学期进行心理健康评价，教师对学生心理健康状况和课堂表现进行评价，将评价作为基础与学生多多交流，使学生意识到自身的不足并获得老师的帮助，知道如何通过体育改善自我心理状况。

在教学中教师可以根据各个锻炼项目的特点，结合所知的心理知识，加强学生对运动促进健康心理的认知，纠正学生的心理障碍，培养良好的人格品质，提高其交往能力和社会适应能力。学校应根据学生的不同需求，加大对体育社团及场地设施的投入，完善基础体育运动设施，增加体育器材，经常检查更换体育设施。通过开展丰富多彩的活动提高学生的参与率，让更多的学生都能参与到运动中来，享受运动带给大家的快乐。在大学体育文化建设中，从学生的实际出发，开设新颖、普及率高的选修课，使课内教学与课外有机结合，引导学生体育生活化的习惯，改变不好的生活方式，使"我运动、我快乐"的理念深入人心。

2. 引导学生参加体育竞赛以及校外活动

体育运动在健身、修心方面有着积极作用，体育比赛有团结合作、奋力拼搏、公平竞争的特点，我们可以利用其积极作用。当置身在赛场时，运动员斗智斗力，顽强拼搏，为了胜利而奋斗；当置身在赛场外，即使并未参加比赛，但同学们用力欢呼呐喊，大胆为自己所支持的运动员鼓劲加油。场下欢欣鼓舞，场上乐此不疲，充分体现了体育活动在健身、修心、大众娱乐方面的重要作用。学校及各部门要积极组织体育活动，根据需求开展形式多样、内容新颖、参与面广的体育活动，吸引更多学生积极参与其中，享受运动的乐趣。参加比赛，不仅可以增强自己的体质，也可以使学生间相互了解、增进友谊；观看比赛也可以抛开平日的烦闷，放松自己的心情，在烦琐的生活中寻找暂时的休息处；比赛时，场上场下一起互动，通过积极向上的体育竞赛，使班级和各个院系形成凝聚力，促进学生间的人际交往，使学生感受团结合作的力量。一起感受胜利的喜悦，一起承担失败的痛楚，学会不骄傲自满，不灰心丧气，有效地增强心理承受力和调节能力。通过参与，让大家分享比赛竞技中的喜悦，充分感受运动为自己带来的快乐，感受体育的魅力，获得实现自我价值的真谛。除了体育项目比赛以外，爬山野营等形式的休闲活动，也能增强学生的人际交往能力和改善学生的情绪状态，一来锻炼身体，二来可以感受大自然的魅力，帮助学生形成乐观向上的健康心理。另外，可以大力开展院系间及校际间的体育活动交流等，营造良好的大学体育文化环境。要发展体育骨干，发挥他们的组织及辐射作用，及时反馈使教师了解学生的思想动态，不断地改进教法及组织活动的情况，形成良好互动的合作关系。

3. 指导学生建立健康的生活行为习惯

体育在调节人的生活方式方面有着不可代替的积极作用，运动不仅可以增强体魄和磨练意志，还能感受到运动带给自己的愉悦心情，有效地提高自身的交际能力。当你对生活感到压抑时，在运动中可以寻找出缓解压力的途径，如足球、篮球等集体项目可以体验合作，逐步适应与提高交流合作能力，坚持长跑、打太极拳等可提高耐力及心肺功能，还可调节自控能力。选择健身项目还可与自己的专业相结合，使学生建立起维护个人心理健康的自觉意识。大学体育教程作为学生最后阶段体育学习，应以帮助学生培养可以终身受用的运动习惯，让每一位大学生在以后的生活中有自己喜欢的体育项目，有可以缓解压力的固定宣泄方式，使体育与生活相融合的理念深入人心，引导人们在生活中有运动的意识，做到人人爱运动，人人行运动，运动强国民；大学生作为社会中的高知识群体，在未来社会中有着顶梁柱的作用，同时他们在未来工作中承担着众多压力，如何放松心情对大学生来说至关重要，另外，大学生作为未来社会主流，他们的行为方式亦是推动社会行为方式的改变，因此他们的健康生活行为方式将引导社会大众的生活方式潮流。由此可见，大学生培养一个终身运动习惯是一件重要的事项，而大学阶段是形成健康生活方式的重要时期，将对他们人生中的其他发展阶段产生积极的影响。体育健康教育中，大学生投入的是体力和汗水，收获的是健康和快乐，其无形效益是无法衡量的。教学中引领帮助学生建立健康生活行为方式，能够使他们成为改变的力量，影响家庭乃至社会的健康状况。

4. 创造良好的大学体育文化氛围

良好的氛围可以帮助发展人的素质与兴致。大学良好的体育文化可以使大学生发现自己的兴趣及特长，积极参与形式多样的健身活动。在建设大学生良好的体育运动习惯方面学校也有很大的责任；当你身在良好的学习氛围时，你的主动学习心理会被引导出来，在优良环境氛围下，你学习的速度会有所加快，以此类推，当整个校园充满体育文化氛围，学生同样拥有较高的运动积极性。学校可以开办一些运动量较小，但适合长期进行的体育运动，如早晨慢跑，饭后散步等；此外，可以在休息日开办短距离徒步旅行，经常开办如校级联赛，如足球，篮球，羽毛球以及乒乓球等比赛，营造一种积极向上的健康运动环境。当有了良好的大学体育文化氛围，丰富的体育文化活动来丰富大学生活，陶冶大学生情操，就可以培养大学生健康向上的人生态度，提高心理健康水平。

（二）学生方面

1. 树立无畏精神克服恐惧心理

首先，学生要学会激发学习动机，学习动机是推动学生学习的内部动力。如果学生学习动机不正确或不强烈，在学习过程中往往产生无所谓的态度，甚至畏难情绪，给运动练习带来了一定的困难。因此，要加强个体学习目的并提高其意志品质，激发个体的学习兴趣，培养其勇敢、果断、顽强拼搏的思想，用积极向上的动机力量去战胜学习上的困难，克服练习时的恐惧心理。

其次，一切运动都以个体身体素质和基础技术为基础。因此，要加强个体身体素质和基础技术练习，有了基础技术，才能在赛场上面对对手时不至于胆怯。而身体素质又是掌握各项技术的基础，如果身体素质较差，不具备完成动作能力，在学习时便缺乏完成动作的勇气和信心。

因此，平时应加强学生心理素质练习，提高其身体素质。学生具备了一定的身体素质，还要熟练地掌握正确的基本动作，才能在最大程度上避免恐惧感的产生。

最后，学生要对自我的运动能力有一个正确的认识，明白失败乃成功之母，失败乃是为了以后的成功。不要把一次的失败当成永远的失败。也许第一次你会失败，第二次不行，那第三次，第四次呢？总会成功的。也许课堂上教师教的动作比较复杂，你不能一次做完，不用怕，你可以分解之后再做。总之，你要动起来，只有在实战中，你才能知道自己行不行。

2. 树立阳光思想克服消极心理

乐观向上的心态并不是天生的，它可以通过培养来获得，要通过不断的积累才能获得。人与人是有区别的，有的人能够选择充分地享受运动，而有的人却宁可选择痛苦地面对体育教学，这在很大程度上取决于体育教学内容，同样也取决于每个人的性格及其生活的环境。在大学体育教学中，有部分学生由于自身身体素质及基础差，心理素质不够稳定，从而产生消极心理，学习变得懒散，学习目的不明确，影响了教学效果和质量。同时，在其他同学进步时，自己却原地踏步甚至退步，使这些学生更加不敢在别人面前进行体育锻炼，怕被人嘲笑。部分学生在体育教学中学习目的不明确，性格怯懦，对自己学习能力估计不足，本身存在的心理或生理缺陷，以及教师教学方式的不足是造成学生心理障碍的主要原因。通过目的性学习，优化课堂教学氛围等手段来消除学生心理障碍，以提高体育教学质量。学生自己应该明白自己在学什么，为什么要学，学会之后有什么好处等一系列问题。只有学生自己明确运动的好处，产生对运动锻炼的强烈内驱力，才能逐渐克服消极心理。另外，一个人是否拥有阳光般的心态，不仅会影响到运动，甚至可以直接或间接地影响到他的学习、工作、生活的方方面面，我们在忙于日常的繁杂事务时，往往忽略调整心态的重要性。最后，改善一个人的心理状态不是一蹴而就的，这是一个循序渐进的过程，要有坚定的信心。

3. 树立自信心克服自卑感

只有认识了解了你自己，才会知道自己想要什么，自己缺什么。体育课上有部分学生不敢打比赛，主要是他们有自卑心理，而学生容易形成自卑心理的最主要的原因是不能正确认识自己。学生不敢上场比赛，也许不是技术低的问题，他们总是以自己水平低为借口推辞过去，这就是一种自卑的表现，往往他们不会发现这点，因此要加强对他们对自己的认识。此外，改变自卑的关键，须进行自我形象的修整，要给自己重新定位。学生发现自己的长处，肯定自己的优点，在头脑中恢复自己的本性，除去夸大与歪曲缩小的成分；要自己认识自己，对比自我形象中的长处与短处，使前者发扬，后者抑制；可以将自己以前与现在进行比较，要发现自己进步的方面；人都有长短，不要把别人看得十全十美，把自己看得一无是处，消极的看法和生活态度必然是成功的不利因素。提高自我评价，才能提高学习信心，克服自卑感，才能踏出走向赛场的第一步。

第三节　大学体育文化对大学生人文精神的影响

一、大学体育文化对培育大学生人文精神的重要性

（一）推动大学生全面健康发展

体育锻炼能改变身体的机能，可以对运动个体部分器官系统机能进行改善。首先，在体育运动过程中，大脑一直处于紧张状态中，加强大脑皮层兴奋细胞，进而对神经系统反应进行改善，提高大脑分析水平。其次，体育活动能使运动骨骼更加坚韧，增强抗压能力与抗弯能力。再次，体育运动能强化呼吸系统功能，提高运动个体的肺活量。最后，体育运动有利于心血管功能的改善，增强心肌力量。

（二）帮助大学生树立正确的价值取向

当前，我国各高校提出了"以学生为本"为主的体育教学观念，这一教学观念不但有助于实现强身健体的作用，而且还能全方面塑造学生的人格。在建设精神生活、文化

生活丰富、良好心理培养过程中，体育发挥着不可代替的作用。大学生正处于"三观"成熟的重要时期，体育所具有的功能，在帮助大学生树立正确的"三观"上起到积极的作用。

（三）拉近学生与学生之间的关系

当代更多的大学生沉溺于网络，与他人接触的时间越来越少，进而使他们的性格孤立，甚至出现自私、暴躁和冷漠等性格特征。体育活动能让大学生走出网络、走进户外，积极参与各项体育活动，与他人积极沟通，拉近与他人之间的关系。在体育运动过程中，生生之间的交流更多的是体现互帮互助、团结友爱的精神，在增强班级的凝聚力有着重要的作用。

二、大学体育文化建设对大学生人文精神的影响

（一）体育文化影响学生身心健康

体育运动能促进学生的身心健康，帮助学生有一个更好的身体。另外，体育运动还有助于发展人的非智力因素，有助于加强人的创造性思维，并帮助学生缓解学习的压力，引导学生克服在学习中的心理障碍，为学生日后顺利走向社会奠定坚实的基础。可见，大学体育对学生身心健康有着积极的影响，应对大学体育的开展状况高度重视，以便不断提高大学体育的教学效果。

（二）体育文化影响学生意志品质

大学生正处于人生中关键时期，他们对新鲜事物好奇，有独立的想法、个性鲜明，但在意志方面上，还有些不稳定。而大学体育能提高他们奋发图强的奋斗精神，培养他们具有稳定的意志，从而在以后的生活和学习中遇到任何困难，都能积极地克服困难。另外，大学生面临着学业与就业的压力，势必会感觉压力很大，在无处释放压力时，可选择体育运动，在运动中将这些烦心事抛到脑后，缓解自身当前面临的压力，并逐渐改善自身的心态，进而以更加积极的、向上的心态面对生活和学习。

（三）体育文化影响学生道德情操

在文化适应中逐渐形成人的性格，在体育文化的作用下，人的性格得到进一步完善和发展。体育运动可以缓解人们的压力，学生可以扮演各种社会角色，确保自身的个人行为能符合群体的要求，与其他人共同进步，提高学生的体育道德，进而帮助学生取得全面发展。除外，体育文化影响着学生情趣。大学生通过多种途径，了解体育新闻，这

些新闻给大学生传递出体育文化中一些信息，潜移默化影响大学生的审美取向，进而帮助大学生树立起正确的人生观、世界观、价值观，以更好的姿态来面对日后学习和工作中出现的问题，并在战胜每次困难中不断实现自我价值。

三、大学体育文化建设对大学生人文精神的培养

（一）以正确的体育文化观提高大学生的人文精神

我国高等院校教育教学过度重视科学文化知识传授，而忽视人文教育教学，各高等院校应树立正确的体育观念，秉持科学文化知识与人文教育并重的原则，有效地解决这些问题。第一，各高校应在执行教育政策基础上，以大学体育文化为主，注重大学生人文精神的增强，对教育教学规律合理把握，提高学生对参与体育的积极性。第二，各高校应转变体育教育观念，在大学体育文化背景下，体育教师应积极创新教学方式，不能只重视培养专业技能，而应高度重视培养学生的全方面健康发展。第三，每个人性格特征都不同，不同的性格决定着处理问题会采用不一样的方法，在这样的状况下，社会的认可度也是不一样的。有的人无论在怎样的环境下，都可以迅速融入其中，但有的人适应环境能力较低，需要一段时间相处后才能与他人交流。在体育教学中，体育教师应结合学生的特征，做到因材施教，可以在一些活动中，有目的培养学生的合作能力，为他们日后走向社会奠定坚实基础。

（二）引导大学生正确认知体育文化

第一，当前我国各高校由于受到西方文化的影响，大学生价值取向出现了严重的扭曲，所以，在大学体育文化背景下，学生需要建立起良好的体育观念，充分发挥自身的体育优势，进而为自身全面健康打基础。第二，在学习和实践学校体育文化过程中，学生应学会以积极的心态面对体育学习中的一些困难，对于难度较高的体育运动，不能轻言放弃，要敢于挑战，在一次次失败中站起来，继续挑战，以此来提高自身的坚持力和耐力。第三，在发展体育文化中，学生需要树立起远大的理想，以正确的体育价值观来参与体育活动，在良好的体育气氛下，增强自身的人文精神。第四，体育文化建设中创设出学习人文教育的气氛，转变传统的教学方式，站在学生的角度，对学生的每次努力进行肯定和鼓励，公平对待他们，使他们在快乐和愉快的环境下成长。

（三）加强建设学校体育文化

为加强建设高等院校体育文化，为大学生创设出气氛良好的人文教育环境，各大高等院校需要从体育文化方式、制度等层面上入手，并进行改革和创新。第一，学校应对

当前体育教学规律有所认知，制定与当前高等院校发展相符的体育制度，完善的体育制度是保证大学体育文化顺利建设的前提。第二，各大高等院校需要转变当前不正确的教学观念，尤其是不重视体育教学这一观念。通过举办一系列的体育活动，吸引学生积极参与其中，以此来提高大学体育文化的持久力和影响力，让学生在参与这些体育活动中感受到体育的魅力，从而喜欢上体育。

（四）体育文化发展形式的积极创新

在这个发展迅速的时代，需要培养大学生的各方面能力，特别是要引导大学生树立起终身体育知识，有一个健康的身体，才能有时间和有精力工作和学习，而要做到这些，就需要高等院校发展体育文化，结合体育文化发展形式，先进的、科学的体育文化发展模式既能够培养大学生对体育的兴趣，也有助于提高高等院校的人文主义，进而提高大学生的人文精神水平。对体育文化发展方式进行创新，各大高校应主动出击，举办规模大、面积大的体育文化艺术节，大力宣传正确的体育观，以此来吸引更多的学生参与其中，并大力鼓励学生之间能互相合作，积极融入到集体中，在提高学生集体精神的基础上，强化大学生的人文精神。

第四节　大学体育文化对大学生健康行为影响

一、健康的内涵及影响健康的因素

（一）健康的内涵

现在大家公认世界卫生组织关于健康的定义："健康是一种身体上、精神上的完满状态以及良好的适应能力，而不仅仅是没有疾病和虚弱的状态。"这一健康定义包含着以生理机能为特征的身体健康，以精神、情感为特征的心理健康和以社会适应能力为特征的行为道德健康或社会行为健康。或者说，一个人只有在身体上、心理上、社会适应上和道德行为这四个方面都健全、完善，才是完全健康的人。

（二）现代大学生面临的挑战

现代大学生作为具有较高智力、较高文化和较高自尊心的群体，有着不同于一般青年更高的抱负和追求，面临更多的机遇和挑战，因而也承受着更大的心理压力与冲突。随着社会的飞速发展和科技的日新月异，现代文明成果在为人类创造更为美好生活的同时，也使得人们的生活方式发生了翻天覆地的变化。几十年来疾病谱的变化告诉人们：心血管疾病、糖尿病、肥胖症等慢性疾病的患病率显著上升，而这些所谓"现代文明病"的发生或多或少都与不良的生活方式有关。毫无疑问，体力活动不足，饮食结构"富裕化"这些发达国家，甚至发展中国家司空见惯的生活行为特点构成对健康的重要危险因素。"现代文明病"在困扰人类的同时，其流行状况也呈现越来越低龄化的趋势，比如青年人中肥胖、高血压的发病率明显升高，可见不良的生活方式同样侵害着年轻一代。

二、大学体育文化对健康生活方式形成的影响

（一）大学体育精神文化对大学生生活方式的影响

大学体育精神文化的缺乏是影响大学生健康生活方式形成的主观性因素大学体育精神文化大体上表现在认识、情感、价值和理想。大学校园内长期存在着体育精神文化匮乏，使得学生对体育的感知能力非常的浅薄，对课外体育锻炼的态度也很消极。比如：大多数大学生认为体育锻炼只是强身健体，而对体育具有调节心理，缓解心理不良情绪的功能，以及体育有促进人际关系交流、搭建的功能的认识程度还不高。尤其要指出的是，大学体育精神文化的缺乏根源，是人类文化中很长一段时间将体育排除在文化之外，甚至将体育与文化对立，人们总是将体育和体力劳动等同起来看待，受到歧视和压抑，封建社会长期流传下来的"重文轻武"的思想，都对体育文化造成了严重的影响，作为大学体育部门应该重视并抵制这种负面文化的影响，加强对大学体育精神文化的建设。

（二）大学体育物质文化对大学生生活方式的影响

大学体育物质文化的滞后是影响大学生健康生活方式形成的客观性因素。大学体育物质文化主要体现在大学体育场馆器材设施的建设状况，体育象征性建筑、雕塑及宣传性体育宣传栏、报刊栏等。它们是人的本质力量的外化结果，它们也是意识文化的载体，凝聚展示了人类的知识、思想和智慧，体现着人们的情操、意志、价值观念等多种文化特质，这些特质将渲染人们的思想，对人起到一种潜移默化的陶冶作用。然而，学生常常抱怨学校的体育活动场地不足，经常影响他们的正常锻炼计划，挫伤了他们参与体育活动的积极性，这是对学生选择体育生活方式的阻碍。体育物质文化是学校开展课外体育锻炼的一种依托，学校应该努力加强物质文明的建设，满足学生日益增长的体育需要。

（三）大学体育制度文化对大学生生活方式的影响

体育制度文化的缺乏是影响大学生健康生活方式形成的绝对因素。体育制度文化包括学校对国家教委颁布的学校体育法规性文件的实施贯彻过程，以及学校对大学生课外体育锻炼实际运行中实施的课外锻炼制度。

学校体育制度文化的匮乏，主要表现在学校对国家教委颁布学校体育法规性文件实施执行的还不到位；学生对体育考核制度、内容及成绩评定标准还不满意和学校实施的课外体育锻炼制度还没有满足学生的需要。因此，建议教育部和省市行政部门对各级、各类学校进行教学评估时，列入或加强对教育部颁布的学校体育法规性文件检查评估的权重系数，以便引起学校各级领导重视学校体育文件的落实，促进学生课外体育锻炼的积极性；加强学校对课外体育锻炼的重视，将体育这一学科与其他学科同等对待，杜绝学生在锻炼中的违纪现象，把这种违纪现象与考试作弊同等对待，并与年终学生个人评优工作挂钩，最终建立一个完善的大学体育文化制度体系。

三、大学体育促进大学生健康意识形成的对策

（一）加强建设体育物质文化层

首先，大学应完善基础设施。基础设施建设直接影响体育文化发展，唯有满足大学生的体育运动需求，才能营造良好的体育文化物质环境。大学应根据课外体育活动与体育教学等需要，加强体育器材购置与场馆建设，加强体育基础设施建设的统筹规划，拓展融资渠道，为体育设施建设提供充足的资金支持。设施设备对社会开放，以提高体育设施利用率。其次，大学应丰富设施建设的文化底蕴，迎合大学生心理特征与大学教育特色。再次，在建筑物与运动器械、跑道等设施上，体现出人文关怀与个性特色。从次，完善体育组织机制。多元化体育组织机制是建设学校体育文化的重要前提，多元化体育组织机制能够拓展体育文化发展形式、丰富体育文化内容。我国大学体育文化氛围并不浓厚，作为向社会培养高素质人才的重要场所，大学应积极围绕人才培养要求，合理制定体育教育培养计划。在设立多元化体育组织机制时应以引进来和走出去为原则，吸取国外先进国家的体育文化建设经验。最后，体育文化建设成效直接影响健康中国发展进程以及大学生的成长，因此，大学应积极转变体育教学观念。传统体育教学注重体育成绩与技巧传授，大学生的抵触情绪大。为了让大学生真正感受到体育活动的乐趣，大学应提高体育课的地位，引导大学生积极参与体育活动，促使其切实感受体育运动的价值与意义。

（二）加强建设体育行为文化层

1. 完善体育课程体系，积极转变指导思想

相对于运动技能掌握，大学更应注重强健身体等体育教育目标的实现。在教学中强调以大学生为主体，侧重对大学生健康意识的培养，帮助其养成健康的生活方式。积极转变课程目标体系，相对于运动技术教学，教师应注重大学生体育能力提升与身心健康的促进。积极转变课程内容结构，增强教学内容的趣味性与实用性，身体锻炼教学目的贯穿教学全程。根据体育教学目标选择教学内容，迎合体育与健康教育发展趋势，适当增加运动健康效益与体育锻炼方法等方面的知识。增加体育休闲类运动项目，提高大学生的学习兴趣。积极转变评价方式，以人为本的健康教育理念应贯穿体育教学评价全过程。教师也应当积极听取大学生的反馈意见，作为教学方式或内容调整的依据，以推动学校体育文化建设进程。

2. 优化教学方法模式

教师应紧跟信息时代发展步伐，在互联网＋大学体育教育中实现线上线下教学的有机结合，在整合体育教学资源的同时，拓展学习空间。例如，采用微课教学模式，大学生可以反复观看体育运动教学视频，通过线上请教质疑，轻松掌握动作要领。现代化的教学方法多样化，如对分课堂教学模式，能够在突出大学生主体地位的同时，实现教学效果事半功倍。有效的师生互动也是必不可少的。师生作为学校体育文化建设的主体，教师应当提高自身在教学中的影响力，主动拉近与大学生的距离，积极掌握艺术沟通方法，建立友好型师生关系。教师应主动向大学生分享体育精神与文化，丰富大学生知识技能与情感等方面的体验。

3. 积极成立体育社团

大学应弥补体育运动时间限制等方面的不足，同时发展学生运动项目喜好与特长，完善项目运动知识技能等方面的学习，尽快实现体育教育目标。大学应鼓励大学生自发组织体育社团，在教师的指导下，大学生自发完成体育运动练习。在社团中挑选出运动成绩优异的大学生开展代表队训练，教师根据大学生训练规律与特长，合理制订训练计划。代表队不仅能提高课余运动训练水平，还能突显大学体育教育特色，对大学体育文化传播有着现实意义。

4. 积极开展课外体育活动

受体育课时等因素影响，大学生对知识技能的掌握相对片面。同时，受传统思想观念影响，更注重课堂体育教学，缺乏教师对课外体育指导，导致课内外体育未形成很好的合力。因此，以实现对体育课教学的补充，积极开展课外体育活动显得尤为重要。大学生在团委或教师等的指导下组织开展课外体育活动，但由于缺乏专业指导，导致活动开展较形式化与盲目性。为提高课外体育活动开展成效，加强大学体育文化建设，大学应加强对体育活动与竞赛开展的重视，加大师资建设与资金投入力度，完善各种规章制度，加大与社会体育的对接力度，高效落实大学生终身体育观念培养。

（三）加强建设体育意识文化层

1. 树立正确的体育观

教师应转变理念，引导大学生摆脱传统的学习观念与态度，对体育保持正确的看法与观点，师生共同推动大学体育文化发展。将体育融入大学生的生活，使其养成体育锻炼的习惯，主动遵循健康生活方式。通过体育活动形成良性竞争意识，从而强化大学生的积极进取精神。积极参与体育运动，能够促进大学生个性化发展。体育属于群体性活动，大学生通过自评与互评得以全面性地认识自己，在满足个性需求的同时，也能实现取长补短与优势互补。根据大学生专业发展方向，教师还可以引入能够预防职业病的运动项目，帮助大学生制定未来健康规划，强化大学生的健康意识。只有大学生拥有强健的体魄，才能轻松应对岗位工作的挑战，从而养成终身锻炼意识。

2. 培养大学生良好的体育行为习惯

体育精神是学校体育文化的重要内容，能够促使大学生养成良好体育行为习惯，对大学生的发展有着深远影响。因此，在建设学校体育文化的过程中，应加强对开拓创新与集体主义等体育精神的宣传，让大学生潜移默化地养成勇于战胜困难与积极进取的意志品质，从而保持积极向上的生活态度。除此之外，教师应加强宣传与引导，营造良好的体育文化氛围。积极宣传强身健体思想，增强师生体育意识。组织开展各种知识讲座，请专家或体育名人介入指导，确保体育活动的开展成效。组织大学生观看体育赛事，积极培养大学生的体育兴趣。利用宣传栏与广播站等形式加强宣传，在丰富大学生体育知识结构体系的同时，营造浓厚的体育文化气氛，吸引更多的大学生参与体育活动，形成人人参与、支持的大学体育文化建设氛围。组织大学生参与校内外举办的各种类型体育比赛，增强大学生参与的积极性与创新性，丰富大学生的运动体验，使其切身感受参与体育运动的乐趣，从而逐步养成积极的健康意识与健康的生活方式，促进大学生健身习惯的养成。

3. 提升大学生的体育文化素养

体育教育对大学生体育学科核心素养的形成有着重要作用，包括品质、水平、行为、知识、个性等。扎实的理论知识技能是大学生体育文化素养形成的重要前提，体育文化素养的形成能够提升大学生锻炼的主观能动性，从而潜移默化地形成终身体育意识。

第五节 大学体育文化对大学生社会化的影响

一、大学体育文化对大学生社会化进程产生的积极影响

马克思从历史唯物主义的观点出发认为，"人的本质并不是单个人所固有的抽象物，在其现实性上，它是一切社会关系的总和"。马克思有针对性地指出，人不仅具有自然属性，还具有社会属性。社会属性是人的本质属性，是区别于其他动物的本质属性。人的自然属性和社会属性是密切相关的，人的自然属性是基础，社会属性是在自然属性的基础上发展起来的，两者是辩证统一的关系。大学生作为个体，兼具自然属性和社会属性，人的社会化进程就是由"自然人"向"社会人"的转变过程。大学体育文化对大学生社会化的影响不仅体现在自然属性上，也体现在社会属性上。从个体的角度考虑，大学生的成长过程就是促进人的生物属性与社会属性发展的过程。在大学体育文化环境中，一方面，体育必然会促进个体的自然属性（如身体素质）的发展；另一方面，个体必然会受到体育活动中的社会文化因素的影响，从而促进其社会属性（如行为规范）的发展。我们可以这么说，大学体育文化对大学生个体的生物属性和社会属性存在相互作用、相互制约的关系。

（一）大学体育文化积极促进大学生体质增强和智力发展

大学阶段依然是大学生身体发育的重要阶段。营造良好的体育文化环境，让更多的大学生参与到体育运动中来，不仅有利于增强大学生的体质，也可以促进大学生的智力发展。

1. 体育运动增强大学生体质

第一，促进身体发育，提高系统机能。身体发育是指有机体各器官系统结构的完善和机能的提高，处在发育阶段的大学生，新陈代谢旺盛。这一阶段有机体不断从外界摄取物质，合成个体生长所需的物质。这时如能通过科学的体育锻炼，给个体生长的过程以刺激，则可以加速新陈代谢过程，在大量摄取生长发育所需物质的同时，有机体各器官系统的机能也在运动中得到提高。

第二，全面发展体能。体能是指人体各器官系统的机能在肌肉活动中表现出来的能力。包括身体素质（力量、速度、耐力、灵敏、柔韧）和基本活动能力（走、跑、跳、投、攀爬等）。体能是各器官系统活动的外在表现，是人类行为的基础。没有体能，人体便不能进行任何活动，人类也无法生存。体能的发展与人体机能的发展密切相关。运动中，各器官系统协同作用，肌肉收缩，人体产生运动。人体的运动又反作用于各器官系统，使各器官系统的机能提高。各器官系统机能的提高又为人体运动创造了条件，提供了可能，运动又使这种可能变为现实。

大学生进行长期体育锻炼既可提高身体素质，又可提高基本活动技能。

2. 体育运动促进大学生智力发展

关于身体运动和智力的关系，心理学家曾做过许多研究，证明两者是正相关的关系。

第一，体育锻炼促进大脑发育。智力活动是人的大脑所产生的。当然，人类不能离开社会而存在，人的思维活动取决于社会实践，包括经验和知识。但归根到底，脑的活动基于物质的机能。大学生经常参加体育锻炼能增强体质，而健全的精神来源于健全的身体，脑重量和大脑皮层厚度的增加，脑神经细胞树突的增加，为智力发展创造了良好的物质条件。

第二，体育锻炼使脑获得营养和氧气。人体中唯一管思考、管记忆的机器就是大脑。人脑的工作必须有充足的营养和氧气供给，而充足的氧气和营养供给又同人体健康状况有直接关系。

第三，经常运动有助于大学生掌握各种学科技能技巧。大学生经常进行体育运动，有助于提高身体的灵活性、协调性、力量性、耐受性，以及适应各种条件和环境的应变能力，有助于掌握各种学科的技能技巧。研究资料和实践证明，学校运动队队员能够更快更容易掌握各种技术性动作，工作效率也比较高，并且比不经常运动的人更坚强，更具有豁达合群的个性和团队精神。

（二）大学体育文化积极影响大学生人格塑造和个性发展

大学阶段是大学生人格形成的关键时期。此时的青年个性独立意识父母及社会对大学生的期望值高，社会竞争赋予同辈之间的竞争压力大学生容易出现角色认同混淆、情绪情感上的困惑、思维认知上的叛逆、行为上的退缩或攻击、道德上的堕落等问题。因此，美国著名心理学家艾瑞克逊把青年时期称之为心理危机时期。大学是青年大学生走向社会、磨炼人格的最后舞台，大学校园环境对大学生的个性发展起着举足轻重的作用。校园文化尤其是活力四射的大学体育文化对大学生的人格塑造和个性发展有着重要作用。

1. 通过强健体魄为大学生人格发展奠定基石

体育运动具有强健体魄的功能。强健的体魄既是人格构成的要素，又是人格品质发展依赖的基础。一般说来，身体健康者，往往是精力充沛、乐观自信、热情活跃、心理承受能力强；而身体衰弱者，精神往往萎靡不振，情绪悲观消沉、敏感、易激动、冷漠、自卑、孤僻，心理承受能力低。因此，身体与心理存在着相互影响制约的关系。健康的体魄不仅能为人格健全与发展奠定基石，而且能积极影响人格发展。随着新世纪经济的发展，物质生活的提高，人们越来越感觉到健康的重要性。大学生处于校园这样有着得天独厚的运动场所，加上大学营造的浓厚体育文化氛围，吸引着当代大学生积极参与体育运动、竞赛、体育观赏等各种各样的体育活动。大学生只有拥有健康的体魄，才能为进一步的人格塑造奠定基础。

2. 通过弘扬体育精神与培养体育道德来塑造大学生良好品德

大学体育文化的重要任务就是培育体育精神。大学体育活动既是体育精神与体育道德展示的舞台，又是体育精神、体育道德生长的沃土。体育精神可以包括以下五个方面：勇敢顽强的拼搏精神；发展自我的超越精神；费厄波赖的竞争精神；团结一致的协作精神；对真、善、美的追求精神。体育道德主要有文明礼貌、尊重他人、遵守规则、公平竞争。体育精神与体育道德是时代与社会所倡导的精神与道德。她丰富的内涵充分地体现在人格品质的各个方面，这正是体育文化的魅力所在。因而，弘扬体育精神、培养体育道德的过程，实质是人格塑造与锤炼的过程。

体育精神对大学生人格塑造可以起到以下几方面的作用。

第一，培养集体主义精神。人才的培养首先是对社会主义觉悟和道德的培养，体育为培养学生的集体主义精神搭建平台。体育以它特有的方式，使大学生建立起集体的意识，在集体竞争与协作之中，深刻地领悟个人只有真正融入集体之中才有可能是强大的。

第二，培养拼搏进取精神。体育是一项可锻炼、培养和塑造人的事业。竞技体育中的拼搏进取精神十分突出，对培养当代大学生的拼搏进取精神有很强的说服力和推动力。对于普通大学的学生来说，即使有些竞技体育项目仍是一种游戏，一种锻炼身体的手段，仅凭体育教学和体育锻炼不可能使他们掌握高、精、尖的运动技术，但拼搏精神仍然渗透于体育的，这是不能以技术水平来衡量的。CUBA（Chinese University

Basketball Association，中国大学生篮球联赛）不仅是十个人在打篮球，大学生足球联赛也不仅是少许人在踢足球，它们承载着一种团队合作的集体主义精神和拼搏向上的精神风貌。而这些，对队员自己，对青年大学生，对一所学校，都是一种极好的教育素材和精神财富。教育是通过启发引导学生自觉自愿地进行自我教育实现的。良好的大学体育文化所营造向上的体育精神，将会使学生亲身感受到体育对人心灵的启迪和熏陶。

第三，培养竞争精神。竞争是体育的特征，没有竞争便失去了体育精神的弘扬。在大学体育文化环境中，不管是体育课上，体育竞赛或业余锻炼中，竞争随处可见。由此联想，奥林匹克运动的"更高、更快、更强"之所以作为一种高境界的倡导，重要的是竞争精神的体现。我们的学生虽然没有高超的运动技能，但对竞争精神却能有深刻的理解。因为他们知道，等待他们的是激烈竞争的社会现实，他们要想成功就必须具备这方面的素质。

第四，培养创新能力。创新离不开观察、思维和想象。体育教育是实施创新教育的一个环节，我国学校体育规定的教学任务之一是"发展个性，培养学生坚强的精神和创造性。"它是在教师和学生共同参与下，采取一定的方法，教师经常向学生灌输体育运动发展过程中创新的典型事例，使学生联想到文化知识学习和其他领域中的创新，从而培养创新意识，激发学生的创新欲望，以创新精神吸取知识、运用知识，培养当代大学生的独立人格。

体育精神，是一种具有代表性的人文精神，它不仅是体育运动这一类文化现象的灵魂，已成为一种超越体育领域之外的人类精神，是人类社会进步与超越的精神动力。普通高等学校的体育文化始终是以学生为主体，在多样化的体育文化活动中让学生自觉并自然地接受积极健康的人文熏染，为充分地对学生进行人格重塑搭建平台。

3. 通过培养学生良好的心理品质来塑造学生健康性格

性格是人格的重要部分，健康性格是健全人格的重要体现。体育以它具有的特性即趣味性、群体性、协作性、竞争性、艰苦性、开放性、全面性、娱乐性积极作用于学生心理，影响学生性格，它是塑造人心灵、优化人性格的有效手段。通过体育教育和运动锻炼，可以培养大学生乐观开朗、交往乐群、坚毅顽强、勇敢果断、竞争拼搏、坚定自信、吃苦耐劳的良好心理品质。而这些品质正是现代人应具备的性格特征。只有当代大学生拥有健康心理、良好性格，才能在社会转型期建设社会主义和谐社会更好地施展才华、建功立业、为国效力。才能在当今矛盾增多、心理压力增大的"高心理负荷时代"，保持良好心态，从容应变，承受得住纷繁复杂的客观现实考验与挑战，更加科学、文明、健康地生活。

4. 通过增强学生的意志力减少网络对大学生的负面影响

在当代个体社会化的成长历程中，发生作用的环境不断在变化，网络成为与学校、家庭、社会共同来影响个体人格成长的新因素。我们不能片面地否定信息化时代网络对大学生成长的重要性，但我们也应看到网络对大学生健康成长的破坏性。如果运动场上多一个学生，那么电脑前就会少一个学生。长时间坐在电脑前，不仅直接影响大学生的体质，而且会患上"网络成瘾综合证"，现今流行的大学生网络交往也深刻影响着大学生的人格塑造，网络交往的开放性和交互性为大学生提供了无数的机会和条件，让他们得以探索自身的潜力和生命的价值，使得参与其中的个体生命存在价值获得了无限提升的机会和可能。但是网络交往角色的虚拟性会引发大学生的心理信任危机和人格障碍，网络交往的弱社会性会减弱大学生自我意识和社会角色的获得能力，不利于大学生社会化过程的顺利完成。大学生走向社会，趋于成熟，实际上就是树立正确的自我意识和获得大学生准确的社会角色感，学会同周围的人和谐相处、相互合作，顺利地适应现实社会的生活、工作和学习。因此，必须学习和掌握特定的角色规范和普遍的社会行为规范，从而去调节与他人、群体、社会的关系。网络交往将人与人之间的现实交往虚拟化，具有弱社会性的特点，它脱离了现实人际交往的特有情境，同时网络交往没有统一的行为标准和参照体系，因此这种交往必然减弱大学生自我意识和社会角色的获得能力，会带来一系列的问题，甚至引发青年在现实环境中的交往困难，最终影响大学生社会化过程的顺利完成，影响大学生的人格发展。

心理学研究表明，健全人格的塑造最终依靠的是主体自身的力量，健全人格塑造的过程就是主体不断探索自身、探索生活、完善自身的过程。体育运动恰恰起到这么一个作用。在大学体育文化环境中，大学生通过亲身参与其中，体验体育锻炼和运动竞赛的竞争性和合作性，这不仅有利于身体素质的提高，更能使大学生在运动过程中不断地发现自我、完善自我，这是在网络中无法体会到的。

（三）大学体育文化积极影响大学生的心理健康

大学生作为中国社会中文化层次较高的群体，一向被认为是最活跃、最健康的群体之一。然而，面对现代社会竞争的日益激烈。过多、过快的变化，使许多大学生开始感到不知所措，产生了心理上的不适应。据统计，大学生中因心理健康问题退学的人数占整个退学人数的百分之三十左右，而且这一数字呈逐年递增趋势。

1. 大学生心理健康的标准

我国许多心理学学者根据我国的国情普遍认为大学生心理健康的标准主要有以下几

个方面。

一是正常的智力。智力是人的观察力、注意力、记忆力、想象力、思考力与操作能力的综合，智力因素保持正常水平是心理健康的前提条件。

对大学生来讲，心理健康意味着在智力上处于正常或超常的状态，能尽快适应大学学习生活的压力，使自身智力能充分发挥出来，有一定的创造力。

二是情绪稳定乐观。积极乐观的情绪是大学生心理健康的重要标志。心理健康的大学生心胸开阔、从容乐观、热爱生活、积极进取。

三是顽强的意志。心理健康的大学生，学习生活有明确的目标与追求，敢于开拓创新，在意志行动中有主见，有恒心，自制力强。

四是和谐的人际关系。心理健康的大学生乐于交友，善于与人相处，既能容人之长，也能容人之短，能正确处理互助与竞争的关系，有团队合作意识，有群体归属感。

五是健全的人格。健全的人格是心理健康的基石。

六是正确的自我观念。心理健康的大学生对自身环境具有安全感，有正确的自我意识，能客观地、实事求是地充分了解自己，能做出正确的自我评价，接纳自我，并不断地自我完善。

七是适度的行为反应。在人生发展的不同年龄阶段都有相应的心理行为表现，心理健康的大学生在认识、情绪、意志、言行举止等方面都能符合其年龄特征与要求。

八是良好的社会适应能力。心理健康的大学生能保持与社会环境良好的接触，面对现实环境能抵制消极的影响，又能积极地参与社会生活，能运用正确的方法解决问题，能适应社会的节奏、工作方式，为社会所接纳。

2. 影响大学生心理健康的原因分析

大学生的心理健康问题是由社会、学校、家庭等多种因素影响形成的。由于大学生的文化层次较高，社会家庭对其期望、要求也较高，大学生自我关注和人生目标的定位也较高，大学生所面临的心理压力自然比一般社会成员要大得多，其压力来源也广得多，归纳起来主要有以下几个方面。

第一，家庭环境。父母的教养方式是影响心理健康的首要因素。父母通过家庭教育，把社会价值观念、行为方式、思维与心态及社会道德规范传递给孩子。目前城市家庭中大多数是独生子女，许多家长对子女过分地溺爱和呵护，没有让他们从小培养成独立处事、克服困难的习惯与能力。生活在单亲家庭中的孩子在心理上更加脆弱，容易走极端。这些学生进入大学校园后，在生活、学习、交友、竞争等方面，一旦遇到挫折与失败，便容易悲观失望，久而久之，会产生恐惧、焦虑、孤独、自卑、苦闷、压抑等情绪，甚至做出不利于自己，不利于他人，不利于社会的事情。家庭经济状况也会对学生的心理健康造成一定的影响。许多来自经济困难家庭的大学生，尤其是农村贫困生，对城市与农村生活的巨大反差极易产生自卑心理，处理不好容易导致心理问题或人格障碍。

第二，社会环境。社会的进步、科技的发展、经济的繁荣、文化的发达，给人们的社会生活、思想领域、心理层面等方面带来了巨大的变化。

一方面，竞争在人才培养和就业制度上的体现越来越突出，使大学生面临着各种竞争的压力，使大学生感到前途渺茫，原有的优越感，美好的理想在现实面前遭到无情的打击，这种失落感极易导致大学生心理问题的产生。另一方面，大学扩招使毕业生人数逐年增加，找到自己满意的工作已经越来越难，一些学生从大一起就开始考虑自己的出路问题，常常放弃很多施展自己个性空间的机会，神经长期处于紧张状态，精神长期处于压抑状态，这是大学生出现心理问题的一个重要因素。

第三，学校环境。学校环境的影响主要包括生活环境的压力、学习环境的压力、个人感情的压力和人际关系的压力。生活环境的变化是促使整个人心理发生变化的基础。走入大学，开始过独立的集体生活，使大部分独生子女学生难以快速适应。学习环境的压力主要包括竞争对手的变化、竞争范围的扩大和学习方式方法的改变。这些变化使一些同学失去自信，使那些只是学习成绩好而其他方面较弱的同学容易产生巨大的心理落差，而导致心理失衡。

第四，个人条件。这是产生心理问题最主要的原因。首先，由于当代大学生大多是独生子女，自理能力差，"自我中心"的观点比较强，与人的合作能力较差，而大学生活是一种集体生活，需要宽容与合作，这对部分独生子女来说是一个难题。其次，有少数学生因为遗传等因素的影响，如在长相、身材、高矮、胖瘦等方面存在一些先天的生理缺陷，或是因为自身的个性问题，如心胸狭窄、固执多疑、忌妒心较强等。这些因素很容易使这些大学生产生"我不如他人"的心理，造成严重心理负荷，使心理承受力变得越来越差。

3. 大学体育文化对大学生心理健康的积极影响

第一，通过身心健康的交互作用，实现大学体育文化对大学生心理健康的积极作用。从人的身体健康与心理健康的关系说，身体健康是心理健康的基础，而心理健康即是身体健康的重要体现。健康的心理可以维持和增进人的正常情绪，维持人的正常生理状况，能使人适应环境和社会的各种变化刺激。体育通过向学生传授体育技能，培养学生从事体育活动和体育锻炼的能力和方法，一方面发展学生身体素质，使他们在力量、耐力、速度、灵敏等方面得到提高，全面地提高机体各器官功能，从而使学生体验健康的愉悦和自豪；另一方面，许多学生选择体育活动方式，并把它作为娱乐消遣的生活方式之一固定下来，让身体的生物学改造（即器官的运动和锻炼）和心理的调适在健康的方式中实现，有利于发挥学生的主体作用。从生理学角度上来说，身体的运动有利于学生保持旺盛的精力和斗志，而拥有健康的体魄，对大学生健康心理的形成有着举足轻重的作用。

第二，大学体育文化满足了大学生经受挫折的体验。今天的大学生的成长过程大多一帆风顺，缺乏独立性，意志力薄弱，承受能力差，是一个普遍存在的现实问题。因此体育竞赛和活动中的征服困难和感受失败的经历对于他们来讲是大有裨益的。体育的某一个侧面是征服，如运动技能由不会到会，动作由易到难，水平由低到高等都是程度不同的征服过程。不论是征服自我，或者征服对手都不可能有永远的胜算，每一个参与者都能体会到成功的暂时性，而征服是永恒的，失败和胜利都只是一个过程和新的起点。这一次次的失败除了能激励大学生不断拼搏，还促使他们对失败和胜利的辩证思考，即在遭到挫折和失败后不气馁，克服重重障碍在失败中总结经验，最终克服困难，这样才称得上是达到了成功的顶峰。"失败乃成功之母"，从某种意义上讲，失败有利于大学生理智地对待人生。

第三，大学体育文化能有效地调节学生的不良情绪。处在象牙塔中的大学生，尽管任务比较单一，但由于学校管理体制的改革和淘汰机制的引进以及日趋激烈的社会竞争，使他们学习和择业的压力与日俱增。社会诸多问题也会在一部分大学生身上造成精神压力。由于年龄特点和生理上的原因，大学生必然要经历青春期的渴望、恋爱和失恋的烦恼，这多少也给一部分大学生带来精神苦闷。无论何种原因造成的心理焦虑都需要有一种合适的排遣方式，以便调适并恢复到最佳的心理状态。体育活动给学生提供了自我表现和心理宣泄的机会，使学生得以从学习压力、心理伤痛、情绪失衡等方面解脱乃至超越出来，从而以更良好的精神状态、更充沛的精力迎接新的挑战。如跑步能成功地减轻大学生在考试期间的忧虑情绪；观看校园的体育比赛时，激烈的对抗或者球迷聚会的狂热宣泄，甚至是为同学比赛的助威呐喊也都是上述不良心理情绪的合理发泄途径。文化意义上的体育形式对于大学生的心理健康的意义就在于，它不仅使大学生的不良情绪得到宣泄，而且使这种宣泄同娱乐、消遣活动甚至欣赏比赛结合起来，使参与者产生新的积极的情绪（或快乐或激动），从而有效地达到了调节学生的不良情绪。

第四，大学体育文化有利于培养大学生豁达、大度的良好心理素质。体育活动或体育交往，使大学生之间及与外界的交往变得更加直接和亲切。这种交往有助于学生扩大知识交流和信息交流，既减少了他们的孤独感，也能让他们在处理人际关系方面得到锻炼。交往的成功会增进友谊，增加亲密感和安全感，有利于大学生摆脱猜疑和不信任，促进他们的个体社会化。同时，这种体育交往和角色的学习也培养了大学生的自信、自强、宽容大度、尊重他人、遵守规则等行为素质和心理品质，有利于改善狭隘和自私的个性，形成豁达和大度的良好心理素质。

（四）大学体育文化有利于大学生群体心理的培养

群体是人们在一定的价值规范和目标引导下，以一定方式集合在一起，彼此之间相互影响、相互作用、协同活动。群体有各种各样的类型，每一种群体都有各自的性质、结构、作用和活动方式。在校大学生组成的群体一般有正式群体（如班级）和非正式群体（如同乡会）、松散群体（如球场上临时结成的队伍）和联合群体（如校运动队）、大群体和小群体等。群体心理，是指人们在一定的群体中相互作用、相互影响而产生的共有的、有别于其他群体的心理现象和行为方式的总和。如群体需要、群体规范、群体价值、群体情感等。群体心理与个体心理是互为关联的，每个成员的个体心理构成群体心理的基础，而个体作为群体的成员，心理状况也必定会受到群体心理倾向的感染与影响，但群体心理不等于个体心理特征的综合和概括，而是成员间不断相互作用的结果。群体心理的存在，对个体的社会化、个体自我的形成产生了极为重要的影响，并且也制约着个体心理的发展变化。

在大学生的社会化过程中，社会是一个宏观环境，对个体而言，是一种抽象的关系。校园环境下结成的群体是一个微观环境，对个体而言，这是一种具体的关系。社会要把每个生物人变成社会人，群体这个微观环境起着直接作用。因此，群体心理自然会对大学生的个体心理发展产生效应，即群体归属感、群体认同感、群体凝聚力和个体的自我满意度。大学体育文化对大学生产生群体归属感和群体认同感等方面起着积极的作用。体育精神——大学体育文化的旗帜，是学校师生共创和认同的价值观念，具有无形的凝聚力和感召力。在大学体育精神的熏陶下，认识并体验到彼此具有共同的理想追求、价值观念、道德情操和行为规范，会使生活在同一所学校的人们彼此之间产生强烈的认同感，进而升华为强烈的校园归属感、责任感和荣誉感。

1. 大学体育文化可以使大学生产生群体归属感

群体归属感是指个体自觉地归属于所参加群体的一种情感。它表现为个体有了这种情感，就会以群体的规范为行事准则，自觉维护本群体的利益，与群体内的其他成员在感情上会发生共鸣，相互作用时行动较为协调。归属感在一定的情境中会表现得很强烈。在大学生体育运动竞赛中，以班级或系为单位的群体各自发挥自己的力量，运动员们全力以赴，非运动员们充当啦啦队员，或负责宣传和后勤保障工作，这就是怀着一种对群体的强烈的归属感。如果是校际的比赛，大学生对本校的群体归属感会愈加强烈。据调查，当在大学举行全国大学生篮球联赛时，本校大学生的校园荣誉感和群体归属感就会很强烈，他们会以 CUBA 赛事为平台，举办各种形式的活动，充分展示校园风采，展现大学生的活力与才情，体现大学生的青春特色。这些活动的开展，为学校进行素质教育提供了一个新的渠道，不仅有利于创造学校精神和增强大学生的群体归属感，又会反过来促进 CUBA 联赛的发展和大学体育文化的逐渐成熟。让篮球具备文化的内核，让篮球插上知识的翅膀。篮球，在这里已经不只是一种游戏，它是求学的梦想、文化的诠释、个性的张扬、新概念的舒张。CUBA 所到之处，橘红色的篮球都为大学校园注入了一种充满生机和活力四射的体育文化。群体的归属感与群体的内聚力呈正相关关系，即群体的内聚力越高，其成员的归属感就越强。大学体育活动开展得越多，大学体育文化建设得越好，越能够给大学生提供更多增强内聚力的机会，使大学生产生愈来愈强烈的群体归属感。

2. 大学体育文化可以使大学生产生群体认同感

群体认同感指群体中的成员在认知和评价上保持一致的情感。由于群体中各个成员有着共同的目的和兴趣、有着共同的利益，因而在一些重大事件的判断上，会自觉保持一致的看法和情绪。一般来说，群体中会发生两种情况的认同：其一，由于群体内人际关系密切，群体对个体的吸引力大，个体依赖群体，个体的各种心理需求能够在群体内得到满足，这时，成员会主动地同群体发生认同，这种认同是自觉自愿的；其二，在群体的压力下，为避免被群体抛弃或受到冷遇而产生从众行为，这一认同是受他人的影响而产生的，是被动的。这两种情况对大学生来说都会出现，前一种情况会使大学生产生群体认同感，后一种情况则会使大学生产生认同危机（如对就读学校、对所在班级的认同危机等）。

大学体育文化对大学生产生群体认同感，消除认同危机的作用是明显的。其一，许多大学生在刚刚入校时对其不适应，或所上的并不是理想中的大学、学的不是理想的专业等，都会使大学生对就读学校产生认同危机。如果这所大学重视校园文化建设，有浓厚的大学体育文化氛围，有充足的活动场地，很快就能吸引大学生的兴趣，在这个适应过程中渐渐地就形成了对学校的认同感。其二，有着优良体育传统的大学有利于形成学校精神。我们不知道这种精神是否能够促进教育目标的实现，虽然其他学校活动也可以团结学生，使他们产生群体归属感和认同感等，但是体育运动的确为学生提供了独特的社会活动，使学校成为更有趣的地方。显然，他们吸引了大多数学生的注意力。

3. 大学体育文化可以使大学生产生群体凝聚力

群体凝聚力也称群体内聚力，是指群体对成员的吸引力和成员之间的吸引力。这种凝聚力具体表现为成员对群体的向心力、群体成员的同心协力的合作程度。校园运动竞赛或校际比赛的开展会带来群体之间的竞争，这给大学生提供了协力合作的机会。群体间存在的竞争会对各自的群体内部产生压力，能使群体成员自觉地抛开分歧，一致对外，以提高自己所属群体的竞争力量。校园环境中的体育运动，尤其是集体项目（如篮球、排球、足球运动项目）的运动比赛对增强群体凝聚力的作用是显而易见的，凝聚力越强，运动成绩越好，它们之间是一种正相关关系。除了群体间的竞争是影响群体凝聚力的因素之外，群体目标、群体领导者、群体成员的心理相容等也是影响凝聚力的重要因素。在一个群体中，内部的竞争会降低其凝聚力，而合作则会增加其凝聚力。

大学积极开展多种多样的体育活动，给大学生提供更多参与的机会，充分调动大学生的积极主动性，是提高群体凝聚力也是加强群体生命力的必由之路。

（五）大学体育文化有利于大学生体育价值观的形成

体育价值观是人们对体育价值的认识和评价。价值反映事物或现象（客体）与人（主体）的关系。事物或现象本身的属性是构成价值的客观基础。人们根据它们是否能够满足需求与满足程度，从而认定其有无价值以及价值大小。人的需要是价值存在的前提。人的价值观念是在长期的社会生活中形成的，社会价值观念对体育价值观有直接的影响。大学生体育价值观的形成对大学生的可持续发展具有积极的影响作用。

1. 大学时期是大学生体育价值观形成的重要阶段

大学阶段是大学生体育价值观形成的重要阶段。体育价值观为大学生参与体育活动提供了决定态度和行为取舍的价值标准。在对大学生体育价值观的相关调查中显示，大学生对体育价值观的认同程度依次为：健身价值、娱乐价值、调节心理价值、竞争上进价值、培养意志品质、交往价值、审美与健身投资价值。其中，健身价值以其高赞成率、高稳定性占据体育价值内容的主导地位；体育的娱乐、消遣价值、调节心理平衡、放松精神价值得到学生们的普遍认同和重视；体育可以增强自信心，培养人的竞争意识和竞争能力及意志品质等都得到了学生的重视。可见，大学生对体育价值观念的选择呈综合化、多元化的发展趋势，不再只局限于体育对强身、健体的功能，能够意识到体育对现代人身心建设方面的价值。

学校体育是联结家庭体育和社区体育的桥梁，是终身体育的基础。

可见，大学体育文化环境是大学生体育价值观、体育兴趣和体育行为形成的土壤。学生体育动机行为的改造，既要靠主体长期体育实践的磨炼，也要靠学校体育文化环境日积月累的熏陶。

2. 大学体育文化是大学生体育价值观形成的必要条件

大学体育文化是校园文化的一个重要组成部分，它独具特色和魅力，尤其在"环境育人"方面，有着不可替代的重要作用。例如，一个完善合理的田径场地，使人心情愉快，常跑不倦；一个绿荫足球场，让人心旷神怡，兴趣大增；几张标准乒乓球台，可以使人往而复返，常聚不散。体育活动以它高难的运动技术、优美的动作造型、良好的健身效果和广泛开展的朴实性，以及丰富多彩、生动活泼的形式和内容，成为现代人余暇生活的一个重要组成部分。参加体育锻炼，观赏体育比赛，已成为大学生文化生活的内容之一，在这种浓重的体育文化气氛中，有助于他们锻炼自己、完善自我，树立正确的体育价值观。

大学体育文化中主要包含两方面的文化内容，一方面是体育意识、价值观念、体育理想等，另一方面包括体育原则、体育道德、体育习惯等。大学体育作为校园文化的重要组成部分，它融汇于大学生的学习、生活之中，并以其广泛的社会价值，对人才的培养和社会的发展起着积极的促进作用。

3. 体育价值观的形成有利于大学生的可持续发展

当代大学生，在实施全民健身计划中是一支文化素质较高的生力军，从个体未来工作的需要、社会需要和现代生活的需要出发，在大学期间其体育价值观的形成和终身体育意识和能力的培养，对大学生进一步的可持续发展有着重要的意义。

大学生在毕业后要走向社会，开始全新的生活，他们在大学阶段树立的终身体育价值观，不仅引导着自身经常进行体育运动，而且还会影响着周围的一部分人加入到体育锻炼队伍中来。这对发展社会体育、增加体育人口、提高人们生活质量起着巨大的作用。

21世纪对现代人的素质提出了更高的要求。比如要有强健的体魄，这样才能负荷高速度、高强度、高节奏的工作，才能富有活力，具有竞争力。黄书光认为，知识经济时代是一个物竞天择、"快"者生存的时代。长期坚持体育运动，不仅有利于大学生的健康成长，也为其今后的发展奠定基础。

可见，养成终身体育锻炼习惯不仅是大学生的个体发展的需要，也是社会发展的需要。社会的现代化和人的现代化是一个相互作用的过程。人类的现代化建设，归根到底是要实现人的全面发展，没有健康的身体，何谈人的全面发展。树立终身体育观念，坚持终生体育锻炼，能够激发人的潜能，使人从生物生命意义到达社会文化意义，从他律状态到达自律状态，从片面发展到达自由发展。21 世纪的体育正从为政治服务的工具转变为满足人类全面发展需求的必要手段。以人为本，追寻健康，体现了对人类自身的尊重，是体育的必然归宿。

（六）大学体育文化有利于培养大学生的交际能力

一位阿拉伯哲人曾说过："一个没有交际能力的人，犹如陆地上的船，是永远不会漂泊到壮阔的大海中去的。"大学生的人际交往，是个体适应环境、适应社会生活、担当一定社会角色，形成丰富健全个性的基本途径。大学阶段是大学生走向成熟的关键时期，良好的人际关系环境是大学生心理得以健康发展的外部条件。许多研究和实践都已证明：良好的人际交往有助于提高大学生的自信和自尊，缓解内心的冲突与苦闷，宣泄愤怒与压抑，减少孤独和空虚。英国哲学家培根曾说过："没有真正的朋友，乃是最纯粹、最可怜的孤独；没有友谊，则是一片荒野。"培养良好的人际交往能力，不仅是大学生生活的需要，更是将来走向社会的需要。

人际交往是大学生社会化的必由之路。具体说来，人际交往在大学生社会化过程中具有信息沟通功能、心理保健功能、自我认识功能和人际协调功能等。

1. 大学体育文化可以拓展大学生的交往空间

大学生的人际交往以同辈群体为主，尤以同室、同班、同乡的居多，交往的内容多围绕学习、娱乐、思想交流与感情沟通进行，交往的动机以情感为主，较少考虑功利因素。大学体育文化环境给大学生提供了一个更加广阔的交往空间。篮球运动场上，热爱篮球运动的同学因为一次打球的接触而成了球友；足球场上，因为一次漂亮的进攻配合使两个人互相欣赏，渐渐成了要好的朋友。不仅如此，两个人的友谊还会扩展到各自的交际圈中。在运动场上结成的友情是纯真的，没有任何功利目的，交往的过程也不会有心理障碍。最重要的是，一个人在运动场上所表现的能力得到对方的认同时，能够提高自信心并产生心理上的愉悦感和满足感。以大学体育文化艺术节、校际比赛、全国大学生篮球联赛（CUBA）等为代表的平台，极大地拓展了大学生的交往空间，使大学生在成长过程中能够通过体育结交更多志同道合的朋友。

2. 大学体育文化有助于拉近大学生之间的心理距离

人为什么需要交往？这种交往愿望的心理动机是什么？社会心理学家通过大量的实验告诉我们：这些都归结为人对于确立自我价值感的需要和安全感的需要。大学阶段是大学生社会化的关键时期，是人格塑造和个性完善的重要阶段。大学生为了获得明确的自我价值感，需要了解自己和了解别人，需要爱与被爱，需要展现自我的能力。课余体育活动给运动场上互不相识的人之间一个展现自我、相互认识的机会；体育竞赛给同学之间、朋友之间一个加深了解的机会，团结、奉献、拼搏进取会在一场比赛中淋漓尽致地表现无遗。实际上，良好的人际关系就是人与人之间的心理距离的缩短。大学体育文化环境给大学生提供了这样的一个平台，有助于拉近大学生之间的心理距离。

3. 大学体育文化有助于大学生之间的人际吸引

现代大学生是一群个性独立、感情丰富的个体，他们渴望友谊，希望广交朋友，然而他们对人际交往的满意程度却又很低，主要原因是他们对人际交往的期望值很高，加之大学生来自全国各地，成长在不同的生活环境中，在交往过程中肯定会出现一定的交往障碍。因此，克服大学生的主观认知偏差，创设良好的交往情境有助于大学生之间产生人际吸引。

人际吸引作为人际关系的一种特殊形式，是指人与人能够相互接纳和喜欢。社会心理学家认为相似性、能力及个性品质等都是人际吸引的重要因素。

人际交往的双方越相似，彼此越容易产生吸引力。在校园生活中，我们可以说，许多学生的大部分余暇时间是在运动场上度过的。年龄相当、兴趣相同的大学生比较容易相互吸引。

能力因素也是人际吸引的一个重要因素。在运动场上，能力较强的大学生能产生一种吸引力，篮球比赛中的一个突破上篮、足球比赛中的任意球破门、田径赛场上的百米冲刺不仅给人以美的享受，更能吸引人们的注意力。有人曾做过这样的调查，许多大学生的异性交往就是源于运动场上突出的运动能力产生的吸引。

人际交往双方的个性品质也是决定人们相互吸引的关键因素。运动场上对对手的尊重、为了集体而表现的团队精神、胜不骄败不馁的心态都是一个人良好个性品质的体现，会给大学生在人际交往中带来强烈的吸引。而那些在课余体育活动中或校园竞技运动比赛中所表现出的以自我为中心、报复心强的大学生常常受到同辈群体的鄙视和排斥。

社会心理学家认为，人际吸引是一种十分复杂的社会现象，除了个体的个性品质、心理等种种因素对人际交往发生作用外，交往双方常常会受到具体交往情境的影响。大学体育文化以其本身特有的性质吸引着当代大学生，又以其特有的身体表现形式使大学生积极参与，这种交往情境有利于参与其中的大学生产生人际吸引。

4. 体育运动是调节大学生人际关系的润滑剂

体育运动努力使人们冲破隔离和孤独，相聚在运动场上，并且建立平等、亲密、和谐的关系。四年一届的奥林匹克运动会能使生活在不同国家和地区、有着不同肤色、操着不同语言的来自全球各地的青年走到一起并成为朋友，更不用说生活在同一校园内活跃在运动场上的大学生了。在生活中产生的矛盾有时在运动场上会被悄悄地化解，这是不争的事实。或许你也会认为，运动场上的暴力也是一种常见现象，但在校园环境下的体育活动这种暴力现象是很少发生的。大学生毕竟是一群高素养的群体，有着较强的自制力。在体育活动过程中，大学生主要是进行体力、技能、智慧、意志的较量，通常它是非功利性的。在参加体育活动的过程中，无论是运动项目的选择，还是对活动伙伴的选择，都带有鲜明的个人意志，这对提高人的社会适应能力与社会交往能力都是很有好处的。

可见，体育运动不仅使大学生"强筋骨、强意志"，也有利于调节大学生的人际关系和提高大学生的社交能力。

（七）大学体育文化有利于规范大学生的社会行为

社会行为是指生活在特定社会生活条件下，具有独特的文化和完整的人格结构的人，对各种简单或复杂的社会刺激所做的反应。其一，人是社会行为的主体或物质承担者。这个具体现实的人生活在特定的社会生活条件下，具有独特的文化和完整的人格结构。个人怎样表现自己的生活，他们自己也就是怎样的。个人是什么样的人，这取决于他们进行生产的物质条件。其二，社会刺激是各种社会客体对人产生的直接或间接的作用。从社会心理学的角度，我们把作用于人的全部客体分为两类：一类是社会情境，这是与某个个体或群体直接发生联系的其他个体或群体；另一类是社会文化环境，即我们常说的社会存在。社会情境对人的作用是直接的、简单的，而社会文化环境对人的刺激是间接的、复杂的。其三，社会行为是人对社会刺激做出的回答或反应。

由此我们可以认为，大学生的社会行为是指具有完整的人格结构的大学生，在特定的校园环境中对简单或复杂的社会刺激所做出的反应。良好的校园环境和具有深厚底蕴的校园文化对大学生行为的发展有着潜移默化的影响，大学体育文化更有利于大学生减少侵犯行为、激发创造行为和培养公平竞争行为。

（八）大学体育文化有利于培养大学生的社会角色意识

角色是对群体或社会中具有某一特定身份人的行为期待。社会角色意识是指个体对自己在社会生活中所扮演的角色认识，以使自己的行为符合社会对该角色的要求。在社会生活中，每个人都要扮演一定的角色。例如，一名大学生在其父母面前扮演的角色是子女，在其老师面前扮演的角色是学生，在其同学面前扮演的角色是学友等。

社会角色的扮演，是大学生社会化的一个重要内容。社会化的根本目的在于培养合格的社会成员。在社会化过程中，大学生不断将社会要求转化为社会角色的心理内容，即通过个人的内心活动或亲自体验，真正相信并接受社会主导价值、行为规范，把它纳入个体的价值体系之中。同时，又不断将调试了的社会角色内容表现为个体的行为。这实际就是社会角色的学习和扮演过程。

1. 大学体育活动给大学生提供一个角色扮演的舞台

大学校园给当代大学生提供了一个社会角色扮演的舞台，大学体育文化更是给大学生扮演社会角色提供了充分展现自我的机会。大学生参与到体育运动中必然要扮演各种不同的角色，例如，在体育课中要扮演学生的角色，在体育比赛中要扮演运动员的角色，在组织体育比赛中要扮演组织者的角色，在体育群体中要扮演一名群体成员的角色。在这些角色扮演过程中，大学生必须遵守一些行为规范，在体育课中要遵守课堂纪律和体育课特有的教学规范，在体育比赛中要遵守比赛规则，在组织比赛过程中要按照赛事的规程进行操作，在体育群体中要遵守群体规范。通过这个过程，大学生把这些规范逐渐转化为社会角色的心理内容，长期在这样的社会实践中锻炼，就会形成一种心理特质，这种心理特质规范着大学生在社会实践中要承担的责任，并行使相应的权利和履行相应的义务。实践证明，长期参与体育活动的大学生比没有受过这方面锻炼的大学生，在技能技巧上、组织能力上、责任心和荣誉感上都有明显的差异。

2. 大学体育活动有助于解决大学生的角色冲突

许多大学生对自己有很高的期望值，因此在角色扮演中会出现角色的冲突。导致大学生社会角色冲突的原因既有主观的，也有客观的，主要有以下两个方面：第一，在社会角色的学习过程中出现了心理适应不良；第二，理想角色和现实角色的差距。理想角色是社会对某一角色的理想要求，是一种完美的行为模式。人们正是从理想角色中知道社会对角色的要求，但是个人担任某一角色时，有其实际表现，这种实际表现就构成了现实角色。大学生在现实生活和学习中，由于主观方面和客观方面的诸多原因，现实角色和理想角色总是有差距，这种差距被称为角色差距。严重角色差距可导致角色冲突，使心理失去平衡，出现障碍。

大学体育活动在一定程度上可以缩短角色差距，缓解角色冲突。

第一，大学生参与到体育活动中去，不管是上体育课、参加比赛或是组织赛事，都是对自己能力的一种检验。这可以使大学生正确认识自我、设计自我，学会以自己的优势和长处去选择角色目标。因为，把目标定的太高，容易失去信心；定得太低，则胸无大志，自己的潜力发挥不出来。

第二，不管是体育比赛还是课余体育活动中，大学生都有可能产生一些不如意和挫折心理。大学生要学会梳理这些心理，正确对待体育活动过程中的不如意和挫折，不要求尽善尽美，不过分自责，应恰如其分地认识到自己在团体中的地位和作用。如果自己的理想角色与现实角色间的差距太大，则应调整理想目标，摆正自己的角色位置，进行角色协调。

3. 大学体育群体可以对大学生角色社会化产生"示范"作用

大学体育群体是指生活在大学校园的学生或教师员工在体育价值规范和目标的引导下，以一定方式集合在一起，彼此之间相互影响、相互作用、协同活动。根据群体构成原则和方式的不同，我们可以把体育群体划分为正式的和非正式的。正式的体育群体有正式的结构，其成员有固定编制，有明确的地位与社会角色，规定有相应的权利和义务规范。如大学的高水平运动队、各种运动项目的体育社团等。非正式体育群体是自发形成的，成员没有明确的社会角色和权利义务的规定。如篮球或足球场上自发结合的两支队伍等。不管是正式的还是非正式的体育群体，群体成员都要扮演一定的角色，群体共同的价值观、规范和目标都对大学生角色社会化产生"示范"作用。

大学体育群体是怎样将群体意识投射给个体从而影响大学生社会化进程的呢？一是能够满足个体需要；二是反映社会意识，体现个体的态度和价值观与社会意识的联系；三是群体内的交往互动。作为体育群体角色的大学生，是一种符号化的个体，他们被赋予了特定的社会地位、权利、义务等的行为模式。首先，作为参与到体育群体中的个体必然是动态地扮演某种角色，也就是说同群体中的其他成员以互动的方式进行协作与交流，从而扩大了交往的范围及其与周围生活的联系，进而也增大了个人从外界获得各种对自己有意义的信息和机会。其次，个体参与群体互动，是以其已有的价值观和倾向性为基础，而参与群体互动必须遵守群体的价值规范和行为准则，这就要求大学生个体通过角色扮演将社会规范关系内化并投射到群体意识中。最后，角色也是一种权利活动，即个体通过这种方式的活动获得满足某种需要的权利"报酬"。个体的角色行为既是满足需要，获得权利"报酬"的过程，也是承担和完成义务的过程。大学生个体参与体育群体的活动能够直接克服个体独立于家庭之外，步入社会的焦虑和不安全感。

大学生参与体育群体的过程就是个人不断接受特定社会经验和价1过程，也是个体不断接受群体文化教化的过程，群体成员把群体文化中共同的价值意识进行内化，才能在群体共同活动中形成团队精神，协同作战。这也是体育群体能够不断地将体育文化内化到群体参与的个体中去的本质原因。

二、建设特色的大学体育文化促进大学生社会化

（一）搭建平台让更多的大学生参与到体育运动中来

1. 加强体育硬件设施建设

体育建筑、场地、设施是学生进行体育活动必不可少的物质基础。在文化环境的构建中，物质文化是基础、前提和保障。进行丰富多彩的体育文化活动，无论是课内还是课外，不管是学校组织还是学生自发，都需要物质条件支持。随着我国经济的飞速发展，国家对高等教育的投入加大，大学在体育硬件设施建设上得到了加强，但是，由于基础薄弱，仍然难以解决由学生不断增长的体育文化需要和大学招生规模不断扩大所带来的供需矛盾。因此，加大体育物质文化建设，仍然是部分大学亟待解决的问题。这里还存在一个各大学的经济实力不同的问题，国家重点院校体育场馆建设能够跟得上时代的要求，一般院校甚至连一座体育馆都没有。在管理方面，许多大学场馆采取商业化运作，进行私人承包，收费过高同样把大学生拒之门外。因此，不论是重点大学还是一般院校，都应结合实际，创造更多的机会让更多的大学生参与到体育活动中来。

2. 开展丰富多样的课外体育活动

课外体育活动是大学体育文化的重要组成部分，也是大学师生课余生活的主要内容之一。良好的课外体育活动有利于大学生形成积极的生活作风和良好的个人修养。未来学校体育中的课外活动应该成为真正意义上的文化活动，着眼于提高学生文化素养的活动。目前大学课外体育的主要内容是校田径运动会、各单项比赛和学生自主锻炼活动，提高学生体育文化素养，弘扬体育文化精神，构建具有体育传统的大学应转变传统校运会，推行体育文化节等其他途径。

第一，大学体育文化节。大学体育文化节的内容要体现时代性、新颖性和趣味性。健身性体育活动——增强身体某项素质效果显著而且简易可行、可测的练习，如健美操、集体舞、体育舞蹈等；竞技性体育活动——以普及型的田径、球类、棋类等项目为主的体育活动等；娱乐性体育活动——体育游戏、趣味游戏、民间、传统、民俗体育活动等；表演性体育活动——广播操、韵律操、团体接力体育活动等；创造性体育活动——自编操比赛或表演、体育小制作、体育绘画、体育摄影、体育征文展或比赛；综合性活动——结合文明校园建设，开展全方位的素质教育，与其他文化互相渗透、交织，以开发展示学生才能的各种活动，如各科活动课成果展、特色展、书法美术展、多

媒体创作展或设计展、邮展、知识竞赛、演讲、文艺演出等。

第二，体育社团。学生社团活动能有效激发学生参与体育活动的积极性，能充分满足学生各种体育兴趣和体育爱好，还能带动一批学生参与到体育活动之中。当然，体育社团建设不能流于形式。

第三，体育俱乐部。向欧美大学学习建立各个项目的体育俱乐部，让大学生参与其中，深刻认识体育是一种娱乐、竞争和消费方式，能完善个性，是健身防病的重要途径。

第四，学校运动队。确保校际间体育文化交流的渠道畅通。校运动队是学校体育对外交流的窗口，是接受先进体育文化的重要渠道。通过校际间的高水平比赛，实现各学校体育的交流与合作。此外，校运动队常年的运动训练，对学校师生参与体育锻炼具有极强的示范性，对学校体育锻炼氛围的形成，具有极大的促进和带动作用。

（二）树立"以人为本、健康第一"的体育教育指导思想

大学生为即将走向社会做各种准备，保持强健的身体才能有更多的精力为建设大家和小家创造最大的价值。"以人为本、健康第一"应成为新世纪大学体育教育的指导思想。

1. 设计最优化体育教学模式

关于当前大学采取什么样的体育教学模式一直是争议的焦点。近年来在美国比较有代表性的体育教学模式之一的健身体育教学模式值得我们借鉴和推广。

健身体育教学模式不仅重视现在使学生参加体育活动，而且还重视培养学生终身参加体育活动。通过体育活动促进身体健康，并且培养学生体育活动有一个积极的态度。这种模式也简称SPARK模式，S指Sports竞技体育，P指Play玩，A表示Active积极的，R指Recreation娱乐，K就是Kids孩子们。我们可以看出这是一个积极娱乐的模式，包括了各式各样的体育活动以及学生的自我调节，它不仅仅让学生参加这个活动，而且在参与的过程中，自己能够调节自己。这一模式总是选择有益于健康的体育活动，同样也选择与竞技体育项目方面的技术。但是在学习技术的过程中，学生一直是在积极地活动，充分发挥自己的主体作用。

2. 加强大学体育师资力量并提高体育教师素养

从文化的角度看，体育教师在大学体育文化的传承过程中，无疑是最积极、最稳定的因素，发挥着承上启下、承前启后的作用。因此，体育师资力量的强弱将直接关系到大学体育文化形成和大学生体育素养的提高。体育师资力量强弱主要表现在两个方面：

一是体育教师的数量。目前，由于各大学招生规模的急剧扩大，体育教师队伍未能同步发展，师资数量的相对减少，给大学体育文化建设造成了一定影响；二是体育教师的质量。一些教师自身能力不强，在教学中加上责任心不够，不注重学生的个体差异和性别差异，要么按照传统的教学模式或是采取"放羊式"教学，"一个哨子两个球，学生老师都自由"的情况在许多大学都有所存在。

（三）弘扬体育精神文化对大学生产生潜移默化的影响

体育精神文化是大学体育文化的核心，体育精神所倡导的公正性、竞争性和团结协作性对大学生社会化的影响也最为深刻。弘扬体育精神组织丰富多彩的体育文化活动，用体育精神鼓舞学生、培养学生、关爱学生，使学生在体育文化的熏陶下，逐步学会自我教育、自我锻炼、自我管理，达到本质意义上人的全面发展。

1. 加强大学体育精神文化建设

建设大学体育精神文化非一朝一夕之功。这不仅需要大学管理者的高瞻远瞩和广大师生的共同努力，还需要经过时间的积淀。这种体育精神文化一经形成就具有稳定性，并对学校的教育工作和校园文化起到了积极的促进作用。体育精神能使人的精神得以升华，使人的价值得以确证。体育运动让学生们通过不断的锻炼和竞争去发展自己、塑造自己，使之永不满足，决不向命运屈服。体育运动不仅是游戏，它同样也是一种自我价值的升华，也是一种精神的信念。因此，体育运动中所体现出的那种永不满足、不屈不挠、不断进取的精神，正是人类存在的价值和意义。

现代社会竞争的加剧、腐败现象的影响以及人们心理的复杂因素和利益驱动，对大学校园内的工作带来越来越大的冲击。考试中的代考、舞弊、调包、行贿，学术上的夸大、隐瞒、弄虚作假、剽窃抄袭，管理上的徇私舞弊、钩心斗角、目无国法、欺上瞒下等，严重危害了治学与育人，严重危害国家与民族的命运，流毒深远，无法估量。这是当前社会上对高等学校最关注、最忧虑之处。体育精神提倡公平公正、规则有序、光明正大、诚实诚信的原则，让我们用体育精神为校园的文化注入新鲜的血液，用体育精神为大学生的全面素质教育提供有力的支持，让大学真正成为大学生的精神家园。

2. 创造学校精神并消除大学生认同危机

培育和发扬优良的学校精神应当是大学校园文化建设的核心内容和根本着力点。学校精神是在长期的教育实践中积淀起来的、反映学校价值观并被全体师生员工所认同的群体意识和精神力量。"学校精神"被誉为校园文化的"主导和核心"，它具有导向功能、凝聚功能、熏陶功能和规范功能。

学校体育运动通常创造学校精神，虽然其他学校活动也可以团结学生，有利于促进教育目标的实现，但体育运动的确为大学生提供了独特的社会活动，使学校成为更有趣的地方。具有优良体育传统的大学通常更有利于创造大学精神，这种精神是一种潜在的心理力量，会使处于同一所学校的人们彼此之间产生强烈的认同感，进而升华为强烈的校园归属感、责任感和荣誉感，从而把自己与学校的一草一木紧密地联结在一起。

第四章　体育教学与大学体育文化的融合

第一节　体育教学与学校体育文化的关系

一、体育教学

（一）体育教学的界定

体育教学的界定分为两层。一层是身体方面的。体育教学是一种教学活动，是指体育教师在教学过程中以体育教材为媒介，指导学生学习和掌握体育知识、体育技术、体育技能等，同时使学生养成良好的体育锻炼习惯，形成全面健康的身心状态。另一层是心理方面的。体育教学属于学校体育文化的基础形式。教师和学生是体育教学实践活动的主要参与者，教师除了有效传递给学生体育知识、体育技术以及体育技能等身体要接受的教育之外，更要注意培养其养成良好的意志品质和良好的心理状态。总之，体育教学在身体和心理两个方面都对参与主体，即教师和学生提出了要求。

（二）体育教学的要素

1. 体育教学的主体要素

体育教学的参与主体是体育教师与学生。体育教师在体育教学中有导向作用，在具体的实践教学中运用教师的功能进行教学。如制订教学计划，组织教学活动，传授体育知识和技能，管理教学设施，监督学生训练或者在教学过程中及时调节教学目标。所以教师对待工作的状态、教师的综合业务水平以及实际组织能力等因素，直接影响体育教学质量。学生是体育教师教学过程施教的对象，而且在体育教学过程中占有主体地位。在体育教学实践过程中，学生要达到学习效果，就要主动接受教师传授的知识与技能，充分发挥自身主观能动性，来调动自身智力因素与非智力因素高效完成教师布置的教学任务，这样学习效果才能得到本质提高。学生群体存在个性差异，所以在体育教学过程中，不单单要求体育教师要因材施教还要求学生要发挥自己的主观能动性，师生共同努力才能高质量完成体育教学任务。

2. 体育教学的非主体要素

体育教学的非主体要素中，体育教学目标、体育教学内容、体育教学方法、体育教学评价等能够体现社会和教育向体育教学提出的要求，对学生培养应该达到的程度。这些要素围绕体育教学主体展开，并且充当着教师教与学生学的纽带，对学校体育教学的开展具有导向作用。

另外，体育教学设施作为体育教学的媒介，也是体育教学的非主体要素之一。高效提升体育教学质量的重要影响因素是媒介条件的好坏。在特定时间和空间内，将体育教学信息通过媒介，如教材、场地器材、环境设备等高效传递并且实践的过程就是体育教学。教学方法是指根据体育教学目标使学生和物质媒介有效串联，调控体育教学，达到教学目的的行为方式。实用性、安全性、抗干扰性和有针对性是体育教学媒介必备特征。分析体育教学实践可知，动态结合和变化多样是体育教学主体要素和非主体要素的重要特征，这就要求体育教师发挥其导向作用，及时调节体育教学的步调。体育教师自身要对教学技巧深入学习和纯熟运用，以此来调动学生的主观能动性，调控好体育教学的非主体要素，尽全力高效完成体育教学的任务。

（三）体育教学的方向

1. 以满足人体发育规律的要求为方向

在"以人为本"的教育理念下就确定了：体育教学是以人体的发育规律为方向的。体育教学的主体中学生是受教育方，体育教学按人体发展规律来培养其体育素质有至关重要的影响。有研究表明，我国国民多项素质发展的最高值主要在学生阶段，其中大学时期尤为集中。所以大学体育教学要设定科学性强、系统性强的体育教学计划，来满足大学生的各项身体素质发展的要求。大学阶段的体育教学能够对学生培养良好的体育锻炼习惯和身心意志产生深远影响。

2. 以培养学生参与体育运动的兴趣与能力为方向

体育教学要以学生参与体育运动的兴趣与能力为方向，吸引学生注意力，激发学生体育运动兴趣，从而提高体育教学效果。体育教师要把学生生理特点、心理特点以及智力特点作为参考依据，有机结合体育运动的趣味性、目的性以及对抗性，采用循序渐进的方式使学生掌握相关知识，在兴趣中获取各项能力。另外，教师要培养学生体育运动欣赏能力和体育运动参与能力，促使体育运动成为学生终身兴趣，以获得身心健康发展的途径。

3. 以促进学生综合素质的全面发展为方向

体育教学要同时培养学生德智体美全面的综合素质。首先，在体育方面，要学生在体育运动中获得运动专业知识与技能的发展。其次，在德育方面，一些运动项目要求学生战胜身心两方面的困难，是对学生意志力的锻炼。学生要以道德规范与道德准则为第一位，通过自身努力实现目标。再次，在智育方面，体育运动项目中有些对体育运动者的判断分析能力、思维想象能力提出了较高要求，致力于充分开发学生的智力。最后，在美育方面，体育教学的方方面面要使学生美的感受能力、鉴赏能力、表现能力、创造能力得以熏陶。由此，在制订教学目标时，要以促进学生的综合素质的全面发展为方向，合理设置体育教学内容。

二、体育教学与学校体育文化的关系

（一）体育教学是学校体育文化的黏合剂

学校体育文化的组成部分包括学校体育行为主体文化、学校体育物质文化、学校体育精神文化、学校体育制度文化等。所有这些文化要相互作用，相互影响产生互动，大都需要以与体育教学为方式来发生，由此来看体育教学是学校体育文化的黏合剂。

（二）体育教学是学校体育文化的基础

任何文化都需要特定群众基础，形成学校体育文化同样需要学校体育行为主体学生和体育教师作为主要的群众基础。要建设学校体育文化环境将体育教学作为基础是非常必要的。从另一个方面来说，体育教学更多的是学校体育行为主体的相互作用，是体育教师的教与学生的学之间的互动性，也是体育教学的主要方式和组成部分。

（三）体育教学促进学校体育文化的发展

培养学生体育精神、体育意识、体育技能，使学生的体育文化素养得到本质提升，全面推动学生身心健康发展，是学校体育文化的主要思想和目标。在体育教学过程中，开展丰富多彩的学校体育文化活动，能够推动学生身心全面发展，使学生的体育素养得到本质提升，形成健康的人格品质，促进学校体育文化整体的发展。体育教学对学生心理素质文化、体育精神文化的培养、人文素质文化的培养、思想品德文化的培养都有重要作用。

体育教学在培养学生心理素质文化方面的体现是：帮助学生养成不怕困难的意志，以及乐观友爱、团结合作的态度，克服自身心理障碍的能力；改善和提高学生的人际交往水平，有助于学生形成顽强的意志品格，很好地融入学生群体或者社会群体。

体育教学在培养学生体育精神文化方面的表现是：培养学生百折不挠的拼搏精神、不断挑战并且超越自我的精神、友谊第一公平竞争的精神、对真善美不断追求的精神。

体育教学在培养学生人文素质文化方面的体现是：体育教师以身作则在教室内外创造出有益于提高学生人文素养的健康环境；运用合理的教学方法，高效发挥学生的主体作用，使学生养成终身体育的良好习惯，强化学校体育文化对学生个体的影响；人文精神显著的体育项目，能够拓宽学生的体育视野，培养学生参与体育运动的兴趣，强化学生的主观能动性，形成轻松快乐的学校体育文化氛围。

体育教学在培养学生思想品德文化方面的体现是：体育教学不仅能对学生展开思想品德教育，而且在体育教学的各个环节均体现着学校的思想品德教育，学生在掌握体育知识的同时，也有助于自身形成优良的道德意志作风。

（四）学校体育文化对体育教学质量的影响

学校体育文化对体育教学有很大影响，学校体育文化对体育教学有正向提升作用和反向抑制作用，即良好的学校体育文化可以提升体育教学的质量，反之亦然。

良好学校体育文化对体育教学的提升作用表现为：一是，能够充分调动学生的主观能动性，激发学生对体育运动的学习兴趣，陶冶学生的道德情操，推动学生身心健康向好发展；二是，可以强化学生的竞争意识与团队意识，克服限制超越自我，培养其创新精神，实现学生综合素质的全面发展。在学校文化建设中学校体育文化具备的价值极高，体育教师应当积极开展和参与学校体育文化活动，充分发挥自身的指导作用；学生应当加强在体育文化活动中的参与体验程度。教育性是学校体育文化价值的显著体现，同时体育文化核心也是"育"。学校作为传授知识的重要场所，集智育、德育、美育于一体，而学校体育教学同样是集智育、德育、美育于一体。因此，在不同学校中，体育教学及其衍生活动都是必不可少的必修课程与业余活动。

学校体育文化不令人满意的学校，其体育教学的质量也堪忧。学生和教师对体育教学中的体育活动的参与度、参与态度、教学效果等都不令人满意。所以要提高学校体育文化建设以此促进学校体育教学质量的提高。

第二节 体育教学改革中的文化动力

一、体育教学改革中的文化动力方向

（一）体育教学改革中的内向文化动力

内因是事物发展变化的根本原因。体育教学改革中的内向文化动力，具体是指学校体育教学活动中的参与主体体育教师文化和学生文化，以及教学活动中将教师和学生关联起来的体育文化。这些构成体育教学活动的因素，为体育教学的改革提供了根源性、本质性的文化动力。促进学校体育教学改革的动力源是内部文化矛盾，分别表现为体育教师与学生的矛盾，教学目标与教学实际的矛盾。这些矛盾之间相互作用，形成了体育教学改革中的内向文化动力。

1. 体育行为主体的内向文化动力

体育行为主体，即为体育教师与学生。在体育教学中，体育教师的主导性与学生自主性之间的矛盾，是学校体育教学改革的重要动力。在学校体育教学中，倡导学生充分发挥自主性，使学生在体育课堂占有主体地位，因此在参与体育学习的全过程中，学生要达到四方面的要求：积极参与体育活动；利用自己的体育知识与经验，认知体育新知识和新技能；将外界体育教育影响同化；能够主动吸收、改造、加工体育知识，优化和组合新旧知识体系。在此基础上，学生可以有效发挥自己的想象力、变化能力以及创新能力等培养自己的创新性思维。这对学生的自主性提出了较高的要求，要做到能够独立自主地安排自身体育学习策略，尽可能地自我支配体育学习活动、自我调节与控制体育实践活动，在个性化学习方式和自主学习行为两方面得以体现。需要注意的是，学生学习的自主性，在实际操作中可能会被强化教师主导性的这一举措削弱。因为很多教师的教育观念并没有转变，其对体育教学仍旧抱有传统教学理念，在此理念指导下的教学活动会突出教师主导性，形成教师负责教、学生负责学、教师教学过程是对学生单项培养过程的局面。在传统教学过程中，课堂主宰者是教师，教学主体是教师，教学过程中的重点是统一性，学生的个体差异性被忽视。在教育改革的大前提下，师生间的核心矛盾不再是单方面的普通矛盾关系，这一矛盾是体育教学呈现出动态性特征，促使体育教学改革持续进行，成为体育教育改革的重要动力来源。

教师与学生之间教与学的矛盾，除了上述提到的还有另外一些。体育课具备其特定的学科体系，要将其教育功能充分发挥出来，只有在刻苦学习中才能掌握众多技术动作，所以体育课带给学生的是痛苦和快乐。理想的体育课是深受学生喜爱的，在体育运动中能够体验乐趣，能够充分满足学生的运动需求。但现实中，能够积极参与到体育活动的学生较为有限，学生抱怨体育课无聊的声音经常出现。教育学中提到的要求教师灵活运用多种教学方法，广泛存在于体育教学中，但不管教师运用哪一种教学方法，都有可能会有一些学生对一些体育课程接受起来比较吃力。尽管教师难以调和此类矛盾，但此类矛盾的积极影响是推动了体育教育的改革。

2. 体育教学活动的内向文化动力

在体育教学过程中，体育教学目标既是出发点又是目的地。体育教学目标是学校体育教学设计环节的核心，其他方面的设定均需围绕其展开。体育教师是体育教学目标的制定者，在制定体育教学目标时要注意具体体现其两方面的作用：一是体育教学目标决定着体育教学的方向，二是体育教学目标指导着具体教学过程和活动的方向。另外，在设定体育教学目标时，要注重其重要特征，即灵活性和实用性。在保障当前技术手段和体育教学资源充分被利用的同时，还要与学生身心发展相结合，通过定性测评或者定量测评来及时调整体育教学目标。

在开展体育教学的过程中，体育教学目标与体育教学实际在某些方面是不能达到统一的，如教学评价与教学目标的契合度不够。教学评价确切化在体育教学中极为必要，然而要在各项具体化的体育教学目标中一一落实，却无法实际做到，这使体育教学评价过程出现较大困难。如体育道德素质评价就不存在统一的标准，而且道德素质评价也无从下手。由此产生的体育教学目标和教学评价两者间的矛盾无法调和。体育教学目标和教学实际（如教学评价）两者间的矛盾向体育教学改革提出的要求是持续探寻一种平衡过程中的向前发展方式。

（二）体育教学改革中的外向文化动力

外因是事物发展变化的推动力。体育教学改革中的外向动力是物质文化、制度文化和精神文化的提升。我国高速发展的物质文化、制度文化和精神文化推动了体育教学的发展，实现了一定的体育教学的创新与发展。身处网络信息时代，体育教师可以充分利用网络资源，开展视频音频等多媒体课件教学，更加高效生动地开展体育教学活动。

1. 主要外向文化动力及相互作用

体育教学改革的主要外向文化动力指物质文化动力、制度文化动力和精神文化动力。物质文化是制度文化的基础，制度文化是更深层次的文化。国家提出的体育教学改革，就是制度文化方面的改革，是以物质文化发展为前提的。制度文化的发展改进是为了满足人们两方面的基本需求：一是社会活动中产生的合理处理人与人之间关系的需求；二是社会活动中产生的合理处理人与群体之间关系的需求。精神文化是在人们最基本的需求被满足后，超越基本需要而产生新的需求，与文化层面的其他文化相比，内在性、超越性、创造性是精神文化最能体现的。

物质文化、制度文化、精神文化三者相互作用于体育教学的改革。但是三者给予体育课程改革的影响又有不同之处。

需求层次理论认为，当人们处于较低层次的需求时，高层次需求也会随之产生，高层次需求来源于低层次需求。所以物质文化、制度文化、精神文化三者之间，无论是属于高层次需求还是属于低层次需求，其关系是相互联系、不可分割的。精神文化取决于物质文化和制度文化，同时精神文化对物质文化和制度文化具有反作用，这是长久以来形成的人们的共识。事实上，精神文化会落后于物质文化与制度文化，三者发展的不平衡性是特点之一。由在改革开放带来了我国社会物质文明的高速发展，这要求制度文化和精神文化跟上步伐；另一方面改革中将西方汲取精神文化的"先进性"置于"先一步"的位置，又存在与我国物质文化和制度文化不相匹配的境地，这些矛盾之处致使我国教育理论脱离教育实践，最终深度激化了我国教育在物质文化、制度文化、精神文化三方面的众多矛盾，也促使了学校体育教学的改革。在学校的体育教学改革中，具体问题具体分析。三种文化究竟以哪一种文化改革为重点，以点带面，协同改革，这需要具体学校具体分析自己的问题，做出决策。

2. 外向文化动力内化为内向文化动力

事物的内部因素与外部因素互相作用，相互转化，促进了事物的发展变化。体育教育改革的文化动力是由体育教育的内向文化因素与外向文化因素等多种相关的文化因素之间的众多矛盾，共同作用而形成的。体育课程改革的文化动力由动态平衡到内化为内向动力，经过是复杂的。

由上述可知，多种文化因素共同组成了体育教学的文化动力，当其被多项作用力共同作用，出现动态平衡状态时，体育教学就可以实现稳定发展；当出现"震荡"状态，就要求进行适当调整，即体育教学改革就必须进行。然而体育教育改革想要一蹴而就也是不现实的，它必定是一个持续发生的过程，需要伴随在各种文化动力的发展变化而持续适应与调整。

体育教学改革的文化动力源头是多种文化动力因素间矛盾的相互作用。当内向文化矛盾与外向文化矛盾处于互相作用的情况下，而体育教学被不对称的信息流打破平衡，不能正常交流时，体育教学改革才能汲取动力顺利进行。分析体育教学内向文化和体育教学改革的关系可知，前者产生的矛盾是后者的主要矛盾，是主要动力；后者是次要矛盾，次要动力。但是要促成一件事物的发展变化，既要抓住主要矛盾，又不能忽视次要矛盾。体育教学改革具有复杂性，在统筹全局抓住重点关注内向动力的同时，也不能放松对外向动力的关注。

体育教学活动，为体育教学改革中各外向文化动力提供了舞台，是其内化为内向动力的主要方式，对体育教学改革的成功与否发挥着重要作用。体育教学外向文化动力内化为内向动力的持续作用，伴随着体育教学改革进程持续进行。

二、体育教学改革文化动力因素分析

体育教学改革的文化动力因素，主要来自内向文化动力因素和外向文化动力因素两个方面。

（一）内向文化动力因素分析

学校体育教学改革内向文化动力因素主要包括体育教学活动中的体育行为主体即体育教师和学生、体育教学目标、体育教学内容、体育教学方法、体育教学评价。

1. 体育教师

教师不仅传道授业解惑，同时还担负着思想道德的教育者这一职责，体育教师能在很大程度上推动学生身心健康成长。作为学校体育文化主体之一的体育教师在教学中的作用：一是根据实际情况来设计体育教学，二是向学生传授相关的体育知识与经验，三是组织各项与体育教学相关的活动，四是对学生的体育学习活动产生引导作用。

优秀体育教师具备扎实丰富的基础性知识，属于基础性知识的主要内容包括政治理论、政治时事、政策知识、人文社会科学知识、生物学相关知识。对这些知识的合理应用是体育教师高效完成教学工作的基础性条件。

在具体体育教学过程中，体育的地位、本质功能、一般规律、一般特性、教学目的、教学任务、教学规律、教学特点、教学原则、教学方法等都属于体育教师需要首先掌握的。除基础性知识以外，体育教师教学能力的突出表现还体现在其专业知识和专业技能方面，体育教师还需熟练掌握与运用各运动项目的基本理论、动作技术、动作战术、规则、裁判方法、教学与训练原理、教学与训练方法等。

体育教师在体育教学实践中，不同学生心理素质差异性很大，要通过自己掌握的与体育教学相关的原理和方法充分结合学生心理特征，灵活运用多种教育方法与教学技巧，高效传递理论知识与体育技能，进而使学生的综合素质得到本质提高。体育教师需要拥有素质教育的教育思想与观念，还必须不断更新自身的教学观、人才观、学生观以及教育质量观。只有这样，教师才能更好地服务于体育教学，促进体育教学改革。伴随社会的进步发展，对人的综合素质提出了越来越高的要求。体育教师要想更好地服务于体育教学，不仅要掌握必需的专业知识，还需积极掌握和体育相关的知识，如体育管理学、体育人类学等，只有持续拓宽知识面、丰富知识结构，才能不被体育教学改革淘汰。也就是说，优秀的体育教师，不仅具备扎实的文化知识与高超的体育技能，而且具备较高的个人素质和崇高道德品质。具体表现在这三个方面：一是热爱学生，公平对待每个学生，因材施教，促进学生全面发展；二是严于律己，以身作则，保持为人师表的自律性，在细枝末节处给学生以积极影响；三是爱岗敬业，有乐于奉献精神。拥有这些优良品德的体育教师是体育教学改革的参与者、直接推动者、是关键的内向文化动力因素。

2. 学生

作为学校体育文化主体之一的学生，在体育教学活动的全过程中占据着关键地位，是教学活动的对象。在深化体育教学改革的过程中，在教学对象，即学生方面出现了以下特点。

一是学生的成长需要体育教学保持进步性。在体育教学过程中不难发现，学生的身心特点有显著的差异性，发展高度参差不齐，逐渐形成或已经形成自身思想意识和独立人格。在此情况下，如果体育教学课程适当、教学方法合理，学生就能够将自身积极性发挥出来，自主参与体育教学活动接受塑造和教师协同完成特定教学任务。然而上述的"如果"在体育教学课堂通常很难实现，学生自身的各种特性增加了体育教学的难度，但是也正是由于学生在体育教学活动中表现出来的成长所需的体育教学要保持的进步性，推动了体育教学不断改革，进而使学生持续变化的需求得到更好的满足。

二是教育的目的需要学生保持超越性。教育极为重要的目的是培养与激发学生的潜能超越自我。而学生要求对自我的不断超越就成了体育教学改革的最大动力。由此可知，学生对自我超越的需求是体育课程改革的关键性依据，如当学生掌握体育教学标准要求的目标之后，将不再满足标准，而渴望更高更快更强。学生不仅是体育教学改革的重要参与者，还是体育教学改革的参与主体之一，也是体育教学改革一个重要内向文化动力因素。

3. 学校体育教学目标

学校体育教学目标是在学生实际参与的、和体育内容相关的教学情景中，对最终学习成果的预期标准。学校体育教学目标的制定者是体育教师，是开展具体体育教学活动的重要依据，具有灵活性与实用性的特征。针对具体的教学过程和教学活动，体育教学目标既是体育教学活动的依据又是标准，而且对体育教学活动的开展还具有导向激励的功能。

体育教学内容丰富多样，有常见的体育运动项目，也有与体育保健有关系的知识与技能。正确合理的体育教学目标极为重要，它表现在以下几个方面：一是为体育教师面对特定教学内容选择适当教学方式提供依据，二是界定教学内容，三是针对教学内容提供导向，四是为教学内容提供有价值测评。体育教学目标影响与制约教学内容和教学活动的一些原则。在具体实践中，体育教学内容结构形式、体育教学组织形式、体育教学具体实施均会受到体育教学目标的影响与制约。如教学活动组织的严谨程度与方法会因为体育教学目标的高低程度不同存在很大的差异性。体育教学目标是体育教学评价的基础性标准。体育教学目标是评价体育教学价值与效果的关键依据，体育教学管理部门通过系统性、客观性评价体育教学的结果，能够得到有效数据与结论，体育教学管理部门可参照具体评价，对体育教学指标进行调整，推动教学水平进步和学生之间的适配性，从而推动体育教学改革。

在具体的体育教学活动开展中，学校体育教学目标有导向激励功能。首先，体育教学目标在体育教学活动中具有指明方向的作用，但是其设定必须要与时代同进步。社会在迅速发展，时代的要求有时会领先于课程和教学目标，体育课程实际发展情况和课程与教学目标之间的矛盾也必然存在，要解决这一矛盾体育教学改革也必须逐步深入。其次，体育教学目标在体育教学活动中有激励功能，虽然并非每个学生均能达到设定的体育课程教学目标，但是目标在，就有学生刻苦努力，超越自我。一方面，体育教学目标能鼓舞学生不断超越自我；另一方面，体育教学目标能不断推动体育教学改革的进程。

4. 学校体育教学内容

学校体育教学内容是指教育者参照教学的系列要求，多角度总结前人在体育与教育方面的经验，遵循教育原则，在多项体育技能理论中挑选出来的体育知识和技能。选择教学内容时遵循将实现体育教学目标作为最终目的，将体育教学活动的学生作为分析对象的原则。因为体育教学内容对教师和学生来说是两者间交流的媒介，对两者间的信息交流，教学的效果与质量起着关键性的作用。总体来看教学内容的合适与否，对体育教学改革有重要影响。具体来说，能否合理制定教学内容有以下几点参照。

一是形式教育与实质教育指导下的内容选择。体育教学应将培养学生多项能力摆在重要位置，同时努力发挥学生的主观能动性，不应当只注重学生单项技能与知识的学习，这是形式教育的方式。以形式教育的观点来决定教学内容就是指，在"心灵官能训练属于体育教育的重要任务，向学生灌输知识属于体育教育的次要任务，心灵官（能）训练能够发展学生的官能或能力"的原则下，决定教学内容。对比来看，实质教育的观点是：将教材与课程的知识传承与文化价值摆在重要位置，教育的重要任务是让学生掌握相关知识，将高效训练学生各器官功能设定为关键任务。以此为依据，在实质教育的观点指导下，教学内容的制定自然与前者有很大的不同。

体育教学的教学内容在形式教育与实质教育上存在很多差异性，然而形式教育与实质教育相互竞争、又形成互补关系不可替代，共同推动了体育教学改革的深化。

二是科学主义与人文主义指导下的内容选择。体育教学的主要内容是自然科学知识，身体锻炼是参与体育课的唯一价值，数据是衡量身体锻炼的唯一标准，这是科学主义教育的观点。在科学主义指导下，体育教学内容的展开过度重视"科学"，忽视了学生心理在体育教学中的位置，有一定不足。人文主义教育的观点则是：将培养学生情感、态度、价值观视为教学过程的重要环节，把培养"完整的人"、"自我实现的人"放在首位。在此观点指导下的教学内容缺点是，与前者相比可能导致学生身体素质、运动技能、运动技术稍弱。

不可否认，科学主义和人文主义的持续争论与竞争，深化了体育教学改革。

5. 学校体育教学方法

体育教学方法是指体育教学活动中教师教与学生学的多个方式、途径和手段等方面的总和，也是体育教师和学生两者间行为关系总和。体育教师灵活运用多种方法，师生间密切配合，是教学活动顺利进行的保障，单方面运用教法或学法都是不可取的。

学校体育教学方法的选取与运用离不开教学目的与教学实践的参照。任何学科的教学方法，均需将教学目的作为出发点。体育教学进行分析，教学方法数量众多，体育教学方法得到应用的重要原因是要达到体育教学目的。要使教学方法得到本质创新与丰富，就要密切联系教学实践。时代的发展与进步，使社会形态、各项技术以及教学理念等均得到了持续改善，随之教学方法在不断创新的道路上越走越快。这些因素都成了促进体育教学改革的直接内向动力因素。

科学技术的发展与改革对体育教学方法的发展与改革产生了巨大影响。运用计算机系统，师生立足于不同侧面、不同速度、不同部位的动作分析和研究成为现实，大幅度提升了教学质量，这一背景下很多崭新的体育教学方法相应产生。计算机科学被广泛普及于体育教学中，促使越发标准和科学的动作示范出现，搜集与整合相关资料更加便捷，学生学习的空间与时间限制被弱化，实时性信息沟通变成可能。为紧跟社会发展节奏，充分满足学生体育需求，体育教学内容一直处在发展与变革中，体育教学方法由此产生。当前，体育教学中课堂教学有一定延伸，大量加入定向运动与野外生存两方面的内容，因此体育教学活动的野外组织与教学方法的开发范围也更加广泛。

在体育教学改革中，体育教学方法的影响比较隐形，但也不容忽视，只有充分借助教学目标或者教学内容，体育教学方法的影响才能得到有效发挥。

6. 学校体育教学评价

教学评价是对教学目标达成程度较为精确的确定，是对教学效果和教学质量的测评。教学评价的变化是引起体育教学改革的因素之一。体育教学评价的变化包括以下三个方面。

第一方面是教育质量观之间的对立。观点一：体育教学只有在知识储备足够的前提下，学生才能获得新知识或者构建知识体系，体育教学评价以学生掌握的学科知识为基准。观点二：教学评价要依照每个学生的认识、情感、兴趣、意志、品质等方面的实际情况来展开，把学生视为在特定阶段自我实现的人。体育教学评价模式受不同教学质量观的制约和影响，而不同的教学质量观相互协调，使体育教学改革不断推进。

第二方面是个人本位和社会本位之间的冲突。个人本位思想是：要将学生个体的发展需求放在重要位置，训练目的是使学生实现自我，不是使学生成为社会工具。社会本位思想的观点是：服务社会是教学目的，应当以社会需要为依据对学生进行改造。个人本位思想和社会本位思想间的竞争从未间断，体育课程评价常常在这两者间摇摆偏移，这在一定程度上为体育教学改革提出了要求。

第三方面是教学规律和社会发展之间的矛盾。体育教学具备其特定规律，对体育学科规律的重视，引发了教学规律和社会发展间的矛盾，例如有时会使对学生、社会以及职业的有益知识技能被排除在体育课程体系外。在我国，由于对西方先进教学理念的学习，使体育教育理念领先于实际国情，如此，教育规律和我国社会实际发展情况两者间的矛盾越发显著。教育规律和社会发展间的矛盾，使我国体育教学评价体系处于不明晰的状态。

以上提到的对立、冲突、矛盾致使体育教学评价处在变化之中，体育教学的其他方面也会随之发生变化。由此可知，在体育教学改革中，体育教学评价也在关键性因素之列。

（二）外向文化动力因素分析

体育教学改革的外向文化动力因素主要包括社会文化、教育文化、体育文化，这三者分别对体育教学改革有不同的外在影响。

1. 社会文化

社会文化是由社会各个领域和多个层面共同构成的。整体社会文化对某一领域某一层面的文化有促进或者阻碍作用，这也促使某一领域或者某一层面的改革和进步。教育和社会的关系密不可分，学校体育文化在一定角度来看，是社会文化的一个领域一个层面。对于整个社会的文化传承来说，教育属于关键性手段，学校体育文化不可或缺。我国社会文化的重要内容是群体价值，而如今体育教学倡导重视学生个性的发展。由此，如何使学生个性得到充分发展而又符合社会文化的要求，为体育教学改革提出了要求。

2. 教育文化

我国教育文化的显著特点是民族性。中国传统教育观最重要的一点是由"科举制"历程中传递而来的，它认为获取政治地位是学习的目标，体育教学对这一目标无任何意义。改革开放到今天，外来文化在我国教育文化中发挥着作用，中国体育教学受到了不同外来文化的强烈冲击，教育文化主张重视人的发展。当前在教育文化的观念中，爱国主义教育、集体主义教育、社会主义教育占有重要地位，这是我国教育的根本立足点。但是体育教学中保有传统教育的影子，重视以传统的教学方法，传授知识技能，而忽视了学生的个性发展，这一矛盾推动了体育教学改革。

3. 体育文化

在欧洲体育诞生的萌芽时期，欧洲各国的学校就出现了各种形式的体育运动，体育运动诞生之后，成为世界各国学校不可缺少的教育内容。体育文化是在体育教学过程中产生的，而体育运动是在体育教学文化指导下由游戏和竞技活动演变而来的一种身体运动方式。体育运动之所以能够广泛传播其根本原因在于其本身的价值使然，体育的教育价值寓于体育运动之中。体育文化受教育文化和社会文化的影响，伴随其一起进步发展，正如教育文化受西方现代教育观念的影响程度不同，体育文化表现出其特点。东西部经济发展不平衡，造成东部地区的西方现代体育文化发展迅猛，而广大西部地区中国传统体育文化依然存在。这一问题造成传统体育文化和现代多元体育文化并立的现象，这对体育教学改革的平衡性、特色型进程有推动作用。

三、体育教学改革中的文化动力的特性

体育教学改革中各个文化动力之间表现出的动力，既有其个性又有其相互作用的特性。具体来说就是：动态突变性、方向层次性、协同差异性。

（一）动态突变性

社会不断向前，社会文化、教育文化不断向前发展，所以体育教学始终处于发展变化之中，使体育教学改革的文化动力拥有动态性特征。不同文化因素在动态的彼此作用和彼此影响下，使得体育教学改革也持续向前。

文化动力的突变性是在文化动力的动态性基础上实现的。文化动力由动态量变达到质变，发生突变。体育教学改革的文化动力的重要反映是体育课程内部体系，人们难以察觉、关系复杂的突变现象所呈现出的"突变性"。在体育教学的实践活动中，当这些促成体育教学改革的文化动力被我们注意到时，突变已经处于完成状态。

（二）方向层次性

文化特有的性质，决定了体育教学改革的文化动力具有方向性特征。方向性是开展体育教学改革的指导性依据。例如满足学生自我超越的需求是当下的重要目标，所以体育教学改革会围绕其展开。层次性特征是指存在于体育教学改革中的动力方向的作用不同，包含内向动力与外向动力两种，其中内向动力为主要动力，外向动力为次要动力。另外，体育教学改革过程中不同文化均会呈现出层次性特征，表现出其对改革的不同作用力。

（三）协同差异性

不同文化动力因素间相互协调，致力于推动体育教学改革的发展，这就是各文化动力因素间的协同性特征，它广泛存在于各项文化动力因素中。内向文化动力或者外向文化动力内部，各个要素既相互竞争又相互合作的精神会被不同文化因素在学校体育教学的改革中表现出来。各文化动力对体育教学改革的影响各不相同，这是文化动力因素差异性表现。文化动力因素会根据时期和领域的不同，而出现很大差异性，如体育教学目标的设定受社会文化的影响，在大力发展竞技体育的阶段，体育教学的竞技化特征明显。

第三节　学校体育教学中体育文化的传承

一、体育教学中学校体育文化理念的转变

（一）树立终身体育教学理念

实践证明，积极转变体育教学理念尤为重要。单方面将提高在校学生的身体素质作为目标的教育理念，会忽视终身体育与体育教育的长远效应，学生走出学校迈向社会后

难以持之以恒。而秉持推动学生全面发展的体育教学理念，就是将提高学生身体素质设定为长期目标之一，将培养体育意识与体育心理等放在突出位置，结果是令人满意的。个体终生参与体育锻炼与接受体育教育之和，即终身体育教育，这一理念在现代体育教学中的作用十分重要。

学校体育课程设置的改变也反映出学校教学理念的改变，将符合学生实际需求的选课形式作为体育教学结构的基础，这是我国学校体育教学理念改革的重要表现，也是发展学校体育文化的趋势，更是学校体育以人为本宗旨的充分体现。体育教学领域终身体育能力的培养是体育教学的一项重要指标。学生的体育能力水平不仅影响其自身的学业成绩，还对其终身体育能力产生重要影响。终身体育能力的培养需要合理的引导，体育教学改革就是要建立在对其能力具有引导意义的指标体系框架内，完善其制度，使其有据可依。学校体育教学以终身体育为目标的教学理念，形成内外环境条件的配合，最终达到学生内在学习动机和外在学习策略对其终身体育能力培养的双重保证，进而完成学生独立思考能力和创新能力的培养目标，为学生提供未来独立学习、适应社会等方面所需要的技巧和能力。

人类在个体的不同成长时期和阶段都应当密切联系自身实际需求，积极接受体育教育，参与和自身情况相符的体育锻炼，并坚持不懈才可以实现预期的锻炼目标，这是终身体育思想的体现。终身体育思想的目的主要包括两方面：一方面是使个体在不同人生阶段坚持学习体育知识与技能，同时积极参与体育锻炼；另一方面是合理衔接个体不同人生阶段的体育需求，为实现完整、连续的体育教育提供保障。

（二）实践终身体育的教与学

在实际生活中，人们应将把自身实际情况和体育锻炼内容与方法有机结合，根据自身变化来对锻炼内容和方法进行合理调整，树立终身体育意识。具体来说：一是终身学习者获得体育锻炼的途径和方式，应是体育教师在体育教学中传授的；二是体育教学应是让学生掌握特定锻炼方式和多种体育锻炼方法的相关技能，具备快速搜集和运用体育锻炼方面的最新消息的体育自学能力，从而养成良好的体育锻炼习惯和创新意识；三是体育教学应该多方面调动学生体育运动的主观能动性。

终身体育从不同角度看可以分为两个方面：

一是学校教的方面。终身体育是将目的与途径设定为体育系统的整体化、科学化，向学生个体传递各人生阶段和不同生活范围加入体育锻炼的终身意识的实践过程。学校是学生接受正规系统教育、健康教育时间最长，形成正确体育、健康观的最佳时期和场所。完善的体育学习对提高学生的体育创新精神和实践能力具有重要作用。学校应切实提高体育教学的效益，发挥体育根本价值功能，让学生真正感受到体育的乐趣和作用，从而为培养学生的体育意识、体育能力、终身体育习惯打下基础，让体育切实为学生服务。

二是学生学的方面。个体在其一生中持续参与体育活动，实现提高身体素质和促使身心健康的目的。学校体育教学、各项体育文化活动的开展对学生体育技能的学习起到了积极的推动作用，但是学校体育教学的开展过程中也存在一些问题需要改善。陈旧的教学模式，机械地将教与学的过程分裂，违背了以学生为主体的教学模式的主旨，导致教师的"教"与学生的"学"脱离，成了教学过程中两个分离的环节。要增大学生自主互动学习方法的应用比例，扩大学生自主练习的空间和时间，增加练习密度并加强交流，激发学生自主学习的主观能动性，提高学生体育兴趣，加强学生体育理解力，达到提高学生自主学习能力的目的。学生自主互动学习方法的课堂设计，要以学校体育教育的规律为基础，创新学生自主学习方法，构建行之有效的自主教与学的互动模式。

二、体育教学中教师教学模式与内容的变革

（一）变革体育教学模式

打破传统体育教学模式的限制，在体育教学中只有充分发挥学生的主观能动性，学生的主体作用，教师的主导作用，才能使学生的体育文化水平达到质的飞跃。在体育教学过程，体育教师要保持良好的情绪状态，使课堂环境达到轻松、快乐的氛围，才能有效调动学生参与互动的主观能动性。要想达到师生良性沟通的目的，只有转变体育教学的模式，以学生为主体，才能实现有效对话和双向理解，师生间才能具备和谐的关系。学生有和体育教师学习某方面体育知识和技巧的积极意愿时，教师要持续调整自身态度，努力使师生关系更加融洽，推动体育课堂教学顺利开展。

在体育教学的实践过程中，教师同时具备教学者和管理者两种角色，提升教学质量的基础性条件是管理好课堂。体育教师对体育课的主要管理工作包括分组、编班、建立课堂规则、给学生做思想政治工作、激发学生学习积极性、灵活运用教学手段、控制运动密度和强度、正确使用场地设施、及时做好安全防护措施、规范师生服装等。

对于体育教学的开展因材施教是极为必要的。在体育教学的实践过程中，应当开展学生选修课，促使学生在对体育运动项目选择时充分结合自身爱好；同时针对身体素质有待提高的学生，应当对其提出限制选择项目的指导和说明。在体育教学过程中，体育教师应指导学生认识自身实际，深入理解体育文化，再结合预期要达到的目标，对运动

项目做出最为合适的选择。

（二）变革体育教学内容

体育教学在备课、选择和确定具体体育教学内容之前，应当对学生现阶段身心特征以及体育水平进行深入了解。要有效发挥体育教学内容对学生身心发展的促进作用，离不开体育教师的正确指导。因此，体育教师要对学生的学习过程进行良好引导，使教学内容成功转化成学生需要的内容，并且让学生认识到教学内容的重要性，只有这样才能将教和学融合起来，推动教师和学生共同进步。由此可知，教学内容的正确选择，对学生学习体育知识、提高身体素质、养成良好运动习惯均具有积极影响。体育教学内容不仅在体育教学中占有重要地位，而且在体育教学的全过程中具有关键性作用。科学的体育教学内容在使学生德智体美全面发展的同时，还能保持学生的个性特征。科学合理的体育教学内容是师生间联结良好纽带，能够强化师生的信息沟通。要想更好地适应时代发展的需要和学生自身发展的需要，就要在选取体育教学内容时遵循学生的成长规律和体育教学自身的特点。

三、体育教学中学生对体育文化的传承

体育素养是当人们学习和掌握体育知识、技能之后，形成的正确的体育认知、体育价值观以及待人接物的态度等。从整体角度进行分析，当学生的体育素养提高后，可以推动学生多方面发展，为传承学校体育文化奠定坚实基础。学校体育教学的作用有四点，一是使学生的综合素质得到本质提高，二是使学生的体育素养得到本质提高，三是使学生身体健康水平得到提升，四是使素质教育的良性发展得到有效推进。

动态性是传承体育文化的显著特点，传承是延续体育文化的重要条件，传承体育文化的载体是人。体育文化的传承从本质上讲属于人的创造性活动，所以传承文化和发展文化的最终结果取决于人的素质。由此，学校体育文化在被传承的全过程中，传承人扮演着关键性角色，只有传承人不断提升自身综合素质，充分发挥自身潜质，汲取各方面的优秀成果和经验，才能将体育文化精髓充分掌握与吸收，从而更好地传承和发扬。

（一）认识学校体育传统，树立终身体育观念

学校体育的发展在东西方逐渐成为社会发展与文明演进的标志和动力。体育文化的发展和传承始终贯穿于学校体育发展的中轴线。可以说学校体育是传统体育文化和现代体育文化发展的基础。学校体育教育中的足球、篮球、网球、体操、健身、健美等体育项目吸引着最普遍的爱好者，我国传统体育文化也在学校体育领域逐渐占有重要位置，

越来越受到学生的欢迎。学校体育中的传统体育文化，可上溯到孔子提出的"六艺"中的"射""御"，而且现代已经成为学校体育教学的重要部分。传统体育项目中导引、气功、武术、太极拳等动静结合，修身养性的体育文化在我国学校教学中源远流传。学校体育传统与现代协同发展，实现了学校体育文化的推广和普及，据统计，在我国每年有一亿多学生达到国家体育锻炼标准，有三亿多人经常参加各种传统体育活动。

学校体育文化是一所学校区别于另一所学校的文化特质之一，是该校在体育办学方针、办学成绩、领导作用、学校体育风气等方面的综合反映。学校体育传统是学校体育文化得以延续和发展的基础。苏联著名教育家马卡连柯曾经指出："任何东西，也不像传统那样巩固集体。培养传统、保持传统是教育工作中最重要的任务。"① 一个置身于学校体育文化中的人，从他生活在校园之中的那一天起，就处在一定的学校体育传统包围之中。学校体育传统本身就是一个浓重的体育文化氛围。学校体育传统作为一种文化模式的具体表现，要经过相当一段时间的积累、积淀而逐渐形成。它所形成的学校气氛能使群体各个成员产生归属感、安全感和自豪感，并使生活在这种环境中的各个成员不断调节自己的心理和行为，以利于和学校体育传统保持一致，同时得到群体的肯定，实现文化整合。

学校体育教学有助于引导学生养成良好的体育习惯，激发学生对体育运动的兴趣、爱好，并养成良好的体育习惯，从而树立终身体育观念，使体育成为其生活中一个不可缺少的组成部分。因此，学校学生在体育课堂内外要自觉地接受学校优秀体育文化传统熏陶，而能较快地适应新环境的要求，改变原来不适应学校体育传统的行为与习惯，发扬和传承学校的优秀体育文化传统。

（二）培养体育欣赏能力，提高体育活动的参与度

体育欣赏能力是培养学生自身体育兴趣的基础。体育运动除了其显而易见的益处即能有效地增强体质，健全人体各种生理功能，塑造自身矫健、强壮的人体外，还有其特殊的感染力。随着体育文化的发展及其内容的不断丰富，体育的文化内涵越来越多、精神阵地和艺术色彩越来越丰富，体育潜移默化地感染、熏陶着人们。体育竞赛观赏也成为向青少年实施审美教育的特殊途径和有效手段。因此，在学校体育教学中，学生们除了注重锻炼自身的体质及体育技能外，还要注重培养自身对体育艺术的欣赏能力和审美情趣。

培养自身的体育欣赏能力，首先，要了解体育竞赛观赏的原则，体育运动中存在大量的美，且由来已久，学生要在体育竞赛观赏过程中加深理解，就必须弄清体育运动中

① 喻俊.高校体育文化及其建设的综合性探论［M］.北京：中国纺织出版社，2019.

的真、善、美及其相互关系，把握其联系和区别，这样美的形象才会鲜明地展现在我们眼前。其次，要掌握正确的体育竞赛观赏方法。由于体育运动中包含的因素异常丰富，为提高自身观赏多样的体育运动、加深对各竞技项目特点的理解，学生就要培养学习体育的自主意识，将整个运动形态加以分类，揭示体育运动中美的一般规律，最大限度认识各项目对人体健美的效益，提高自身对体育的观赏效果和审美情趣。国外学者分析了运动美的要素，主要包括实践性（灵敏性、速度、节奏）、空间性（幅度、高度、重量）、坚韧性（强度、激烈、顽强）、精致性（巧妙、准确、均衡）、愉悦性（华丽、热爱、惊险）、优雅性（柔和、流利、高尚）。学生可以此为鉴，有意识地培养正确欣赏体育竞赛的方法，从而激发对体育的兴趣，进而提高自己对体育活动的参与度。

另一方面来说，学生通过体育竞赛观赏，能培养自我的体育精神。赛场上的运动员，在受了伤的情况下依然坚持比赛到最后，即使他们没有获得名次，他们坚强的意志也成了体育运动宝贵的财富。这增进了学生对体育精神的理解，从而提高对体育的兴趣，甚至其不屈不挠、顽强拼搏的体育精神对自身综合素质的培养产生重要的影响。

（三）传承学校体育文化，实现终身体育目标

目前，我国正处于全民健身计划的第三个关键期。学校体育作为大众体育的重要组成部分，积极探索适合我国民族传统的体育教学是学校体育改革的方向。当今大学的体育教学不是一个封闭式的教育，体育教学有时会外延到与社会体育团体的合作，学生对体育的学习不仅限于实际的课堂和校园内部，体育内容和形式的多样性，为学生参与体育活动提供了多种选择性，但是同时对学生的选择能力提出了要求。学生应该在正确认识学校体育传统和有足够体育欣赏能力的基础上，有效地传承学校体育文化，同时在终身体育观念的指导下积极参与体育活动。学生还可以积极发挥自己在体育方面的创新思维，比如组织一些学生自己举办的竞赛活动：街头篮球对抗赛、太极演练等，利用自身的影响力，激发周围学生的体育兴趣，从而为传承学校的体育文化贡献自己的力量。

第四节　体育教学与学校体育文化的融合发展

一、体育教学与学校体育行为主体文化的融合发展

体育教学是实现学校体育目标的基本形式，是对学生进行有目的、有组织的教育过程，是学校体育文化的基本组成部分。体育教学在培养学生终身体育意识和锻炼习惯这

一目的主线上，应提倡传统体育项目的开发和本地区民族体育的挖掘与教学，增加体育项目的趣味性、文化独特性。体育是教育的重要手段，是学校课程体系中的重要组成部分。学校体育教育对培养学生的体育意识、体育能力、终生体育习惯、健康意识有举足轻重的作用。体育是健康生活方式的基石，是促进健康的载体，是提高人的生命和生活质量的重要基础与保证，体育学习对学生的发展具有多方面的价值。通常来说，学校体育教育是受教育者接受体育教育时间最长的一个阶段，是形成正确体育观的一个导向台，达成体育目标的载体。

学校尊重并力图实现每位学生公平参与各项体育活动的权利。在实际教学过程中，学校和教师要对各项体育活动、体育竞赛活动进行全力革新与完善，充分挖掘和发挥体育活动、体育竞赛活动的价值和功能。在安排各项群体活动项目时，以学校实际情况作为重要依据，传统项目与重点项目优先安排，妥善加入一些激发学生运动主动性的体育活动和竞赛项目，同时还要兼顾活动的可执行性以及提升运动水平的目的性。

对于体育文化节的举办，将其开展范围锁定在学校内，要将学生放在主体地位，充分发挥教师的主导作用。春秋两季气候适宜体育活动，所以选择在春秋两季开展的运动相对较多。通常情况下，体育文化节会维持两周时间，学校特色和所属地域不同，文化节内容也会存在着很大差异。体育文化节应当同时包括很多类型的项目，进而带动学生参与的积极性。开展学校体育文化节，不仅能让学生深入认识体育文化，还能让更多学生参与到传承和弘扬体育文化的队列中。对于体育文化来说，学校文体活动能够使其在学校范围内传播得更加广泛，学校应当积极开展体育文化节活动。

在进行具体的体育教学安排时，要有所侧重，要将不同类型的运动会项目均匀安排于整个学年中。对运动会等大型体育活动展开统一安排和规划，将学校教育计划、气候变化、国家法定节假日以及项目数量等众多因素全部考虑到。尽量把学校大型运动会或大型竞赛活动安排在每年的同一时间，使其成为学校特色与传统。除此之外，教师要时刻谨记学生的主体地位，重视发挥学生的积极性，解放其学习方面的天性。在学习过程中，学生不仅要主动参与其中，而且要积极带动其他学生的主动性。

二、体育教学与学校体育物质文化的融合发展

体育课外活动组织形式相对于课堂活动富有变化、具有灵活性。体育课外活动组织形式灵活的根本原因在于其性质。由于学生间存在着巨大差异，所以固定不变的体育活动形式是与实际相违背的。因而，要想使学生群体的不同需求得到满足，积极调整和变换运动形式是十分必要的。因此，校内体育俱乐部活动受到了广大学生的欢迎，学生可

以参照自身在体育方面的优势和喜好加入。校内体育俱乐部导向性明显，体育活动的最终效果好，当前受到越来越多学生的欢迎。目前，单项俱乐部与综合俱乐部是学校体育俱乐部的两种重要形式。

这就需要结合学校的场地器械、学校综合师资水平、现有体育优势等。在管理校内体育俱乐部时，应当专人负责与管理，密切结合本校体育工作的整体规划与各项具体计划，进而科学确定体育活动的各项目标、具体运营方式、具体人员安排等多个方面。与此同时，在筹集经费、合理分配和安置育场地和体育器械方面也要做好相应工作。

学校在体育物质文化方面还要加强体育社团网站的建设。理想的社团网站，不但对不同社团的组织结构完善状态有相对客观的反映，而且能够在很大程度上推动学校体育文化的发展进程。但现实情况是，我国大部分大学体育社团没有建设专门网站或网页，这样就会降低大学体育社团的影响力，可能难以吸引学生的参与。

三、体育教学与学校体育精神文化的融合发展

变革体育教学理念、创新体育教学体系，是融合体育教学、体育、体育文化的基础性途径。学生不应将获取学分作为参与体育课的唯一目的，体育教师要将体育教学终极目标向学生说明清楚。学校要积极推动体育课程改革的整体进程，将部分注意力放在培养学生树立终身体育意识方面。当前，我国大学三年级和大学四年级没有体育课的现状，会对培养学生的体育意识产生消极影响，在大学三年级和大学四年级，可以适当加入某些休闲体育运动项目，使学生持续参与体育锻炼，进一步巩固或者加强学生的体育精神文化意识。

健身功能、修身功能、养心功能是民族传统体育的主要功能。因为民族传统体育将文、武有机结合，所以可将民族传统体育作为人数较大人群的教育方式。因为儒家伦理道德为核心的社会文化体系在过去的很长时间影响着我国主要民族，所以民族传统体育的民族特色十分鲜明，因此，把文化内容深层次融入教学方式与教学功能中，从理论上讲更容易实现学生身体全面发展，推动中国体育教学不断向前。在体育教学中加入民族传统体育的元素还对建立良好的学校体育文化特色与传统有促进作用，很好地实现了与学校体育精神文化的融合发展。

四、体育教学与学校体育制度文化的融合发展

在我国大力变革和发展学校体育的情况下，大学有关部门和领导必须将强化学校体育文化建设置于重要位置，同时也要解决时代变迁向体育文化发展提出的各项新要求。

一般情况下，学校会建立系统性极强的相关制度，采取各种措施，使学生参与体育课外活动的主动性得到高效激发。

在体育教学中，学生参与体育课外活动、完成体育活动规定的某些任务、达到学校体育终极目的，也是学校向社会输送全面发展人才的一个目标，还是学生身心发展的客观要求，这就需要相关制度的保驾护航。

作为构成学校文化的一个部分，学校体育制度文化，是关于体育一些细化制度的制定，它对大学发挥学校体育文化的文化价值具有举足轻重的作用。如在全国各类大学，基本具备学生体质健康标准、学校体育工作条例等国家下发的成文制度。然而实际情况进行分析，国家下发的这些成文规定在多数情况下属于理想状态之一，绝大多数大学在学校体育方面有长时间规划，但关于学校体育文化管理机构建设等方面的完善的制度化文件尚未形成。换句话说，制度化和规范化的局面只存在于大学体育的某些方面。学校体育制度文化是体育教学顺利进行的保障之一，两者也在融合中动态发展共同进步。

第五章　大学竞技体育文化建设研究

第一节　竞技体育文化概论

一、竞技体育

（一）竞技体育的概念

竞技体育指的是运动员以比赛竞争为基本手段，以满足人们审美享受及刺激等需要开展的社会实践。

（二）竞技体育的分类

1. 非正规竞技体育

非正规竞技体育是指运动参加者为达到娱乐休闲目的而进行的带有健身性和游戏性特点的身体活动。尽管这些活动属于非正规的竞技体育，但是与竞技体育相同的是，非正规竞技体育也需要在运动规则的指导下开展，只是这种规则没有竞技体育那样严苛，比较随意，具有临时性。

非正规竞技体育的组织比较松散，运动进行时甚至有时不设裁判员，由双方共同协商处理场上的争议问题。这种运动几乎没有任何功利目的，参与运动的人也不是为了达到一个多么高的技术水平。一般学校班级间的非正式比赛、社区组织的竞赛、大众体育中的初级竞赛活动等都属于非正规竞技体育。

2. 组织化竞技体育

组织化竞技体育的特征为其拥有一个基本的管理组织，为了能够使比赛双方在一个公平的环境下争夺"利益"，于是它有正规的球队、团体和竞赛活动章程、规则，以及有关的组织体系，并提供运动设施、管理人员，在有争议时可以出面仲裁，还为参加者提供训练和比赛的资格和机会，对参加者的合法权益加以维护。这类竞技体育组织一般包括各国各地区体育协会、职业俱乐部、体育运动青年会、大学球队等。

3. 商业化竞技体育

商业化竞技体育融合了非正规竞技体育与组织化竞技体育的某些要素，但其更多地被笼罩于某种商业目的或企业文化目的之下，因此使竞技体育中增添了许多商业活动和商业行为，甚至是一种强权政治的延伸。这种竞技体育具有高度组织化的特征，参与者被分割成对立的利益群体。

二、竞技体育文化

（一）竞技体育文化的含义

作为体育文化的重要组成部分，竞技体育文化是奥林匹克运动的核心范畴，包含人本和谐、人与自然的和谐、人与人的和谐和国际社会关系的和谐等内容；体现出公平正义、充满活力和积极乐观向上的拼搏精神。

（二）竞技体育文化的特征

1. 规则性

竞技体育文化具有规则性特征，主要表现为运动员在比赛进行时要受到各种规则的约束。通常运动员在比赛开始前要了解运动规则，否则就不能对这种特殊游戏的运动进程有所把握。这是物对人的制约，也是主体之间的相互制约。体育竞赛是一场"没有硝烟的战争"，它能将人们心底深处的竞争欲望通过运动的形式表现和宣泄出来，但同时在此过程中又要受到规则的限制，以保证运动过程的公平。

实际上，竞技体育活动主体的规则性是自我约束机制的产物，是体育不同于其他活动方式的准则，也是体育文化内部多种形态的基础。否则，体育运动就不可能呈现出现在这样的文化形态。

2. 互动性

竞技体育文化与体育文化在很多方面都存在共同点。例如，对于体育文化来说，体育文化是在人与自然，人与人关系的过程中的行为意识、行为方式、行为准则的积淀，这种积淀只有在活动的主体，即人与人在特定条件下的互动中才可以实现。竞技体育同样也是如此。

竞技体育活动主体的互动表现在许多方面，如在集体项目中运动员之间的互动；运动员与观众的互动；观众与观众之间的互动；运动员协会与球迷协会之间的互动等。在各方互动下，时常会出现一定的角色冲突。另外，金牌战略、举国体制、职业化等也是这种互动下的社会适应。在一些体育活动中，活动内容之间的互动使它们在形态上相似而使迁移有了某种可能，可以说是活动的主体在其互动过程中对活动内容认识后的结果。不同的运动形态有其项群特征，表现出一定的相似性，如篮球与橄榄球运动方式之间的关系、橄榄球和足球的关系、乒乓球与网球"同宗同源"的关系就体现了这种特点。

3. 选择性

竞技体育文化还具有选择性特征，这主要表现在竞技体育活动主体的选择活动。竞技体育活动的主体在选择上，实际上是人与体育活动双向选择的过程和结果，不同的社会角色从事体育活动有其选择，从另一个角度来说是活动内容对不同角色的选择。这种选择是以活动内容、活动主体和社会角色等为依据而确定的。通常情况下，一般大众很少能接触到诸如高尔夫球或一级方程式赛车等运动，这主要是因为参与这些运动的准备条件较多，一般大众很少能担负起构建这些条件的资金。

由于竞技体育活动主体角色的特殊性，竞技体育活动内容的选择性既取决于内容本身，也取决于主体角色，竞技体育运动员选择的活动内容在形式上体现出高度的专门性，当然有些运动员也具有全面地参与其他运动项目的能力，如飞人乔丹既是篮球高手，同时也是棒球高手。不过这种"兼容"更多地出现在同类运动当中，如有的田径运动员主攻短跑项目，但同时兼顾参加跳远项目等。

在确定竞技体育活动的主体、内容后，与之相适应的是活动方式的选择性。需要指出的是，尽管可能会出现不同社会角色进行同一活动内容，但是活动方式在数量和质量上仍然具有明显差异。对于球类运动而言，运动员的活动方式与大学生参与的体育运动完全不同，尽管大学生参与的体育运动也有一定的竞争、竞技性成分，但是反映这些竞争性、竞技性的方式与过程却是不同的，这与竞技体育运动之间存在明显的差别。

（三）竞技体育文化发展的意义

1. 竞技体育文化对人本和谐的构建

人自身多种功能的协调与良好融合是人本和谐的主要表现，如人的身体健康、心理状态良好、社会适应能力较强，具有正确的人生观、价值观和世界观。此外，人与自然、社会的和谐也是人本和谐的内容。

竞技体育文化对人本和谐的塑造主要体现追求人身心发展的一致性上。其实早在几千年前的古希腊人的思想中就已经存在这种理念了，考古学家曾经在希腊一处峭壁上发现了一句古老的希腊格言："如果你想强壮，跑步吧！如果你想健美，跑步吧！如果你想聪明，跑步吧！"可见古希腊人对体育的热爱以及他们很早就充分认识到健全的精神寓于健全的体魄之中，而且这种对体育运动的意愿远不仅仅是热爱那么简单，他们甚至早已将这种理念融入民族的血液之中并一直流传下来。

时至近代，现代奥林匹克运动之父顾拜旦在其著名的《体育颂》中热情洋溢地礼赞："啊，体育，你就是美丽！你塑造的人体，变得高尚还是卑鄙，要看它是被可耻的欲望引向堕落，还是由健康的力量悉心培育；没有匀称协调，便谈不上什么美丽。你的作用无与伦比，可使二者和谐统一。"顾拜旦以诗一般的语言肯定了竞技体育既塑造美丽的人体，也塑造美丽的心灵，并使二者达到和谐统一。

2. 竞技体育文化对人与自然和谐的构建

人类社会要想平稳、快速地发展，就必须对人与自然之间的关系予以重视，促进人与自然的和谐发展。人与自然的和谐是指既关注人类，又关注自然，实现人与自然携手，生物与非生物共进，过去与现在统一，现在与未来的对话，时间与空间协调。竞技体育与人类任何活动一样，必须依附于一定的自然环境，否则，它就无法存在和发展。竞技体育的可持续性发展离不开对自然环境的利用，同时也要在发展的同时保护自然环境，二者必须协调统一。

关于人与自然和谐发展的重要性，近年来已经有越来越多的人认识到在体育发展与保护自然环境中寻找平衡点非常重要且紧迫。我国成功举办北京奥运会后，"绿色奥运"的理念深入人心，对人与自然的和谐发展起到了重要的宣传与推动作用。现代竞技体育中蕴含的"绿色"理念的深层含义在于体育与自然环境的共生与相互关怀，在于体育在促进人与自然环境的和谐发展中所起的重要作用，体现的是人类在竞技体育中对大自然的关怀与人道主义精神。从这一层面上说，竞技体育文化中所蕴藏和弘扬的"绿色体育""绿色奥运"等理念在很大程度上促进了人与自然的和谐发展。

3. 竞技体育文化对人际关系的构建

人际关系的和谐包括主要是人与人之间处于一种公平、公正的关系中，是在这种关系中每个人享有的权利与义务相同，没有人可以获得特殊化的对待，而且在整体上没有根本性的利益冲突，即便个体之间难免发生某种冲突，在经过沟通和交流后仍旧能达到相互激励、相互促进的人际互动的社会构想。

竞技体育能够顺利发展，根本在于尊重客观和奉行公平、公正的原则，公平捍卫了体育竞赛的秩序与和谐，公平、公正的原则要求竞赛各方在规则面前人人平等。在这一原则下，人或国家的权势和财富被摒弃在竞赛场之外，在场上对阵的双方不论国籍、社会地位和财产，运动员们只以他们的体力和技能参与角逐，比赛判定胜负的唯一标准是运动员在运动场上的成绩。正如《体育颂》中对体育的赞颂："啊，体育，你就是正义！你体现了在生活中追求不到的公平合理，……取得成功的关键，只能是体力与精神融为一体。"这说明了竞技体育中的人与人之间的平等与和谐的关系，在竞技体育中，利益的分配有章可循有则可依，竞技场上的竞争异常激烈，但都是在一个相对公平的环境下进行的，可以说没有任何一个场合能与之相比。因此说，竞技体育中蕴藏的这种文化内涵对构建人与人之间的和谐具有重要的影响和作用。如果违背了这种规则，那么竞技体育将会停滞不前，甚至会倒退，如 20 世纪 80 年代，兴奋剂大量使用在运动员身上，除此之外，政治对体育的影响使许多国家抵制在那个年代举办的奥运会等。这些打破和谐的因素无疑会制约竞技体育的发展。

4. 竞技体育文化对国际社会关系和谐的构建

古希腊时期举办的奥运会富有非常丰富的文化特点，奥运会是祭祀活动的一个组成部分。因此，为了保持奥运会的神圣感，古希腊各城邦通过协调约定了在奥运会举办期间任何城邦不能发动战争，这就是所谓的"神圣休战"约定。通过这项约定可以看出竞技体育的古老渊源中已经开始显现出了各个政治主体之间和平、友好的基因，至少是拥有这种基因的趋势和意识。在文明社会里，竞技体育可以以有效而安全的方式转移和宣泄人本性中的暴力和攻击性的本能。竞技体育运动中蕴藏的丰富文化内涵，不仅将攻击性引向有益渠道，而且促进各个国家相互了解，促进民族文化相互交流，促进人类和谐共处。

第二节 竞技体育与大学育人

一、运动教学育人

运动教学育人是把与运动教学有关育人的理论寓于运动教学过程中的竞技教育。运动教学育人不是一个孤立的教育过程。在传统运动教学中，往往只重视技术教学，忽视育人，这不利于培养有运动个性的、全面发展的运动人才。

（一）转变教学思想

1. 教学中心由技术转向人

传统的运动教学以提高运动技术水平为中心，虽然培养了一批竞技水平高的运动后备人才，但是，这些后备人才的综合素质并不高。当前，国内教育改革提出了从以知识为中心向以人为中心转变的教学思想；教育方式也从"应试教育"向"素质教育"转变。因此，竞技教育的教学思想也必须从以提高运动技术水平为中心，向以促进全面发展为中心转变。把提高运动技术水平，作为促进人的全面发展的载体，努力让学生处理好学会做人与学好技术的关系，这是一项重大的课题。需要注意的是，强调运动教学"以人为本"，并非忽略运动知识技能的教学，而是强调在运动技术教学中要潜移默化地教育人，这一点非常重要。

2. 教学的主要矛盾由"教"转向"学"

传统运动教学中，教师如何"教"一直都是一个十分重要的问题，但却很少研究学生"学"的问题。这直接制约了运动教学的发展和学生的全面发展。若教得好，学得也好，运动教学的效果会更好；如果教得不理想，学得好，尚可理解；反之，是不可取的。所以，"学"是运动教学的主要矛盾。当前国内教育改革提出的让学生"学会学习"（培养学生获取知识的能力比单纯传递知识更重要）、"学会做人"和"学会做事"的呼声越来越高。因此，在运动教学过程中，教师应"教会"运动员如何学习、做事、做人，学生应"学会"如何学习、做事、做人，这是我国竞技人才后备队伍从"体能型"向"智体型"转变的重要措施。

（二）运动教学育人的内容体系

运动教学育人的内容体系包括理性育人和兴趣育人。

1. 理性育人

运动教学的理性育人是指把传授运动理性知识与育人相结合的教育方式。以往的运动教学突出了运动技能的实践教学，忽略将其与运动专业的理论及提高运动员做人素质的教育有机地结合起来进行多方位的育人。

运动教学的理论教学改革，首先，要把专项的人文教育与实践教学结合起来。例如，足球专项理论教学要讲巴西贝利做人的情怀和中国容志行的人文精神；排球要讲中国"女排精神"；乒乓球和体操要讲中国乒乓球队和中国体操队制胜的人文精神，以此教育学生学会做人、学会竞技。

其次，在重视专项运动理论教学的同时，还要加强对学生运动队伍基本素质的教育，包括政治素质、文化素质、身心素质和就业素质等。提高其基本素质可以为其今后"做人、竞技、就业"打好基础。

2. 兴趣育人

运动教学的兴趣育人是指在运动教学中，把培养学生的学习兴趣与掌握技术有机结合起来进行育人的方式。青少年后备人才高超的运动技术是在枯燥的教学与训练中千锤百炼而形成的。所以，在长期的、艰苦的运动教学中培养学生的学习兴趣十分重要。如果学生在没有兴趣的条件下完全靠毅力来学习是很难的。在兴趣的驱使下，即使学习起来有困难，也能坚持完成。因为毅力受辖于"超我"，要靠外在的要求支配内在力量，它需要调动相当大的心理能量来维持。所以，毅力的生成和维系都是较困难的。然而，兴趣受辖于"本我"，是带有一种自然和原始色彩的内在力量，故有强烈的冲动性以及亟待满足的驱动性。因而，兴趣对于完成一项工作比毅力有着更大的爆发力和推动作用。然而，兴趣正因其源头是人的内部心理需求，所以，断了源就没有能量了，而毅力因源头是人们的外在的心理需求，可不断从外部输入能量，因此毅力比兴趣的持续性更大。这也是人们为什么会重毅力而忽略兴趣的主要原因。但是，值得我们注意的是，当兴趣处于持续不间断的状态时，兴趣对成功的贡献要远远超过毅力。因为毅力是"苦在其中"，兴趣是"乐在其中"。因此，在运动教学中，在培养学生毅力的同时，要注重培养学生的学习兴趣。

（三）运动教学育人的方法

运动教学的育人法是在教学过程中，教练员潜移默化地把教技术和育人有机结合起来的育人方法。其特点是把授技和育人结合起来，即把运动技术教学作为育人的载体。运动教学的育人法主要有以下两种：

1. 讨论法

教学课后，师生通过讨论有关教学中遇到的问题，让学生充分发表自己的意见，培养其民主意识。这样，真正把教授技术和育人结合起来，以此克服以往"空洞"的政治说教的不足。运用讨论法时需注意以下两点。

首先，在讨论前，教师应有准备，要积极引导学生发表个人意见，同时也应正确对待他人的不同意见，使讨论能够在民主和谐的气氛中进行，从而培养师生的民主意识。

其次，在讨论后，教师要有小结，要肯定正确的意见，引导不足的地方，使以后的讨论能够在和谐的氛围中进行。

2. 互助法

互助法是教师主动为学生设计的通过他们之间相互帮助才能完成动作的学习方法。其方法既有利于纠正错误动作和完成高难度动作，又有利于培养学生团结协作的意识。运用互助法应注意以下两个问题。

第一，要把握好时机。

第二，注意安全。通过帮助保护完成高难技术动作，要十分注意避免伤害事故的发生。

二、运动训练育人

运动训练育人是将与运动训练有关的育人理论和措施寓于训练全过程中的竞技教育。过去,人们认为提高运动成绩是运动训练的核心,这个观点比较片面。提高运动技术水平和运动成绩是在运动训练过程中产生的现象,而真正决定二者提高的是从事运动的人的发展。如果人的综合素质得到提高了,那么其运动成绩才有可能得到长期、稳定的提高。因此,在运动训练过程中,对待育人与授技应一视同仁,不能偏重一方而忽视另一方。

(一)运动训练育人的特点

运动训练中的育人既与过去的政治说教不同,也不能与德育完全等同,其有自身的特点。

1. 寓教于训

运动训练的育人过程不是一个完全独立的过程,它是将做人的教育寓于运动训练整个过程之中的潜移默化的教育活动。

2. 民主育人

现代运动训练绝不像过去那样把运动员视为单向接受运动刺激的客体。科学、民主的运动训练倡导教练员和运动员双向交流、坦诚相见,共同解决问题。

3. 管教结合

许多高水平的教练员认为,运动队育人的主要特征是半军事化的管理和民主教育方式的结合。因为运动训练长期而艰苦,这就决定了必须采取严格的、管教结合的方式来育人。

(二)运动训练育人的内容

1. 教练员的自我完善

高水平的教练员主要有两种类型,一是智能型的,如国家游泳队的教练员不但文化层次高,专业理论水平和思想境界也较高,更重要的是他们有深刻认识自己、正确认识队员以及自我完善的能力。二是体能型的,这种类型的教练员、文化水准较低,但有着很强的运动技能和技术训练指导能力。然而,因为文化程度所限,他们的自我认识、自我改造能力受到了限制。但这部分人往往在还没有完全能解放自己的前提下,就想"高超"地解放别人,这是很难的。因此,要提高运动队伍的整体水平,需努力提高教练员的文化水准和专业素质以及思想道德素质,以便其不断认识自己、改造自己、完善自己，进而对高素质的运动员进行培养。实践证明，一个高水平的教练员必须要具备能力本位的意识、育苗意识、言传身教意识和创新意识四种意识。

2. 运动员的自我完善

运动员自我完善的核心是在自我认识的基础上进行自我完善。自我认识包括对自身自然属性和社会属性的认识。人虽然是自然界大家族的成员，但最遗憾的是，近代人类误用理性、盲目地运用科学技术改造自然、破坏自然，去满足自己无限制的物欲。结果，由于环境污染、生态平衡的破坏等，人类自身也遭到了破坏。于是，现代人开始限制向自然索取资源和破坏自然的速度，以求社会沿着健康、持续、稳定的"绿色之路"发展。目前，国内外许多优秀运动员虽然在少儿时期通过大量运动训练，运动成绩很快得到了提高，但是，因为他们发育尚未成熟的器官长期过早地受到过于强烈的大负荷刺激，而导致他们早衰。

运动员对自身社会属性的认识，主要是指他们要充分认识人的本质是一切社会关系的总和。具体说，人是自然与社会、心理与文化的统一。运动员不是生存在真空中或独立于运动场中的"特殊公民"，而是生活在社会群体中的个体。人通过"文化"体现了他的本质，与动物有了区别。因此，生活在社会群体中的个体必须要通过文化改变人，并以各种措施对各种人际关系进行协调，以促进个体和整体生存和发展环境的优化。这是决定运动员发展的一个重要环节。

第三节　学校竞技体育与大学体育文化的互动发展

一、学校竞技体育与大学体育文化在物质层面上的互动发展

（一）学校竞技体育的开展促进了大学体育物质文化的发展

1. 体育场馆增加了大学体育文化的物质基础

体育场馆设施是学校竞技体育开展的基本保障，没有良好的体育场馆设施，竞技体育活动很难开展。现代运动训练实践表明，先进的训练设施、完善的器械设备、专项化的训练手段是现代运动训练所必需的，同时也是获取训练效果、保证运动成绩的一个必备条件。因此，学校开展竞技体育首先要考虑训练及竞赛所需的体育场馆设施能否得到良好的供应。

学校体育的发展现状直接从该校的体育设施建设状况中反映出来。近年来各级学校

注重建设体育馆，体育馆的建设需要财力支持，体育馆的增加说明学校非常重视大学体育的发展体育场馆的增加一方面是可以满足学校体育教学的需要，另一方面也能够满足学校体育竞赛发展的需要，同时也是学校树立品牌、提高竞争力的需要。

2. 竞技体育的赛场象征性文化促进了大学体育文化的丰富

有这样一种文化现象，它们介于物质文化和非物质文化之间，但无法将其准确归纳入其中一种中去，如某些团体的旗帜、徽标、口号，某些具有暗示、纪念、象征意义的建筑、工艺及手工制品等，我们将这类文化称为象征性文化。一所学校的体育象征性文化体现着其整体的体育运动形象，这种文化包括了我们所能看到的队旗、徽章、吉祥物、代表色等，还包含了代表队所拥有的昵称、队歌、赛场口号等。学校竞技体育的发展要想创造出自己的品牌，彰显大学体育文化的特色，就必须注重以品牌文化作为自身发展的理念，在旗帜、吉祥物等设计方面体现出大学生团结协作、积极进取、敢于创新的精神风貌。

目前，我国学校竞技体育还没有形成品牌化发展道路，除大超联赛和 CUBA 发展初具规模化以外，其他项目因为各种因素的影响目前仍处于初级发展阶段。通过调查我国部分大学发现，一部分大学并没有队徽、队歌等象征性文化，有的大学甚至没有自己的主色调，这说明大学竞技体育文化建设不够完善，学校的体育特色还没有凸显，这使竞技体育与大学体育的有机结合受到了阻碍，导致竞技体育在学校中基础薄弱。

（二）大学体育物质文化为开展学校竞技体育营造氛围

作为校园中的一个个体，学生对校园生活环境必然会有所需求，通常学生的这种心理需求有基础类和高级类两种类型。基础的心理活动包括感知觉、记忆、认知、判断等，高级的心理活动主要包括个人的心境、情绪、意志以及审美等。

在学校各种设施中，图书馆和体育馆一般来说是学生利用率最高的设施，由此我们可以看出学校体育场馆大大影响了学生的个人行为。通常一般学生对于体育场馆最直接的印象就是外观形状，调查发现，大部分学生认为学校的体育场馆较普通，没有给其留下太大的印象；只有少数学生认为本校体育场馆有创意。这说明学校在体育场馆设计方面存在不足，缺乏有创意的场馆，不能够吸引学生的目光和调动学生的积极性。

体育场馆周围的"拼瓷"运动墙画，竖立在校园里的体育名人雕塑，以及让学生及时了解体育竞赛等信息的海报、宣传栏、电子屏等，这些体育设施不管在其自身内容还是由此延伸出的文化内涵，都可以对学生思想、心理和行为产生一定的影响，具有良好的教育、熏陶和启迪作用。

二、学校竞技体育与大学体育文化在精神层面上的互动发展

（一）学校竞技体育对大学体育精神文化的影响

文化主要分物质文化、精神文化和制度文化三个层次。在这三个层次当中，精神文化是核心，其以价值为灵魂，而一个人的价值观又是其行为的出发点，行为同样也是价值观的外在体现。由此我们得出，决定人的行为的不是物质文化，也不是制度文化，而是精神文化。

1. 竞技体育的精神价值

学校竞技体育对于学生的教育主要表现在爱国主义、集体主义、体育精神的传播以及学校精神的宣传四个方面，学生对竞技体育的认识水平越高，就越能够为竞技体育活动的开展奠定良好的基础。

在观看大型比赛时，首先会演奏国歌，升国旗，这对于运动员和观众来说都是一次良好的爱国主义教育。学生运动员在这种环境下所受到的教育意义会更大，尤其是当他们走向世界，在异国他乡的领奖台上奏响国歌，他们荣誉感与使命感油然而生，培养了学生运动员为国争光的精神，这种精神也会慢慢转移到普通学生身上，他们也为这种体育精神而感到振奋，这种体育精神则成为学生不断前进的动力。

2. 竞技体育的开展效应

奥林匹克运动中"更快、更高、更强"的格言是运动员体育生涯中不灭的意志，它时刻激励运动员奋发向上、敢于超越，不断追求更高的目标，不断克服艰难险阻，用辛勤的汗水去获取一次次的超越。而这种精神同样时刻熏陶着周围的每个人，给人以不抛弃、不放弃的人生启迪。奥林匹克精神是一种相互理解、友谊、团结、公平竞争的精神。学校开展竞技体育对于学生树立和培养健全的人格有重要的作用，学生通过观看大学竞技比赛，用心体会赛场上运动员所体现出的体育精神，不仅能够提高体育兴趣，促进人际交流，还能够使其树立新的体育态度，改变其精神面貌，使其心理素质水平不断提高和完善。

（二）大学体育精神文化对学校竞技体育的影响

大学体育精神文化的形成需要经过长时间的酝酿，是在各种条件都具备的情况下慢慢形成的，而且一旦形成将会长时间潜移默化地影响校园的各种事物。精神和思想是人的行为的根本出发点，它的好与不好将直接影响到人这个主体的行为结果。如果大学体育精神文化有良好的建设和发展，那么就说明作为校园主体的人在体育情感、体育观念、体育思想等方面有良好的发展，而且这种精神的直接体现就表现在校园人的行为方

面，这所学校的大学体育活动也会有良好的开展。

大学体育精神直接影响校园人的体育价值观、体育思想、体育行为，校园是社会各种人才的聚集地，大学体育能够帮助他们树立正确的体育价值观，尤其是学校的领导，他们的思想及观念将直接对学校体育的发展起到主导作用，大学体育精神文化的形成可以使学校领导对学校体育的发展更加重视，学校竞技体育作为大学体育的重要组成部分，必定会受到重视，而且学校竞技体育作为学校体育发展的排头兵，可直接推动整个学校的发展。学校竞技体育的良好发展可以为学校获得荣誉，为学校发展起到积极的推广作用，而且还可以形成自身的校园特色，为学生的学习生活增色添彩。

三、学校竞技体育与大学体育文化在制度、行为层面的互动发展

（一）学校竞技体育与大学体育制度文化

建立健全大学体育制度非常重要。一方面，它所面对的大都是尚未进入社会的在校学生，一个健全的规章制度可以有效约束学生的个人行为，使其养成规范的个人行为，并且对他们的情感、智力、人生观、价值观等起到很好的指导作用；另一方面，完善大学体育制度文化，可以使学校的各项体育工作更加具有计划性、合理性，处理和解决问题时能够有规可依，同时可以避免因过分盲目而造成工作效率低下。

我国各大学基本遵守国家下发的成文规章制度，但是大部分大学没有根据自身发展现状制定适合自身发展的制度，以确保大学各种体育竞赛工作的有序进行。因此，学校应不断完善大学体育制度，使大学体育向着规范化、制度化的方向发展与进步。

（二）学校竞技体育与大学体育行为文化

学校竞技体育通过各种赛事从各方面对大学体育文化的行为产生影响，赛事影响力、运动员的榜样性等都会从不同的细微方面影响大学体育行为。因为学校的高水平运动员代表着学校竞技体育的水平，他们通过自身的行为不断传递和推广学校竞技体育的功能，对大学体育的行为产生直接作用。高水平运动员通过与校园内各个不同群体之间的交流，可以改变一些人的体育观念、提高他们自身的技术水平，使更多的人群参与到体育活动中来，从而对周围人群产生行为上的影响。

四、学校竞技体育与大学体育文化的整体性协调发展

学校竞技体育是大学体育的重要组成部分，竞技体育的发展能够促进独具特色的大学体育文化的形成，促进大学体育文化的发展。大学体育文化建设是学校文化建设的重

要组成部分，不仅能对学生具有"显性"教育作用，而且还具有"潜移默化"的"隐性"教育作用。学校竞技体育与大学体育文化两者之间良性的互动、互促，不仅能够促进二者的发展，而且对整个校园文化，对在校的每个学生都有积极作用。学校体育不仅仅是技能的传授，更重要的是促进学生体育价值观、人生价值观的形成。调查发现，当前我国各级学校竞技体育与大学体育文化之间并没有形成有效的互动关系，这在某种程度上制约了二者的发展。

（一）学校竞技体育对大学体育文化建设的积极影响

围绕学校竞技体育的开展，可通过以下三个方面对大学体育文化建设产生积极影响。

①学校竞技体育是我国竞技体育未来发展的一个重要趋势，这是一个慢慢转化的过程，竞技体育能在学校中开展，首先就得具备相应的物质条件，这是基础保障，而体育场馆则是这些基础条件中的首要条件。在学校内修建体育场馆设施不仅能够使高水平训练的需要得到满足，而且有利于促进体育教学、体育科研以及课余体育活动的发展，也极大地丰富了大学体育物质基础，美化了大学体育环境。

②学校竞技体育的开展必须要有相关的规章制度，如运动队从招生、训练到比赛都有相应的制度，还有教练员的管理等，这些规章制度对建设和完善大学体育制度文化具有重要的意义。

③学校竞技体育与学校的一般课余体育不同，它具有学校体育所缺少的特性。竞技体育的竞争性很强，在比赛的过程中运动员所表现出来的团结协作、不放弃精神，深深感染身边的观众，使他们养成正确的人生观、价值观，并且在校园内也会形成良好的体育文化氛围。

（二）大学体育文化建设对学校竞技体育发展的积极影响

大学体育文化包含物质文化、精神文化和行为制度文化，大学体育文化的建设主要从这三个方面展开，在建设过程中，它的各个方面都会相应地影响学校竞技体育的发展。

①学校体育场馆、设施、体育标识是大学体育物质文化的重要内容，它的发展会对学校竞技体育产生直接影响。其中，体育场馆的构建都受到学校的高度重视，从外观设计到其综合利用价值都会考虑在内，有些学校的场馆建筑已经成为师生津津乐道的标志性建筑物，所有这些物质基础的建设为学校竞技体育的开展提供了基本物质保障。

②大学体育制度是校内各种体育行为和体育事务实施和开展的基本准则。相关的体

育制度能够对校园内的各种主体行为进行规范和约束，保障各项体育事务有序进行。学校竞技体育的开展离不开这些体育规章制度，运动员招生、教练员聘用、训练竞赛奖惩等都需要参考相应的规章制度，所以大学体育制度文化的建设与完善有力保障了竞技体育在学校的开展。

③大学体育精神文化是整个校园文化的核心部分，它的形成需要一个漫长过程，而且一旦形成将会长期存在。大学体育精神以体育价值观为灵魂，而体育行为是体育价值观最直接的表现形式。良好的体育精神能够使学生不断受到激励，敢于拼搏，从而培养其团结协作的精神，这对竞技比赛产生了很好的导向作用。

第四节　大学体育竞技人才培养模式构建

一、"体教结合"的概念

（一）"体教结合"的定义

"体教结合"是新时期在"以人为本"的科学发展观指导下，体育部门和教育部门共同培养全面发展的高素质竞技体育人才而建立的和谐体系。"体教结合"是牵动我国体育体制和教育体制改革的战略性问题，是竞技体育发展和教育改革进程中的阶段性产物，是现阶段根据中国体育与教育行政机构分置的国情而构建的关于我国高水平竞技体育人才培养的新理念。要求教育和体育部门在结合的时候，以科学发展观为视角，以人的全面发展为前提，在行政上分工合作，在形式上灵活多样，在结构上相互依存，在资源上相互补充，构筑在政府宏观调控下，教育部门管理运动员文化学习和部分运动训练，体育部门管理运动竞赛和体育俱乐部，在广泛开展社区（学校）、群众性体育竞赛的基础上发展竞技体育，实现以体教两家为主体，社会、企业、市场多方打造的纵贯小学、中学、大学，横跨学校、社区俱乐部运动训练与竞赛的高水平竞技体育人才培养的和谐体系。

（二）"体教结合"的内涵

1. 体育管理部门与教育管理部门的结合

"体"指政府中的体育管理部门；"教"指政府中的教育管理部门。体教结合是针对各级政府中体育和教育部门来说的，它们之间优势互补、强强联合，基于共同的育人目标，实现两个部门之间的结合。体育和教育部门共同的责任是将优秀的体育人才培养出来，教育部门具备文化和人才资源等优势，而体育部门的优势则是具有专业教练和训练经验，两者有效结合可以将自身的优势都发挥出来，一方面对普及学校体育起到一定的推动作用，另一方面对选拔培养竞技后备人才也具有一定的帮助。在 2005 年上海市体教结合工作会议上，上海市前副市长应勇认为，体教结合是把教育和体育部门的科学方法都充分体现出来，把体育和教育之间相互依赖、相互塑造的关系弄清楚，实现体教的高度结合，这是我国实施和贯彻党的教育方针，培养全面发展高素质运动人才的有效措施。

2. 体育运动与学校的结合

"体"指体育运动；"教"指各类教育机构、学校。一直以来，体育和教育的关系非常密切，体育是教育的重要内容与手段，对教育可持续发展起到重要作用，在教育体系中融入人才培养，让它们相互融合，对体育人才提升专项理论水平、人文素质、文化水平起到一定的促进作用，为获得优秀的成绩打下了坚实的理论基础，同时也为运动员的可持续发展奠定了基础。竞技和大众体育以美国学校体育为基础，是因为它坚持将竞技与教育融为一体的指导思想，将体育运动看作必备的教育手段，对全体青少年进行教育。教育界和体育界应该在观念上有所转变，统一思想，同时对体育在教育中所处的特殊地位与作用也要有所认识，让学校成为人才培养的"基地"，顺应时代发展，培养全面发展的人。

3. 运动员训练与文化教育的结合

"体"是指运动训练；"教"是指文化教育。运动训练和文化教育，运动员都要接受，它们两者是同等重要的。通过对优秀运动员的资料研究发现，他们的体能开发和技术掌握程度取决于文化素质，因而文化素质也对运动水平有一定的影响，文化素质高便能更充分地把体能潜力挖掘出来，也能快速提升运动水平，进而使竞技成绩有所提升。[①]简单来说，体能的开发是有限的，而智能的开发则是无限的，运动训练的主要手段便是用开发智能来促进体能的发展。体教结合便是将"智能型"运动员培养出来，以取代以往的"体能型"运动员，让他们接受正规教育，学习文化知识，把单纯的体能潜能的挖掘在教学中所占的比例降低，并对运动员的智能发展给予高度重视，从而培养"智能型"体育人才。

4. 学校人文精神与奥运精神的结合

学生是学校管理的对象，育人成才是学校的根本职能，要培养学生努力、拼搏、向上的精神以及勇于创新、敢于竞争、吃苦耐劳的优良品质。可以说，奥运精神是体育的

---

① 潘前，陈伟霖，陈榕. 竞技回归教育完善举国体制［J］. 体育学刊，2004（2）：18-20.

灵魂，虽然"更快、更高、更强"只有六个字，但是却是所有人从事运动的目标和方向，而且在竞技运动中勇于斗争的精神，能给予人们一定的鼓励，让人们在生活和工作中奋发向上、积极进取、超越自我、挑战自我。《奥林匹克宪章》中指出："奥林匹克主义是增强体质、意志和精神，并使之全面发展的一种生活哲学。"其核心思想是追求身心和谐发展。体教结合不但提供给运动员接受正规教育的机会，让他们进入更好的学习环境，学习更多的知识，还要培养他们努力、拼搏、向上的精神以及勇于竞争的品质；让普通学生更好地体会体育运动中顽强拼搏的精神，并应用到工作和学习中，以更好地实现自身价值，为开展体育学习提供机会，让体质比较差的学生可以在良好的运动氛围中进行体育锻炼，养成锻炼的习惯以及终身体育意识，进而增强体质，以学习好文化知识。体教结合主要是"以人为本"，把适合高水平竞技体育人才成长以及淘汰人员分流去处的培养体系设计出来，进而把优秀的社会主义建设者以及接班人培养出来。

二、"体教结合"的产生与发展

（一）体教结合的产生

体教结合是体育系统与教育系统相结合，以学校为依托，既遵循教育规律又保证系统的运动训练，使运动员接受系统文化教育的新型培养体制。体教结合在培养体育人才方面，可以把体育与教育两个系统的优势结合起来，实现优势互补、义务共尽、责任共担、成果共享。教育部门具有文化教育、思想教育、生源、学校管理等优势；体育部门具有技术、教练、组织训练和竞赛、体育设施等优势，两者强强联合，优势互补，使运动员能够接受正规的教育，更有利于运动员的成长。

1987年4月，国家教委（现教育部）发布了《关于部分普通高等院校试行招收高水平运动员工作的通知》的文件，首次确定了51所招收高水平学生运动员的试点学校，为运动员接受正规的教育提供了一条"绿色通道"。1993年国家体委（现国家体育总局）在发布的《关于优秀运动队文化教育工作深化改革的意见》中指出："逐步建立学历教育与非学历教育并存，基础教育、职业教育、成人教育、高等教育统筹安排，多形式、多层次、多规格的办学体系。"这更加明确了运动员的培养目标，使运动员退役后能更好地适应社会。1995年国家教委（现教育部）下发《关于部分普通高等院校试办高水平运动队的通知》，标志着"体教结合"进入了实质性操作阶段，清华跳水队、射击队和上海大学男子排球队率先成立。2000年12月，国家体育总局在《2001—2010年体育改革与发展纲要》中指出："改善业余训练条件，坚持走体教结合的道路，继续发挥各地体育运动学校在培养高水平后备人才方面的作用，积极推动其与各地的高等院校结合，提高办学效益。"。2004 年 10 月，教育部出台新的运动员招生方法以后，全国大学掀起新一轮申办高水平运动队的热潮。2006 年在《体育事业"十一五"规划》中强调："将充分利用体育系统外的教育资源，鼓励、支持运动队与地方教育部门及各级各类学校通过各种形式合作办学或开展共建。"目前全国已有超过 200 多所大学有高水平运动队，使学校参与到体育人才的培养过程中，让运动员在训练的同时接受必要的文化教育。

（二）体教结合的发展

1. 中学办二线队

2000 年之前只在部分高等院校开展了体教结合工作，且招收的多是一些退役运动员。2000 年以来，某些省市在普通中学试办二线运动队，成为"体教结合"的又一重大举措。

2. 省队校办

省队校办是本省内的一些一线运动队由高校负责承办，负责运动队的训练、文化教育等事项，是目前出现的一种新型的体教结合形式。走在体教结合前沿的省市有上海、江苏等已经在大学培养本省的一线队，如江苏省体育局和南京工业大学合办的江苏省女子垒球队。这种新模式可以使运动员接受正规的大学教育，消除了家长和运动员的后顾之忧，同样，通过办队，学校扩大了影响，体育局节省了开支，可谓共赢。

（三）体教结合的基础

1. 体教结合的理论基础

（1）教育学基础

教育的基本问题是教育同社会发展以及教育同个人发展的关系，即"社会—教育—人"的循环链。社会要把每个人培养成合格的社会成员，最有效的手段是教育；而个人要适应社会的发展，唯一的途径也是教育，教育是社会生存和延续的纽带。联合国教科文组织在《学会生存》中指出："教育不但能改造人，而且也能通过改造人去改造社会。"。现代竞技体育由于受到过度商业化、职业化和滥用兴奋剂的干扰，只注重挖掘运动员的体能，忽视了智能的发展，使许多运动员成了金牌和物质利益的附属物，成为争夺金牌的机器。因此，有必要对运动员进行必要的文化教育，使之成为一个对社会有所贡献的人。

（2）生物学基础

生物学是研究生物的结构、功能、发生和发展规律的科学。可以肯定，生物学的理论是提高运动成绩的重要理论基础，但它绝不是唯一的理论基础。诺贝尔化学奖的获得者普里高津提出的耗散结构理论说明了教育对竞技运动的重大意义。人体自身就是一个复杂的系统，我们应注意平衡发展，不能特意强调某一方面突出发展，应注意保持系统的平衡。单纯搞生物性的训练，只能挖掘运动员的体能潜力，不能挖掘运动员的全部潜能，这背离了耗散结构理论，不利于人体的平衡发展。应重视运动员的生理、心理、社会三重属性的协调发展。体教结合在重视运动训练的同时，要求他们接受正规的文化教育，有利于培养协调发展的高水平运动人才。

2. 体教结合的现实基础

（1）体育与教育本是同宗同源

人类的体育与教育均起源于生产劳动，并为劳动服务。可以说人类最早萌生的"教育"就是"体育"，即传授劳动技术与身体教育。人们将自己在生产劳动中获得的基本知识、打猎时射杀的方法、宗教祭祀中的舞蹈技术、部落纷争时的格斗技巧等作为教育的内容传给后代，而这些教育的内容多与运动有关。可以说，人类早期的教育就是"体育"，体育与教育本是同宗同源。

（2）体育和教育部门都是育人机构

体育部门和教育部门都是育人机构，都担负着为祖国培养人才的重任。教育部门培养的是国家建设所需的各行各业的专业人才，学校可以说是培养人才的"基地"，并且学校具备培养人才所需的专业教师，还拥有相对健全的体育训练设施，而体育部门培养的是在竞技场上为国争光的体育人才。虽然教育部门和体育部门职能不同，但都是育人机构，都担负着为国家培养人才的重任。

（3）体育与教育有共同的任务

体育部门的主要任务是为国家培养优秀的体育人才，教育部门除了要完成必要的教育任务外，还肩负着为国家培养高水平运动人才的重任。体教结合可以很好地完成国家赋予体育部门和教育部门培养竞技人才的任务，为国家培养全面发展的"智能型"运动人才。

（4）体育与教育集中培养的时间大体相同

运动训练与教育两种活动都主要发生在青少年儿童时期，是运动员系统训练的最佳时间，也是接受文化教育的黄金阶段。学校有最为丰富的生源优势、文化教育优势和科研优势。两个部门要抓住这一特点，在保证系统文化教育的同时，开展业余训练，尽可能协调运动员的教育与训练。由于运动员系统训练的最佳时间也是接受文化教育的黄金阶段，我们不能单纯为了追求运动成绩而荒废了运动员的文化学习，而应该追求运动成绩与文化学习的"双丰收"，培养全面发展的"智能型"人才。因此，应对以往的"金字塔"人才培养模式做出调整，以适应市场经济发展需要，并要大力倡导体教结合人才培养模式，使体育运动实现可持续发展。

三、"体教结合"模式的特点

（一）教育与体育紧密地结合起来

1. 大学和中学的关系更加密切

学生运动员是体教结合培养的主体，大学高水平运动队的队员来自中学，因此在中学阶段要进行科学的训练和系统的学习，为进入大学打下坚实的基础。我国原有的体育一家垄断运动人才培养的局面因体教结合培养模式被打破，学校的师资、器材、场地等资源发挥出最大限度的优势，解决了运动员培养过程中的文化教育问题，节约了培养成本，真正实现了大学和中学的"无缝"对接。

2. 选拔和输送一体

从中小学生中选拔优秀体育人才，向大学高水平运动队输送，在培养过程中，要从长远出发，实行教练员负责制，由教练员为学生"量身定做"训练计划，重点是发展身体素质和专项运动技能，为将来进入大学高水平运动队，并使竞技能力达到"巅峰"做好准备。由于整体把握了一体化的培养过程，加之贯彻了科学的训练原则和方法，赢得了很大发展空间，避免了过早、过度训练导致学生在大学阶段"江郎才尽"。

3. 运动员具有双重身份

体教结合培养模式下的学生运动员，其首要身份是学生，完成学校规定的学习任务后，方可进入运动队训练。运动队也应把学生的学习成绩作为定期考核的项目之一，应做到首先是学生，其次才是运动员。对一些运动成绩突出而文化学习成绩较差者，应使其明白学习文化知识的重要性，也可以找专人对其补课，使其运动成绩和文化素质同时提高。

（二）体教结合的形式

1. 体育部门与教育部门合作

2020 年 9 月由国家体育总局和教育部联合印发《关于深化体教融合促进青少年健康发展意见》（以下简称《意见》）。《意见》包括八个方面 37 条措施，从保证锻炼时间、丰富活动形式、完善保障措施、健全考核机制等方面，对青少年体育教育工作进行了说明。从以往的体教结合到如今的"体教融合"，《意见》的出台给教育和体育两部门都带来非常大的震动。

在加强学校体育工作方面，《意见》要求树立健康第一的教育理念，面向全体学生，开齐开足体育课。开展丰富多彩的课余训练、竞赛活动，扩大校内、校际体育比赛覆盖面和参与度，组织冬夏令营等选拔性竞赛活动。大中小学校在广泛开展校内竞赛活动基础上建设学校代表队，参加区域内乃至全国联赛。支持大中小学校成立青少年体育俱乐部。加快体育高等院校建设，丰富完善体育教育体系建设。在体育高等院校建立足球、篮球、排球学院，探索在专科、本科层次设置独立的足球、篮球、排球学院。

《意见》要求完善青少年体育赛事体系，义务教育、高中和大学阶段学生体育赛事由教育、体育部门共同组织，拟订赛事计划，统一注册资格。职业化的青少年体育赛事由各单项协会主办、教育部学生体协配合。教育、体育部门为在校学生的运动水平等级认证制定统一标准并共同评定。

2. 社会或个人与教育部门合作

教育部门与社会联手在学校或校外成立单项体育俱乐部，也是体教结合的一种新形式。它的优越性在于面向社会，争取社会的支持，发挥社会资源优势，依靠社会力量来培养体育人才。这种形式在资金筹措、场地设备及就学等方面有较大优势，并且办学灵活性较强，为国家节省了开支。

3. 大学办高水平运动队

大学独立承办高水平运动队，并负责运动队的文化教育与训练工作。此形式解决了大学生运动员的训练和学习矛盾，还为今后的就业打下了良好的基础。1987年4月，国家教委（现教育部）发布了《关于部分普通高等学校试行招收高水平运动员工作的通知》，为一批退役优秀运动员打开了一扇进入大学学习文化知识的大门，一方面减轻了体育部门安置退役优秀运动员的压力，另一方面也满足了大学参与高水平体育竞赛，提升学校知名度的需要。退役的运动员进入大学学习专业知识，提高了综合能力，成为国家有用之才。但随后出现了运动队与大学共建的模式，专业运动员挂靠名牌大学，平时在省队或国家队训练，比赛时以学生身份代表该校参加。在这种模式下，专业运动员所受的大学教育显然并不完整，运动员最后即使拿到了专业文凭也往往觉得底气不足，依靠自己的专业就业的前景并不乐观。随着大学思想的转变以及国家政策的放开，一些大学开始直接招收现役运动员，包括体工队青年运动员，开始自主培养高水平运动员。大学实行学分制，上课时间灵活，自办高水平运动队是当前体教结合的主要形式之一。

4. 体育院校中开展高水平运动训练

体育院校独立承办高水平运动训练，并负责运动队的文化教育工作，这一形式主要是针对我国各级各类体育院校而言的。在北京、上海、南京等体育院校首先开始兴办，学制从小学一年级到高三，高中毕业后可参加全国运动训练专业的单独招生考试，学习和运动训练合格者再进入体育院校学习。这种形式的优越性在于它具有从小学到大学的长学制，有利于运动员系统地学习文化知识，在提高运动成绩的同时能取得一定的学历。体育院校中开展体教结合最为成功的应是"学校、科研所、优秀运动队三位一体"的"南体模式"。南京体育学院将高水平运动队及体育科研所都办在学校内，培养从小学到大学本科、研究生多个学历层次人才。在运动训练方面，形成了 6 ~ 30 岁的竞技体育一、二、三线"一条龙"训练体系。运动员安排固定时间上文化课，同时保证系统的专项训练，较好地解决了"学"与"训"的矛盾。

四、"体教结合"的意义

（一）对竞技体育的意义

中华人民共和国成立后，我国一直沿用苏联的体育部门垄断培养运动员的体制，忽视运动员的文化教育，缺少优秀的文化课教师，缺少必要的学习环境，培养出来的体育人才很难适应激烈的社会竞争。随着科技在体育运动中作用的不断增强，运动员也需要具备必要的文化知识来更好地理解运动的内涵，以实现运动成绩的增长。以往我国实行的"金字塔"培养模式由于忽视运动员的文化教育，导致运动员只掌握了单一的运动技能，综合素质欠缺，就业难度较大，大批退役运动员滞留于运动队，给运动队的正常"新陈代谢"带来了很大压力，也给国家体育事业的进步和社会的和谐发展带来了很大阻力，且运动队的"出口"不畅影响到"入口"，全国各地的体校招生困难。在市场经济下，各企事业单位需要的是全面发展的复合型人才，只掌握单一技能的运动员在退役后很难找到适合的岗位。计划经济下形成的"金字塔"培养模式很难适应市场经济发展的需要，运动员退役后仍然要进入市场，接受市场的选择，与接受过高等教育的高才生竞争，只掌握了单一技能的运动员肯定处于劣势。为使运动员退役后在社会竞争中处于有利地位，必然要对运动员进行必要的文化教育，"体教结合是一种有益的改革尝试，它冲破了计划经济固定模式，探索与市场经济体制相适应的培养模式，对体育体制改革具有深远意义。"[①] 而学校有广阔的生源、良好的教育环境、优秀的教师和丰富的管理经

---

① 田麦久 . 论运动训练过程［M］. 成都：四川教育出版社，1998.

验，运动员在学校中可以接受正规的教育，享受同年龄段学生所享受的教育环境，有利于他们更好地成长。实行体教结合还有利于在学校中发现和培养更多优秀的运动员，有利于我国竞技体育的可持续发展。

通过"金字塔"培养模式和体教结合培养模式的比较（表5-1），能更好地了解两者在培养思想、培养目标、培养形式上有很大区别，能清晰地看到体教结合培养模式的优越性。因此，体教结合无论是对国家竞技体育的发展还是对运动员的培养都具有积极的作用，不仅有利于解决运动员的文化教育问题，还有利于打破体育系统垄断运动员培养的现实，有利于竞技体育健康、快速的发展。

表5-1　"金字塔"培养模式与体教结合培养模式的比较

项目	"金字塔"培养模式	体教结合培养模式
培养形式	业余体校—少体校—省队	小学—中学—大学
指导思想	刻苦训练、提高技战术水平、为国争光	体教结合，使运动员全面发展
培养目标	杰出的运动人才	全面发展的"智能型"运动人才
文化教师	兼职，地位较低，不受重视	全职，地位高，受重视
淘汰人员	自谋出路	向教育分流，继续接受正规教育
运动员的教育	受教育程度低，多数人除运动技能外无一技之长	受教育程度高，除运动技能外还掌握其他能力
运动员的出路	出路不畅	出路较好
对学校体育的影响	较小，学校体育相对滞后，对竞技体育的贡献较小	影响较大，学校体育成为竞技体育和社会体育的基础

（二）对学校体育的意义

学校体育担负着为国家输送体育后备人才，加强学生体质，培养学生体育习惯的重要任务，之前在校园中运动能力出众的体育人才和优秀的教练员非常稀缺，起不到榜样的作用。加之学校只强调学生的文化成绩，不重视学生的体育锻炼，学生升学压力大，参与体育锻炼的机会少之又少，导致很多学生成为"四肢简单、头脑发达"的"书呆子"。

学校管理者对体育锻炼的认识可以通过有效实行体教结合来改变，不仅能够带动更多的学生参与体育锻炼，还能对普通学生起到榜样作用，使他们能积极参与体育锻炼。对于学校体育而言，由于在其发展过程中加大了激励因素，会对整体发展起到推动作用，校园的运动气息、文化生活都能因实行体教结合得到加强和活跃。尤其在学校推进"全民健身计划纲要"过程中发挥了独一无二的作用，还为进一步研究我国大中小学优秀体育后备人才一体化培养模式打下了坚实的基础。从长远的角度来看，体教结合是我国竞技运动发展的必由之路，学校体育肩负着发现和培养运动人才的重担。

（三）对社会体育的意义

社会体育和竞技体育的基础是学校体育。学校体育随着体教结合得到了长足的发展，也促进了社会体育的进步。越来越多的学生参与到体育锻炼中，他们作为家庭中的重要成员，其体育锻炼的习惯和对体育锻炼的兴趣也影响着父母，带动了家庭体育的兴起，家庭体育的进步也促进了社会体育的发展。

在研究"体教结合"模式的同时也引发了对运动员培养体制改革原则的思考。

1. 全面性原则

随着科技与社会的日益发展，对人才的需求也逐渐改变，社会需要全面型人才。所以，教育自然而然地从"专才"教育转变为"通才"教育，提倡"健康第一，学生为本"的教育理念，关注学生的全面发展成为主流。通过"金字塔"模式培养出来的各类体育人才对单一运动技能掌握熟练，但是文化等综合素质相对较低，发展不够全面，所以不能称为"通才"，只能是"专才"。青少年时期是绝大部分运动员运动训练的黄金时期，同样也是学习文化知识的"黄金期"。缺少必要的教育不但影响他们专项能力的提升，而且会对他们今后的人生产生很大的影响，因此不能为了追求片面或短时的运动成绩，忽略了教育的作用。

2. 激励原则

激励原则是指对优秀的运动员给予精神和物质奖励，以促进运动员更好地进行训练。如学习和运动成绩都一般的运动员只能进入普通大学，两者都优异的运动员可以进入优秀的大学继续深造。此外，运动训练是非常枯燥、艰苦的事情，好多运动员就是因为扛不住这种压力，选择放弃。因此，教练员在训练过程中要适当地给学生激励，对表现出色的学生可以给予适当的奖励，以确保他们更好地参与运动训练。对于学习和运动成绩全都出众的学生，学校也要给予一定的优先升学的机会或物质奖励，以激励学生能更好地参与运动训练。

3. 持续性原则

持续性原则是指在体育人才的每一个成长时期甚至全部的培养过程中，文化教育和运动训练始终要同时进行。学习文化知识和提升运动技能都不是一蹴而就的，都需要长年累月地进行系统的学习与训练，克服无数的艰辛。所以，要从小就关注教育和体育，不能拔苗助长，要有计划、有方法地一步一步培养。体育部门的过度训练或教育部门的

"拿来主义"都不能从根本上解决问题，都属于短期行为，教育和运动的持续性是确保体教结合的前提条件。

4. 实事求是原则

我国各地的教育和体育资源分布不均匀，其事业发展也极为不平衡。所以，要依据各地的民族、教育、经济、人口等特点，在实施体教结合时，要以注重实效为主，循序渐进，逐渐推广。近几年高水平运动队在各地大学大量涌现，大家都在模仿上海、北京等办高水平运动队的方式，虽然看似迎来了百花齐放的局面，但是实际上能为国家培养出的优秀运动员少之又少。所以，各地开展体教结合时应先了解当地的实际情况，并以此为基础，从而有效地进行体育训练。

以学校为依托，教育和体育系统相融合，确保运动员在受到系统的运动训练的同时，接受体教结合的新型培养体制。教育和体育系统都有共同的培养时间和任务，都是育人机构。实施体教结合对社会、学校、竞技体育等的发展有着深远影响和重大意义。

体教结合自1987年发展至今，有失败的苦涩，更有成功的喜悦。在不断地学习与探索中，体教结合产生了四种主要培养途径：①在体育大学中进行高水平运动训练；②大学办高水平运动队；③教育部门与个人或社会合作；④教育和体育部门合作。运动员无论选择哪种途径，都可以在运动训练的同时，保证文化学习。因此，运动员退役后不再只是单一地在体育部门工作，还可以成为具有其他特长的社会主义建设人才。

体教结合实施多年来，为我国培养出了一批优秀的运动人才，如关凯、解立彬、杨超等，曾让国人眼前一亮。在2007年曼谷世界大学生运动会上，我国以在校大学生为主要参赛队员，取得了金牌榜第一名的好成绩。但在肯定体教结合所取得成绩的同时，也应该清醒地认识到体教结合在我国还处于探索阶段，在运动员的培养目标、角色定位、运行机制上还存在一定问题。另外，体教结合的上层（大学）发展很快，到目前为止已有200多所学校拥有高水平运动队，基层（中学）的体教结合发展缓慢，中学与大学的发展不相协调。许多学校虽然实行了这一新型的育人模式，但没有真正地将其落到实处，体教结合只是在形式上结合，运动员并没有获得更多的学习时间，很多学校还是重"体"轻"教"。

因此，体教结合在我国的发展任重而道远，但无论如何，我们都应清醒地认识到，在体育人才培养过程中，不应缺少教育这一重要环节，缺少教育的体育是不完整的体育，而缺少体育的教育也是不完整的教育。因此，体教结合是培养体育人才的必由之路。

第六章　大学体育艺术文化建设研究

第一节　大学体育文化与艺术元素的融合

一、大学体育文化与艺术元素的关系

（一）关于体育与艺术关系的探讨

随着社会的进步，体育与艺术之间的关系受到了体育专家与学者的普遍关注，目前关于这方面的观点主要有以下几种。

1. 体育与艺术存在着密切联系，但两者不能相互融合

随着体育的现代化发展，人们的审美意识有了极大的增强，体育也借助艺术来丰富自己的内涵，强化自己的功能，美化自己的形式，从而有了更大的魅力。但是，无论艺术怎样渗入体育，体育如何艺术化，体育就是体育，艺术还是艺术。因为体育以身体运动为媒介和手段，增强人的体质是体育的基本目标，也是体育的主要任务和重中之重的功能；艺术则是通过塑造形象具体地反映社会生活，满足人们精神需求的意识形态。

2. 体育与艺术广泛融合

随着现代技术的快速发展，体育和艺术在各自的发展中相互靠近、接近，直至相互汇合，形成了体育与艺术相互渗透的广大领域。体育文化和艺术文化都是社会文化的重要组成部分，因二者目的指向不同而成为两种不同性质的类型，随着社会的发展，二者有了相互融合的趋势。

3. 体育与艺术既有联系又有区别

体育运动是以人的身体为媒介、运动为手段，增强体质、发展身体形态、陶冶情操为目的。而艺术是以物质材料为媒介，以抽象、概括社会生活为手段，表达思想情感、满足审美需要为目的。从所要达到的目的来看，二者之间有"审美与娱乐"的共同点，它们是教育的组成部分。从体育与艺术相互渗透的结果来看，将出现体育艺术和艺术体育两个新型的门类。从广义上来说，体育就是艺术，而艺术是体育运动的组成部分。从运用的物质材料及手段来看，二者在根本上就有不同。

（二）大学体育文化与艺术元素关系的表现

综观上述三种代表性观点，我们认为，体育与艺术存在必然的联系，如此来看，大学体育文化与体育领域中艺术元素也存在必然的联系。主要表现在以下三个方面。

①大学体育运动本身的艺术性。

②大学体育场馆、体育雕塑、体育文学、体育舞蹈、体育绘画、体育摄影、体育音乐、体育设施等的艺术性。

③大学体育运动在各类艺术中的再现。

艺术元素与体育的融合丰富了大学体育文化的内涵和学生生活文化的水平，拓展了体育科学研究的领域。因此，在大学体育文化体系中，艺术元素也是非常重要的组成部分。

二、大学体育文化与艺术元素融合的特征

（一）欣赏体育的艺术，体会艺术的体育特征

艺术的体育可以对学生的审美观、体育情感进行培养，使学生开阔视野，形成健康的体育审美观。

（二）与学校办学理念耦合的教育性特征

将艺术元素植入大学体育文化中，如奥运雕塑艺术：《走向世界》《掷铁饼者》《奥林匹克》《奥林匹克之门》《千钧一箭》《奥林匹克激情》《胜利的欢呼》，奥运文学艺术：《奥林匹克颂诗》《奥运会之歌》《体育颂》《奥运竞技》《走向奥运会之神》《众神的赞美》等。奥林匹克精神就是相互了解、友谊、团结和公平竞争的精神。这与学校的办学理念是相一致的。

（三）服务于广大师生健身的特征

大学体育文化建设的主体是广大师生，同时师生也是最受影响的群体。广大师生是改造大学体育文化发展的原动力。大学体育文化与艺术元素融合是为了满足广大师生的需求。因此，在建设体育场馆时，应突出设施的典雅大方，造型、色彩要符合学校整体风格，甚至有些体育场馆是学校的标志性建筑。

（四）有管理体制正能量保障的特征

从校级、院级（系级）、班级，可层层抓落实，形成全校上下齐抓共管的管理体制，推动学校体育工作有序进行，为促进学生全面发展发挥正能量。

（五）高素质人才"操盘"的特征

体育教师承担着文化教学、科学研究、课外活动辅导和学生社团指导等工作任务，他们是大学体育文化建设的主力军。建设高水平、高质量的大学体育文化，也是国家教育改革和发展的内在要求，体育教师在建设校园精神文明和培养高素质人才方面发挥着重要的作用。

（六）创新发展的竞技性特征

在大学体育文化建设中，可开展健美操、花样滑冰、艺术体操、体操、花样游泳、跳水、体育舞蹈等流行时尚和充满青春活力的艺术多元化运动项目，这些艺术多元化运动项目给大学体育文化注入了时代气息。

三、大学体育文化与艺术元素融合的原则

（一）以人为本

师生是大学体育文化建设的主体，因此建设中必须以师生为本，从师生实际出发，满足师生所需，促进他们参加健身活动。

（二）体育精神融入育人体系

体育精神在学生中发扬光大，既体现着一个民族拼搏进取的精神风貌，又能够培养学生不怕困难、团结协作、积极进取的精神，同时也能够促进学生人格的健全。

（三）因地制宜

一切从实际出发，具体情况具体分析，依照学校的地形、地貌、山体、水势等自然条件规划、建设和改造大学体育环境，使师生在优美的环境中健身与学习。

（四）弘扬主旋律，注重多元化

主旋律就是在学校大力推进师生全民健身活动，以增强体质为中心任务。开展的形式多样化，开展的项目多元化。

（五）传承与创新结合，渐进发展

大学体育文化建设是一个循序渐进的过程，大学体育文化的发展是不同时期所产生的必然变化。我们继承与传承体育文化中的优秀部分，并加以创新，增添新的富有活力和创造力的元素，可推动大学体育文化创新。创新是建立在我们继承、传承大学体育文化的基础上的。

四、大学体育文化与艺术元素融合的主要内容

（一）体育理念与"健康第一"观念的植入

体育理念是在体育价值观的基础上，对体育理论化、系统化、综合化的认识。在现代体育发展中，体育理念的导向和规范作用非常重要，是一种内在的驱动力。早在20世纪末，《中共中央国务院关于深化教育改革全面推进素质教育的决定》就提出"学校教育要树立健康第一的指导思想"。

（二）体育设施优化与体育环境美化的植入

在体育场馆、体育场地、体育器材等硬件设施的建设中以及在改造校园自然环境中，我们应从长远考虑，用科学可持续发展的眼光规划设计，形成多用途、多功能一体化的体育场馆。在体育活动场所建造体育雕塑艺术，可让形态各异、主题鲜明的体育场馆、体育场地、体育器材有一定的艺术品位。

（三）体育教育人本化、体育制度人性化与激励机制多样化的植入

体育教育人本化是把培养学生的健康意识、终身锻炼意识、全民健身意识及与人交往合作意识作为重点，充分照顾到学生的兴趣爱好，满足学生的需求，重视学生的主体地位，关注学生的个体差异，确保人人享受体育锻炼的乐趣。

体育制度人性化能激励、凝聚和调动师生参与体育活动的积极性，发挥他们在体育教学、课外体育活动和运动训练及体育科研中的主观能动性。体育制度具有体育运动规则、体育管理制度、体育运行模式三个层面的含义。

激励机制多样化主要是指语言的激励、动作的激励、情感的激励、氛围的激励、情景的激励、榜样的激励、目标的激励、成功的激励、关怀的激励、竞争的激励、人性的激励、测试的激励以及体验的激励等。

（四）体育道德与风气的植入

体育道德是体育活动参加者共同遵守的行为规范，是在体育活动中调整和制约人们相互关系的行为准则。在体育活动中，锻炼人的意志品质，应从以下几方面进行。

首先，锻炼人对事物的判断能力，提出明确而客观的目标。

其次，找到好的实现目标的锻炼手段。

最后，通过克服心理与体力的障碍去实现目标。

通过以上几个方面，最终形成"学校有特色、院系有比赛、班级有活动、人人有项目"的大学体育运动氛围的良好风气。

（五）体育课程精品化与体育俱乐部规模化的植入

体育课程精品化必须坚持以学生为本，以满足学生自主选课、选师、选时的需要为基本出发点，以培养学生健康成长为根本目标。体育俱乐部规模化是指设计艺术体育课程的理论与实践教学，以"知识、能力、素质"型人才为培养目标，着重培养学生的健康形象、人文素养以及科学的自我健康管理方式，使学生得到全面发展与提高。

（六）信息交流网络化与宣传方式多元化的植入

网络正以多元的方式和飞快的速度改变着人们的生活，成为师生活动的重要内容，它具有打破时空限制，扩大传播范围，提高时效的特点，要充分利用它的特点优势，建立一系列体育网络平台，为广大师生服务。同时，还要利用校园中的海报张贴及黑板报、窗刊、校报、标语、廊画、雕塑等制作对体育文化进行多元化宣传。

（七）高水平运动队品牌化与群体竞赛日常化的植入

以高水平运动队拉动学校群众体育运动的普及与提高，形成"人人关注、人人参与、人人受益"的日常化大学体育育人氛围，促进学校体育事业的发展，提高大学体育文化的向心力和凝聚力。

第二节　体育艺术教育与校园文化的互动

一、体育艺术教育与校园文化的互动关系

校园文化是指以学生为主体、以课外文化活动为主要内容、以校园为主要空间、以校园精神为主要特征的一种群体文化。虽然体育艺术教育从属于社会文化系统中的一个子系统，但它并非直接存在于社会文化之中，而是依托于校园文化而存在的。体育艺术教育存在于校园文化之中，校园文化又处于社会文化之中，是社会文化的反映，也是体育艺术教育与社会文化之间的媒介。校园文化往往通过各种途径和方式接受社会上各种各样的思想、理论、观念、思潮，并在校园内汇聚和碰撞，把社会文化内化到自身的内容之中，在校园这个大环境中，又通过一系列校园文化活动将社会文化的要求和价值取向传递到体育艺术教育中。

体育艺术教育要通过校园文化这个媒介，通过一系列互动向社会文化进行信息反馈，并对一些新兴文化现象进行传播。校园文化环境和氛围对于实现学校教育目标，改变校园生存群体的生活方式、学习方式以及习惯的养成都具有重要的作用。而学校体育

艺术教育和学校的办学理念、培养目标、校风校纪、生活方式等内容紧密相关。

（一）体育艺术教育与校园文化的部分功能相仿

校园文化活动丰富多彩，可以使广大学生求知、探索、社交、友谊、娱乐等需求得到满足，从而获得丰富的情绪体验，在实践中锻炼辨别力、鉴赏力，进而陶冶人格和灵魂，以充实生命，升华人生。而体育艺术教育是健康高雅的体育活动，具有进取、竞争、对抗、承担负荷、战胜艰难困苦和经受胜败考验等特点，在练习过程中，有利于对学生追求优胜、勇敢顽强、坚毅果断、不畏艰难、不屈不挠的意志品质进行培养，实现精湛的技巧与身体美、精神美的交相辉映，能将学生多样的审美要求激发出来，促进广大学生审美能力的不断提高，在潜移默化中使学生树立正确的审美观，增强学生的自我调控能力，使其开阔视野和思维，心灵更加纯洁，精神更加高尚。

（二）体育艺术教育是校园文化的内核

体育艺术教育是校园文化的内核，校园文化是体育艺术教育的外延。从本质上讲，校园文化的总体功能是育人，表现在教育学生树立正确观念、增加知识和技能、培养能力、陶冶情操、提高综合素质等方面。作为学校教育的一部分，体育艺术教育包含了三个层次的内容，分别是体育艺术知识、体育艺术技能和体育艺术精神。体育艺术教育与校园文化具有类似的功能，有利于培养学生的这些能力。

学校教育是学生逐步社会化的重要过程，要促进学生思想和人格的成熟，不仅要让他们从课堂上和书本里学到一些间接经验，更要从校园风气和文化氛围中吸取基本素养和思维方式，对其创新精神和实践能力进行培养。丰富多彩的校园文化生活可以从不同侧面、不同层次为学生提供更多的学习条件和机会来接受体育艺术教育，并为他们提供展示、锻炼、表现、提高自我的舞台和实践的机会，提高艺术素养，所以说校园文化又是体育艺术教育的外延。

（三）校园文化对体育艺术教育具有导向作用

体育艺术教育存在于校园文化大环境中，二者都是以师生为主体、以校园为空间、以体现和追求价值观为共同目的。作为时代的产物，文化必然在一定程度上反映时代的特征，校园文化同样如此。处于社会文化之中的校园文化往往通过各种途径和方式把社会文化纳入自身内容之中，反映着社会文化，也是体育艺术教育与社会文化的媒介，向体育艺术教育传递着社会文化的要求和价值取向。校园文化对体育艺术教育的发展具有制约作用和导向作用，是体育艺术教育的领导文化和指南针。然而，现代学校教育的发展正处在文化接受的开放性阶段，各种思想、理论、观念、思潮在学校汇聚和碰撞，并对体育艺术教育产生了影响。但是纷繁复杂的文化思潮中也可能存在一些消极、有害、错误的异质文化，不利于校园文化和体育艺术教育的发展。

作为校园文化的内在组成部分，体育艺术教育对校园文化具有一定的反作用，在一定程度上可以通过某些教育现象和问题向校园文化反馈这些不利的信息，促使校园文化对社会文化进行有目的的评价、比较、认可和选择，对体育艺术教育进行更优质的引导。所以，体育艺术教育又对校园文化具有反馈作用。

（四）体育艺术教育和校园文化相互推动

校园精神文化是校园文化建设的核心与关键。从形态上来看，可以将校园精神文化大致划分为以下三种。

①智能型文化。主要指以增长知识、开发智力为主要目的的文化累积。

②观念型文化。指包括价值观念、道德观念、审美观念等在内的一些观念和思想。

③素质型文化。指由历史的积淀而形成的特有的校园风气和校园精神。

实践证明，体育艺术教育可以促进校园精神文化建设，这主要表现在以下几方面。

首先，通过第一课堂传授给学生体育艺术方面的知识和技能，有助于培养学生的形象思维和逻辑思维能力。

其次，通过自身的诱发作用和感染力，培养学生正确的人生观、世界观和价值观，提升审美观。

最后，通过教育和陶冶功能，促进学生综合素质的发展，培养师生的爱国主义、团结友爱和集体主义精神和积极向上的风气。

校园文化是体育艺术教育存在与发展的大环境，具有导向作用，校园文化的提升将会给体育艺术教育提供更广阔、丰富的外延，更正确、优质的导向，也必将推动体育艺术教育的发展。

二、体育艺术教育与校园文化的互动模式

（一）理念层面的互动

素质教育是一种以促进受教育者诸方面素质提高为根本目标的教育模式，是"德智体美"、"创新精神和实践能力"以及人格全面和谐发展的教育。学生是这一教育理念的主体，它实际上是一种人本教育理念，强调人内在身心潜能的发展及外在文化知识和社会规范向个体心理品质的内化。

在素质教育的推广与实施中，体育艺术教育是一个关键的突破口，在很大程度上影

响着人的全面发展，能开发学生智力，增强学生体力，挖掘学生潜能，培养学生的情感体验与形象思维、逻辑思维能力，塑造和健全学生的完善人格，树立正确的人生观、价值观和审美观，可以说贯穿体育艺术教育的也是一种人本理念，以人为本，教育人、改造人、完善人，体现素质教育的价值取向，以求促进学生的全面发展。

从本质上来看，校园文化是指向人、塑造人的，对人具有教育、陶冶的功能。校园文化具有的理念，推崇的民主意识、平等原则、团队精神以及承认差异、尊重个性、鼓励创新、促进全面发展等价值观取向显然与素质教育"以人为本"的理念具有一致性，并在发展过程中相互联系、影响与促进。也就是说，在理念层面上，体育艺术教育与校园文化是统一的，它们都遵循"以人为本，促进学生全面发展"的理念，通过认同素质教育、推进素质教育来进行互动。

（二）结构层面的互动

体育艺术教育和校园文化在结构上都是以学生为主体，以教师为导向，以校园环境为主要空间，是高度一致的。校园文化的形成离不开学生。首先只有全体成员广泛认同并普遍接受学校的某些教育理念时，才能形成群体的行为，才能内化为个体的思想，校园文化才能逐渐形成，这个过程中，学生是主体。体育艺术教育和校园文化都强调学生的内在身心潜能的发展以及外在的文化知识和社会规范向个体心理品质的内化，以达到增强学生身心素质，提高学生思想道德素质，完善学生人格，促进学生全面发展的目的。在接受和传播校园文化的过程中以及接受体育艺术教育的过程中，学生依旧是主体，教师的作用主要是导向。在校园文化和体育艺术教育互动中，学生是媒介，起着贯通的作用，在它们之间传递各种思想、理念、信息，并体现在自己的行为中。所以，体育艺术教育和校园文化是通过以学生为主体的这种结构进行互动的，在这个过程中老师起导向作用，以校园环境为主要空间。

（三）阵地层面的互动

第一课堂是体育艺术教育的主阵地和主渠道，但这不是唯一。第二课堂是建立在有形教育与无形教育之间的，在时间与空间上更为开阔的，可以承载更为丰富多彩的教育形式和内容的教育阵地和渠道，它在体育艺术教育和校园文化建设中有不可替代的地位和作用。第二课堂是第一课堂的外延和补充，为学生提供展示的舞台和实践的机会，对体育艺术教育的质量和水平同样具有重要的作用，第二课堂是校园文化建设的重要载体，反映校园文化的理念和风格，是校园文化的缩影，包括实有类活动课堂和虚拟类网络课堂。

①活动课堂包括对内整合式的各类表演、竞赛活动及体育艺术类社团等校内艺术资源开发，也包括对外拓展式的体育艺术社会实践活动等校外艺术教育资源开发。

②网络课堂包括特色鲜明的体育艺术教育校园网的开辟和利用网络开展的体育艺术教育与专业教育相结合的活动以及对网上体育艺术教育资源的综合开发。

需要注意的是，第二课堂也不是校园文化的唯一阵地，也需要第一课堂向学生传递智能型、观念型、素质型文化，为校园文化的发展提供原动力。所以，虽然体育艺术教育和校园文化的主阵地不同，但都是共同借助第一课堂和第二课堂来进行传播和互动的，并相互依托、相互渗透。

第三节 大学体育教学艺术及其发展

一、体育教学艺术的含义

（一）体育教学与艺术更相通

艺术是由语言、动作、线条、色彩、音响等不同手段构成形象以反映社会生活，并表达作家、艺术家的思想感情。艺术以人为表现对象，对社会发挥认识功能、教育功能和审美功能。

体育教学艺术同样要用语言来传授知识、交流感情、组织队伍调动等；要用动作做教师的示范、学生的模仿对象，来完成学习运动方法和掌握运动技术；要用线条和色彩来规划场地、指明运动方向和合理调动；以最完美的器材摆放来提高学生完成动作的密度和强度，取得最佳教学效果；要用图片来讲解运动技术要领；要用音乐来完成配乐体操等。总之，体育教学要用说、形、声、色的综合运用来调动学生的视觉、听觉和一切注意力，完成大纲规定的教学任务。

艺术是通过语言、动作、线条、色彩、音响等的综合运用来表达作家、艺术家的思想感情，是以人为表现对象。体育教学同样是通过语言、动作、线条、色彩、音响等的综合运用来完成教师的教学设计，满足学生的学习欲望，达到学生追求的目标，这同样是以人为表现对象的。体育教学过程是师生互动的过程，而且双方都带有强烈的思想感情并富于变化。体育教学大多在室外环境开展，室外环境富于变化，其活动过程同样发挥认识、教育及审美三大功能。

另外，体育教学本身是体育学科与科学技术的结合。在体育教学活动中，既要遵循体育科学知识的逻辑性、系统性和体育教学本身的各种规律和原则，又要讲究教学艺术。因为在室外环境下教学要比在室内环境中教学更复杂。更重要的是，体育教学的特征是头脑（智力）和身体（体力）相结合的教育过程，它的教学目标不但包括增强学生的身体素质，还包括开发学生的智慧，培养和发展学生的非智力因素。所以，体育教学的要求更具艺术性；教学方法要具有灵活、形象性；教师的动作示范要具有优美性；教师的语言运用要具有启发、情感性；场地、器械的运用要具有规范、创造性。所以，好的体育教学现场课能够使观摩者被其艺术魅力而深深吸引。

（二）体育教学艺术具有特殊性、复杂性和高超性

1. 体育教学艺术特殊性、复杂性的表现

（1）体育课堂教学结构与人的生理活动规律紧密联系

体育教师在教学设计和方法运用上，一定要考虑人的生理活动规律，从课堂的开始部分到准备部分、基本部分和结束部分，都要合理安排和调动。随着课堂教学改革的不断深入，很多体育教师的教学设计已经逐渐从文字上摆脱了较传统的三结构或四结构形式，而实质上人的生理活动的规律是永远存在的，只是需考虑如何运用会更灵活些，这种人的生理活动规律的存在要求体育教学设计应更具有艺术性。

（2）体育教学过程处在动态环境中

在体育教学中，教师的语言和教师的形体活动紧密结合，缺一不可。学生活动的方式是不断变化的，位置是不断移动的。此外，学生对运动技术从学习到掌握的过程，不完全是智力因素的表现，更多的是非智力因素起关键作用。体育运动是学生复杂的生理活动和心理活动紧密联系的过程，很多特殊的生理变化或心理变化决定了学生学习的成功和失败。所以，体育教学过程的动态环境要求突出教学设计的艺术性。

（3）体育教学环境的变化

室外教学的场地比室内大了，同时学生活动的自由度也增加了。不像在室内，学生的一切活动一般都在自己的座位上或小范围中进行，活动自由度受到限制。而室外视野开阔、空气新鲜，使人心情开朗、追求自由发挥的激情增大，再加上室外环境的"干扰"，都会增加教师组织教学的难度。所以，教师应合理安排，使教学既规范，又不影响学生的学习激情，努力排除干扰，促进教学目标完成，增加教学艺术表现和魅力。

（4）体育教学课堂是教师与学生的互动过程

师生互动过程的实际反映非常复杂：有教师与学生集体间的关系；有教师与学生个体间的关系；有学生个体与学生个体间的关系；还有学生个体与学生集体间的关系；甚至还有学生小群体与学生小群体间的关系。复杂的关系网络带来了复杂的感情与学习环

境的变化，在一节课中这种变化不是固定的，而是随着教学任务和目标的变化而变化的，这就使教师的教学设计难度更大了，同时教学情感交流的复杂性也更明显了，所以，体育教学本身存在的艺术性表现空间就更大了。

2. 体育教学艺术高超性的表现

体育教学的特殊性质决定了体育教学的艺术性。

①过去人们将体育的性质认定为健身强体或社会文化的表现。随着社会的进步、教育的发展及"健康第一"指导思想的确定，体育教学的功能主要表现为培养适应 21 世纪发展需要的人才。体育教学不只为培养学生健康的身体服务，还应为培养学生健康的心理而服务，它是智慧与体质的结合，是智力与非智力因素的结合。所以，体育课堂教学的目标定位扩展了，认知目标和情感目标的有机结合必然促进各种教学艺术的结合而上升为更高超的艺术表现。

②体育教学客体——学生之间存在差异，学生的智力水平、智慧表现方式及形体都存在不同。体育教学的本质任务是促进学生形体发育，提高学生的身体机能。但不同学生的形体、机能往往存在明显的差异。学生自身形体、机能的差异往往导致他们在体育课堂上会取得不同的学习效果。教师如何使学习的主体——学生都能学好教材，达到教学目标要求呢？这就需要教师有较高的教学水平，有适宜的教学手段和方法，形成更高超的教学艺术。

③体育教学过程的动态环境使体育教学形式更加生动活泼，同时也增加了完成教学任务的难度。教师应使其合理地结合，达到这样一种境界：科学知识学习的严肃规范性与教学艺术的完美结合；教师适宜的教学手段和方法与学生好动和自主学习态度的结合；教师新的教学观念的树立与学生终身体育观念形成的结合等。随着教育的不断发展，体育教学取得了明显的进步，从教材到教学的表现形式都有大的突破，这也是通过体育教学的高超艺术来达到的。

二、体育教学艺术的特征

（一）语言多样性

表达体育教学内容，必须通过教师的语言来叙述。语言表达有两种形式，分别是语言性语言和非言语行为。体育学科与其他学科相比而言，非言语行为所占的比重较大，而且非常重要。它不仅是情感与态度的表达，而且本身就是教学内容，是学生要学习的形体动作。

在语言性语言中又有说话的语言与口哨指挥语言。教师运用口哨能表达自己的思想，这是体育教学的特殊性表现，口哨的使用艺术是体育教学艺术中的典型特征。优秀的体育教师必须具备非言语行为和语言性语言中的口哨运用技艺，它既是教师教学艺术的条件，又是吸引学生情感的"磁石"。

（二）直观形象性

直观形象性是体育教学艺术的一个典型特征。学习体育教材内容需要通过以下两种手段来完成。

第一，体育教师利用语言的讲解，分析运动技术要领，确定运动技术重点、难点，指明保护与帮助方法等。

第二，体育教师通过自身形体的示范，给学生建立动作的整体形象以及运动动作的形象概念，激发学生的形象思维，促进学生掌握运动技术。

体育教学艺术是语言的形象描述与形体直观展示的高度结合，二者缺一不可。

（三）动态差异性

动态是体育教学的典型特征之一，指一切活动都在"动态"环境中进行，这主要体现在以下几个方面：

①教师的位置可随时改变。

②教师可随时调整形体示范动作，以有利于学生的观察。

③学生个体、集体队伍随时变动。

动态性是体育教学区别于其他学科教学的艺术特性。

体育教学艺术的差异性反映在师生两个方面。一方面，教师全面发展，语言精练、富于情趣、善于激发、富于乐趣；动作示范优美规范；组织调动合理简练；声音有变化；运动量、练习密度合理等。另一方面，学生学会动作，完成教学目标。可教师之间、学生之间总是存在差距，教师应在全面发展的基础上重点发展自己的个性；学生应根据自身条件，不断努力分层实现自己的目标。所以教学艺术的表现应在教与学两个方面都有差异，这种差异也是体育教学艺术合理性与圆满性的体现。体育教学艺术具有动态的变化、艺术表现的差异性特征。

（四）激趣情感性

体育能够促进学生全面发展，可以使学生终身受益。现代体育教学也正是沿着这个方向改变着我们的体育教学观念，从唯"本质增长""机能发育"到心理、生理的全面发展，其重要标志之一就是培养和建立学生终身体育观念。建立终身体育观念的关键条件就是学生对体育的兴趣和情感。兴趣来源于运动项目的吸引力，情感来源于教师的教学艺术。我国古人强调"教必有趣，以趣促学。"孔子说："知之者不如好之者，好之者不如乐之者。"朱熹指出："教人未见意趣，必不乐学。"都说明了这个道理。随着体育教学的改革与发展，体育教学中大量运用游戏教学形式，促进了学生智力因素和非智力因素的培养与发展，教师的微笑及情感注入课堂等，都是体育教学艺术激趣——情感性特征的反映。

（五）全面发展性

现代体育教学的目标是为人才的全面发展打好基础。体育的健身与健心的同步发展，是"健康第一"指导思想在体育学科的具体表现。学习体育运动项目的动作，掌握这些动作的技术，形成技能，是学科知识的教学需要。通过体育教学艺术而要达到的最终目标是学好体育，建立终身体育观念，使学生终身受益。所以，体育教学艺术在教学过程中的"美"的情感的激发，必然促使学生运动欲望的产生，这种欲望的满足，完善了学生对美的追求，最终达到了身心健康与全面发展，这种对科学与艺术的完美结合的追求，对健身、健心的追求，是体育教学艺术的重要特征。

（六）审美独创性

现在，越来越多的人认识到体育教学活动蕴含着丰富的美、贯穿着美的规律。体育教学教材的动态美，教学过程中教材、场地、器材的和谐美，同样的动作所表现出来的不同方式的美，是体育教学美的独特表现，是审美与创造的结合。体育教学活动的美无处不在，通过教学艺术的启迪，可感染学生的情绪，吸引学生的兴趣，强化学生的学习态度。青少年好动，好动鼓舞着学生对姿态美、动作美的追求，无形中将体育的科学知识和体育动作的美的表现完美地结合起来。使学生在运动中感受到美不可言，体验到一种乐趣，并唤起他们的灵感和创造性。而体育教学艺术在启迪和发展这些灵感和创造性的过程中，也形成了教师对美的追求和个体的独创欲望和能力，表现出各具特色的体育教学艺术。学生需要教师对美的挖掘的启示，教师也需要学生对美的追求愿望的刺激，这种正反双向作用对促进体育教学艺术的发展和完善具有重要的意义。

三、体育教学艺术的功能

体育学科的教学艺术特征与其他学科有区别，其功能也具有自己的独特之处，具体表现在以下几个方面。

（一）促进运动技术掌握，形成熟练技能

学生要掌握运动项目固有的运动特征，学习体育运动项目技术是关键，这种学习是

一个复杂的过程，有生理因素、心理因素；智力因素、非智力因素的参与。这种双重的参与提高了学生参与的能力，使学生的运动技能逐渐达到熟练。所以体育教学艺术从方法到手段都发挥了教师的教育机智，教师运用教学才华完成技术的教学，而且是有层次的教学。这个层次一方面是指技术学习本身的技术层次由浅入深、由单个技术到复杂技术的组合；另一方面是指技术教学方法必须符合学生生理、心理差异的不同层次，教学方法和手段不能"一刀切"，要突出体现因材施教，而且教学艺术也突出了教学过程的师生互动。体育教学主要是室外教学，受外界的干扰较大，受环境的变化影响更大。体育教学艺术能有效地适应这些变化，排除干扰，促进学生掌握信息的速度和强度的提高，对体育教学进行调整和控制，使技术学习向形成熟练的技能有效转化，从而促进体育教学效果的提高。另外，教学艺术使教师讲解技术与组织练习有效结合；使启发思维与直观形象有效结合；使教学媒体与技术教学有效结合。总而言之，教与学总体的有效结合，能促进技术的掌握和技能的发展，是典型的静态教学与动态教学的结合。

（二）以美促练，美化人的心灵

体育教学中，美无处不在。体育教学艺术反映了体育教师语言的美、运动技术示范动作的美、教学场地的美、器材布置摆放的美等，这些美感染了学生，提高了学生参与体育学习与锻炼的积极性。另外，各项运动自身都具有美的节奏和美的旋律。所以，运动的技术学习以及参与运动的整个过程，都可以说是一种美的具体体验。凡是经常从事体育运动的人，其形体必然具有运动美的风采，这是人的外部形态的表现。更重要的是，体育教学艺术的美能改善学生的情绪状态，甚至可以使学生合理宣泄不良情绪，消除心理紧张，放松身心，调节心理状态和维持心理平衡。

体育教学艺术的美能促使学生之间的人际关系更加协调，促进学生合作与竞争意识的提高。对学生的一生来说，这种人际关系和合作与竞争的意识非常重要，它培养了学生相互交往的心理适应能力，以及勇于进取、树立远大志向的积极向上的精神。另外，体育教学艺术的美对于锻炼学生勇敢、果断、顽强的意志和高尚的道德品质具有重大意义。总之，体育教学艺术的美有助于学生审美观点和能力的形成与发展，可促进学生美好心灵的成长与发展。

（三）创建氛围，提高组织管理能力

现代体育教学提倡建立师生合作、和谐共处的良好教学氛围，打破"师为上、生为下"与"师为先、生为后"的师道尊严，真正建立以学生为主体的新教学模式。我们反复强调体育教学的快乐、兴趣和美的享受，而体育教学还有另一面的精神，即经受艰苦的训练，经历必要的磨难教育。从兴趣和快乐中培养坚强的意志品质、顽强的战斗精神、勇往直前的气概等优秀品质是很难得的，学生只有尝试了"先苦"才能"后甜"。另外，从体育教学的本质属性来看，需要营造一个合作、和谐的教学氛围。体育教学艺术就能发挥这样的功能，既能严格要求，又不失兴趣和激励，使学生能适应一切条件和环境，达到教学目标。

（四）推进开放式体育教学发展

体育教学是学校体育的主渠道，但学校体育还包括课外体育活动、运动队训练、早操、课间操、校内外运动竞赛等多种形式，只有各方面统一才能促进学生身心全面发展，实现"健康第一"的目标。体育教学作为主渠道是一切的基础，主渠道修好了，才能保证其他渠道畅通无阻。所以，体育教学的发展应该是开放性的，服务于学校体育总目标的实现。优秀体育教师的体育教学是认真而富有成效的，这样才能保证其在体育其他方面的工作是出色的。因为体育教学艺术不只限于体育课堂上的表现，它会给教师带来全方位的发展，也同样能在学校体育的其他方面发挥"艺术"的功能，取得实效。从另一角度来看，不可能只通过每周 2～3 节的体育课就实现体育总目标，体育教学艺术同样能在学校体育各方面的工作中发挥高效益。

四、体育教学艺术的可持续发展

体育教学艺术的可持续发展是为学生终身体育打好基础的现代学校体育发展观。现代体育教学艺术的可持续发展是对体育教育价值观的再认识，是对体育教育教学功能的再升华，是对体育教育教学目标的再理解和探讨。

（一）对体育教育价值观的再认识

人、社会、环境的和谐统一是教育可持续发展的核心。"健康第一"指导思想的提出、《中共中央国务院关于深化教育改革全面推进素质教育的决定》的颁布、《全民健身计划纲要》的实施等为当代学校体育的人、社会、环境的统一和谐的发展提供了良好的条件，有利于推动学校体育教学艺术发展。

可持续发展战略在思想内核上以人类的整体和长远利益为着眼点，强调经济、社会、人口、资源和环境的协调发展。而教育科学的发展也是把促进或实现人的发展和社会性发展的协调统一作为理想的价值目标的。体育教学艺术所追求的目标是通过科学性发展人自身的素质，实现人与社会、环境的协调。从原始的健身观念向社会需求人才观念的发展，也是以人类的整体和长远利益为着眼点的，是以为社会、国家培养一代新人为目的的。只有这样，学校体育教学艺术才能有效地满足未来发展的教育需要，其本身才能取得更大的发展。

（二）对体育教育功能的再升华

体育教育重点不应只是"体"的表现，而应是"育"的功能的全面展现。只有体育教学艺术才能较完美地实现真正的"体育"功能，才能培养德、智、体全面发展，有利于社会发展和进步的一代新人。只有实现体育教育的健身与健心功能的圆满结合，才能实现学校教育的政治功能、经济功能以及生态功能。

（三）对体育教学目标的再理解

教育的目标是培养学生的德、智、体全面发展，为国家、社会培养一代新人。这一代新人也必须是能促进人、社会、环境统一和谐发展的可持续发展的人，这与体育教学目标的实现是紧密相连的。

体育教学艺术可持续发展的核心旨在协调自然、社会与人的发展。终身体育是体育范畴内的终身教育，是素质教育在体育领域中的具体实施过程表现和最终目标结果。对教育而言，人的可持续发展要求教育所培养的人才应具有扎实的知识基础、丰富的文化底蕴、孜孜以求的科学精神、强健的体魄和良好的心理素质，使学生走出校门、进入社会后，能适应日益变化的社会需求，并能接受更多的教育，进行自我教育，从而获得终身发展。所以，从此意义上讲，体育教学艺术的可持续发展，也就是人的终身体育的可持续发展，形成人对体育的毕生追求并终身受益。

第四节　高校体育艺术类课程体系的构建与实施

一、大学体育艺术类课程体系的构建

（一）大学体育艺术类课程体系的构建原则

1. 强化健康第一的导向性

促进大学生健康发展，发展大学体育教育必须坚持"健康第一"的指导思想。这充分体现了党的教育方针对大学体育的基本要求，并前瞻性地显示了体育学科与艺术学科交叉渗透的发展趋势。大学体育艺术类课程以促进大学生整体健康水平的提高及全面发展为目标，构建以技能、艺术、审美、认知、情感、行为等领域并行推进的课程结构，整合了多学科领域（体育、艺术、卫生保健、环境、社会等）的有关知识、促进了大学生健康意识、艺术意识和审美意识的提高。

2. 拓展个性发展的时空性

随着社会的发展，大学生的生活空间变得越来越广。大学体育将不再是专指大学校园体育，它已超越了学校的空间界限，面向整个社会和市场。大学体育课程已经不是大学生获得体育知识、掌握运动技能的唯一来源了，信息技术的高速传播促进了大学生掌握体育信息的能力提高。因此，开放性的大学体育素质教育能够使大学生的发展更加自觉、主动。

在大学体育教育中，提高大学生的社会适应能力是一项基本任务，这就必须构建大学体育艺术类课程，拓展大学生个性发展的时空，培养大学生高尚、积极、健康的情感世界，并且更加实际地培养大学生的体育能力、艺术修养和良好的心理素质。

3. 提高体育学习的积极性

对大学体育艺术类课程进行构建，必须对大学生的运动兴趣和爱好予以关注。大学生的运动兴趣是促进大学生自觉、积极地进行体育锻炼的内在动力。运动兴趣和习惯是促进大学生自主学习和终身坚持锻炼的前提。无论是选择体育艺术课程教学内容还是更新教学方法，都应对大学生的运动兴趣给予高度关注，只有激发和保持大学生的运动兴趣，才能使大学生自觉积极地学习体育艺术类课程。因此，在体育艺术类课程教学中，应坚持以人为本，发挥大学生的主体性，提高大学生的学习积极性和学习潜能，这能够有效保障体育艺术类课程目标和价值的实现。

（二）大学体育艺术类课程体系构建的基本内容

大学体育艺术类课程体系构建的基本内容见表6-1。

表6-1　普通大学体育艺术类课程体系构建的基本内容

一级指标	二级指标
课程目标	①运动技能目标；②运动参与目标；③身体健康目标；④心理健康目标；⑤社会适应目标
课程内容	①体育艺术类项目；②体育艺术类课程教材
课程模式	①目标型；②选择型；③俱乐部型；④以赛促教型；⑤分层型；⑥发现型；⑦三段型
课程评价	①评价内容；②评价方法；③评价主体与方式

表6-1中的二级指标下还可以分出若干三级指标，体育艺术类课程的框架是在这些指标的基础上构建而成的。

二、大学体育艺术类课程体系的实施方案

（一）课程建设

课程建设作为课程体系构建中最重要的一环，在推广实施过程中至关重要。课程建设主要涉及的内容包括教材目标、教材内容、评价体系、教学组织、教学模式和方法等。构建体育艺术类课程教材，主要围绕健美操、艺术体操、健康街舞、啦啦队（操）、体育舞蹈、健身健美、校园健身舞蹈等项目进行，以专家构建为主，并在实践运用中不断完善教材体系。

教材建设的目标是能够为学校体育教育提供专业性、系统性、科学性、实用性教材，而且能够为学生健康教育提供专业服务。体育艺术类课程体系化建设是一个系统工程，是深化教学改革的配套措施，也是培养专业人才的手段，既是响应教育部学校教育方针的需要，以及新课程标准"健康第一"的宗旨和全民健身计划纲要的实施，也是各学校教育工作的需要。课程设计在内容选择上充分考虑学生不同学习阶段的特点，淡化竞技体育的色彩，提倡健身性体育项目，坚持全面发展和协调发展的原则，注重培养素质和能力，把学生培养成为全面发展并具有个性的专门人才；既考虑全体学生的基本需要和总体要求，又要考虑学生的个体差异，使每一个学生充分发展，注重个性，全面育人；它不仅注意更新内容和学习学科前沿知识，更注重对学生创新能力的培养，并促进学生需要的满足，真正落实健康教育。

体育艺术类课程的实用性很强，对于不同的群体其定位不同，大学群体的目标定位是培养技能；中学是促进身体健康；小学是促进身体健康与娱乐。该课程体系主要包括教材、教学大纲、教学进度、试题库、多媒体教学课件、教案范本、教师培训模式及方法、师资评定考试标准及试题。

（二）师资队伍建设

普通大学体育艺术类课程构建体现了体育教育与艺术教育的高度融合。该课程项目多、内容多、类别多。开设这些课程，必须要有能胜任课程教学的教师，对教师的素质提出了很高的要求。教师不但要具备各种体育艺术类动作技术的教学技能，用生动形象、简洁流畅、富于启发的语言和正确优美的示范进行教学，而且要具备多种体育艺术形式的实践操作技能和教学技能，此外还要掌握最新的艺术教育理论、方法及技能。

（三）项目宣传

为大力推广实施体育艺术类项目，必须开展宣传工作。宣传的目标是让民众了解这类项目的内容、特征、特点、表现形式、健身娱乐性等多功能性。这些新兴项目大多来

自于国外，引进我国的时间比较短，开展和普及还不够完善。

为了让学生尽快了解这些项目，需要通过多渠道来建立推广宣传平台，举办各类项目培训，积极打造赛事平台。体育艺术类项目本身具有娱乐性和观赏性，对大众的吸引力很强，这样赛事和项目内容逐渐深入人心。同时通过媒体宣传平台来展示，通过社区活动、节日庆典、校际交往等活动进行演出，可以大大提高宣传效果。

在学校宣传上，首先要设立体育艺术社团，实施可行的体育艺术知识的宣传栏目，开设体育艺术理论和技术交流讲座；开展一系列丰富多彩的大学体育艺术文化活动，鼓励学生参与这些活动，使学生不断认识与了解体育艺术，使其体育兴趣范围更加广泛。

（四）保障措施

近年来，随着各大学不断推广体育艺术类课程，各大学领导对此十分重视。很多大学为此修改教学大纲，将体育艺术类课程纳入其中，同时还为课程的开设做后勤保障，如采取修建练习场馆、搭建学习交流平台、申报精品课程、开展专题讲座等措施予以支持和保障。

大学体育艺术类课程体系的实施离不开一系列保障措施，具体表现在以下几个方面。

①体育主管部门和教育部门的政策支持。

②学校领导的大力认可和支持。

③体育教师的热情参与。

第七章 民族传统体育文化的弘扬与发展研究

第一节 民族传统体育文化理论体系阐述

一、民族传统体育文化的界定

（一）民族传统体育文化的文化范畴

民族传统体育文化，是一种体育文化形态，其文化范畴应该在体育文化范畴和民族传统文化范畴之下。

从体育文化的角度来看，民族传统体育内容多，涉及面广，目前学术界对其研究虽然较多但是尚没有一种界定的概念能够囊括所有民族传统体育的内容。在一些民族传统体育的相关学术著作中，一些学者的关于民族传统体育的概念界定具有一定的普遍共性，概括地讲，民族传统体育，是某一个或几个特定的民族在一定的范围内开展的、保留旧时代特征的、具有影响力的体育活动。

从民族文化的角度来看，民族传统体育文化属于民族性的，是中华民族在长期的生产生活中创造出来的一种具有体育性质的文化。民族传统体育文化萌生于中国华夏文明之中，受中国传统民族文化的影响较深，与中华民族传统文化有着密切的学缘关系，是中国传统文化和民族文化的重要组成部分，是中国民族传统文化的一种重要的文化形态。

综上所述，民族传统体育文化是一种民族性的体育文化形态，民族传统体育是一种在中华民族传统文化影响下的、在不同地域产生开展并获得传承的、具有浓厚民族特色的体育文化，是在华夏民族各族人民群众的生产生活实践中逐渐衍生出来的，是人类社会一项特殊的文化活动方式，它与民族特点和习惯相融合后形成了颇具民族特色的文化、心理、哲学思想、价值观念、宗教信仰及伦理道德，是属于一种民族精神生活领域的文化。

（二）民族传统体育文化的存在方式

文化形态的存在方式是多样化的，各种文化现象生成的方式有很多种，如直线型、螺旋上升型，与其他文化形式不同的是，民族传统体育文化是以各种文化"点"的形式存在的。

就民族传统体育来说，在其自身的生存、发展过程中，不同民族和地域中的民族传统体育文化都是以一个一个的"点"的形式出现，而后众多的"点"再聚集成文化主线，这些"点"的分散并不是无限制的，它们围绕在民族传统体育文化这一条主线的周围，民族传统体育的文化主线在历史发展过程中形成一条文化发展轨迹，成为民族传统体育文化的产生、发展脉络，也表现出民族传统体育的主要存在方式。民族传统体育文化围绕着文化的发展主线在其附近不断地演化和发展。

需要特别指出的是，民族传统体育的产生是一个长期孕育演变的过程，其发展更是一个长期积累、选择、变异、冲突、交融、定型的过程。在这一过程中，民族传统体育文化生成的"点"是分散存在的，彼此独立存在又有一定的联系。

二、民族传统体育文化的结构构成

任何文化的发展都需要一个长期的发展过程，我国民族传统体育文化的发展也不例外，早期的民族文化尚未形成，而是处于一个文化的积累时期。民族传统体育文化随着各民族群众生产劳动与生活方式和文化积累与传播方式的改变，逐渐显现出了更多的民族文化的教育、娱乐、健身等多元价值，并逐渐发展成为一个完整的体育文化体系。

在与其他文化形式和内容的不断交流、融合过程中，民族传统体育文化更加表现出民族特色，而各民族的体育文化沟通构成了整个中华民族的体育文化，相对于西方现代体育，表现出了更加健康的民族心理与自强不息的民族精神。

（一）民族传统体育文化的物质文化是其发展的基础

任何一种文化都是由一定的文化结构构成的，在民族传统体育文化产生发展过程中，民族生存与竞争、社会劳动生产过程中的体育思想物化是民族传统体育产生、发展的物质基础，物质文化总是先于精神文化存在的，民族传统体育的产生发展同样如此，这是民族传统体育文化与其他一些体育项目起源基础上的相同的地方。人类逐渐形成的文明与动物的最大区别就在于它可以进行有组织的生产劳动，并且还学会了使用工具甚至制造工具。这一切都是社会形成的根本，同时也是民族文化创造的根本。起初人类进行的文化创造较为简单，可能还不具有连贯性和稳定性，不过可以认定的是最初的文化创造都是从最基础的对客观事物的改造开始的。在民族传统体育的产生过程中，早期人类简单的生存方式、劳动技能等，都是其产生的重要文化基础。

（二）民族传统体育文化的社会意识构成其文化制度层面

在文化体系结构中，制度层面是文化的一个重要层面，民族的传统体育文化的产生及其发展都是在人类社会中进行的。民族传统体育是人类社会发展过程中产生的一类比较奇特的文化活动，通过它的举行可以体现出非常理想的民族社会集体意识，即个体服从集体的意识。当然，这并不是说所有的民族传统体育项目都是集体项目，这里强调的问题是，即便是以个人为单位参加的体育项目，其也要受制于社会和集体的约束，因此，从这个层面上来讲，民族传统体育文化的社会意识促进了其民族特性的产生，这也是我国民族传统体育文化区别于其他文化形态的重要表现。

（三）民族传统体育文化的精神内涵包括民族意识、民族心理与价值观念

文化的基本功能是从深层次制约和支配个体的行为和社会活动方式，民族传统体育文化是一种超越性的文化，其文化内涵存在于更深层次的精神层面。民族传统体育中包含着几乎所有民族元素，如他们的民族意识、价值观念、宗教信仰、伦理道德、审美情感等，这些是民族传统体育文化的重要精神内涵。

在民族传统体育文化的产生与发展过程中，民族传统体育的精神文化以民族传统体育活动作为客观实体加以实际地展现，以此来实现对中华儿女的精神世界的改造。

精神性是民族传统体育文化的核心部分。民族传统体育文化的精神性包括诸多内容，如民族意识、文化心理、哲学思想、伦理道德规范、审美心理与文化财富、宗教信仰等，这些精神文化对民族传统体育文化的生成产生了极为深刻的影响。

在民族传统体育的精神文明层面，一种民族心理素质是区别于其他民族的一种最显著的心理特征，同时，民族心理素质也是本民族人对自己民族认同感的源泉。人的共同心理素质是同一民族的人，这就使得族内的每一个人都有一种普遍的对同种文化和习俗的认同感和参与感，这是民族传统体育生存的根本。

三、民族传统体育文化的特点

（一）民族性

民族传统体育文化的产生，具有民族性特点。民族性是民族传统体育文化区别于其他体育文化的根本性质与特点，是文化具有民族性的独立文化体系建立的基础。

从民族性是民族传统体育文化的名称上来看，"民族"是一个重要的限定词，民族

性是民族传统体育文化的民族性，主要是指在特定的民族文化类型中，作为其基本内核而存在的民族文化，是对于特定文化类型最高层次的概括。我国地域辽阔，民族众多，某一地区的一个民族或几个民族所处的区域环境以及由区域环境所带来的自然条件不同，使各个民族都在自己文化背景的基础上形成了有别于其他民族的传统体育活动方式。

在人类文明的发展历程中，几乎每个民族都有与其他民族不相同的风俗习惯、生活方式和民族情调，世界上也几乎不存在两个上述内容完全相同的民族。在我国，各族人民以其聪明才智发明创造了具有民族性的民族传统体育文化。我国的民族传统体育的形式都与其本民族的文化特色有莫大关系，如我国的北部和西部的游牧民族以牛、马、羊等畜牧业为生，因而他们对这些牲畜的习性和能力有着很深的了解。这也使得在他们的生活中，包括他们开展的传统运动项目，都不会缺少这些动物的参与。赛马正是马文化的反映。我国云南省境内的瑶族盛行"抛花包"活动，这种活动背后的文化内涵来源于男女的爱情故事。抛花包时，男女各站一方，距离约为一丈，每人手握两个花包，用手接来抛去。除此之外，比较被人熟知的还有侗族的"疱颈龙"以及水族的"端节"等。上述这些不同的民族传统体育活动都不同程度生动地反映了不同民族的生产、生活、风俗、习惯等特点。

民族性是民族传统体育文化经过几千年的演变、发展而固定下来的文化特性，到目前，已经成为各族人民生理、心理、身体形态及思想观念的特殊标志，民族性是民族传统体育文化根植在各民族的民族意识、民族心理之中，并世代传承下去的民族文化性格。

（二）民俗性

民族传统体育文化的民俗性特点是在传统体育与民族风俗习惯紧密结合，互相渗透的过程中形成的。民族传统体育文化的交流不仅在于形式，更重要的是思想、文化、感受及体验，以及在此基础上形成的文化认知与认同。

民族传统体育文化的民俗性与民族传统体育文化发展之间具有非常密切的关系。

一方面，传统体育丰富了民族传统体育文化的民俗内容。节日、庆典等民族风俗为民族传统体育文化活动提供了良好的场所，民族传统体育文化的各种民俗活动为民族的节日增添了内容和色彩，使之相得益彰，交相生辉。

另一方面，在民族传统体育文化的发展过程中，其风俗性促进了民族传统体育文化的深化和发展，如有的节日、歌会、墟场、庆典活动包容了传统体育；有的传统体育融进传统节日、婚俗、祭奠活动中；有的传统体育项目贯穿于各种民俗中，民族民俗是民族传统体育文化产生、发展的重要基础。

（三）历史性

民族传统体育文化的形成具有历史性，民族传统体育文化是在特定的历史条件下产生并发展的，民族传统体育文化是一种历史凝结。民族传统体育文化有着较为悠久的历史，其悠久的历史性包括民族传统体育文化的起源、传承与发展过程，至今仍完整保留着民族传统文化的特征与性质。

任何一种文化的产生与发展都是要经历一个较长的历史时期的，都要受到客观历史条件的制约，民族传统体育文化的产生与发展也不例外。

首先，民族传统体育文化的历史性特征，决定了民族传统体育文化的发展在特定的历史时期表现出一定的时代特征。民族传统体育文化的存在和发展必然是符合时代发展的趋势的，它是代表时代精神的一种"契合"型文化。对于民族传统体育文化的解读，要将其还原到历史的背景之中去。只有这样，才能更好地、更加透彻地理解民族传统体育文化存在和生存的社会环境，有助于促进民族传统体育在现代的可持续发展。

其次，民族传统体育文化的历史性特征，决定了在历史变迁中，传统体育及其文化会出现兴衰存亡的不同状态，有些甚至消失，而有些直到今天依然被人们传承，如武术、摔跤、秋千、风筝、龙舟、射弩、龙狮、赛马等。这些项目在今天仍旧没有停止发展的步伐，并愈发完善，成为我国人民喜爱的民族传统体育项目。

（四）地域性

民族传统体育文化的地域性与各民族的生产生活的地理环境具有密切的联系。不同民族所居住地区不同，以不同的生活生产方式发展自身经济、文化，这就使得在不同地理环境中生存的不同民族的民族传统体育文化与民族所居住地区的环境所契合，表现出区域性特点。

地理环境对民族传统体育项目的诞生具有重要的影响作用，所谓"北人善骑，南人善舟"正充分说明了这一点。如"草原骄子"的蒙古族，过着"随草迁移"的游牧生活，精骑善射，"随草迁移"形成了以骑射为特点的赛马、赛骆驼等传统体育项目，南方气候温和，江河较多，赛龙舟活动流传广泛。

在早期人类社会，由于交通与通信的不便利，民族传统体育文化在各自民族生产生活区域发展，这也使得各民族的民族传统体育文化表现出明显的地域性特点。不同的地域人文环境、心理和性格差异，使得我国各民族体育文化有异质性差异，进而形成了不同的民族体育文化的差异，如风俗习惯、民族心理等。如北方人崇尚勇武、豪放，因此，力量型的项目较为突出，如摔跤、奔跑、搏斗、举重等；南方人的性格趋于平和而细腻，富于思考，擅长心智活动类和技巧型项目，如游泳、弈棋等。

（五）适应性

在民族传统体育文化的形成与演变过程中，民族传统体育文化表现出了强大的生命力，这使得民族传统体育得以不断适应人类社会发展，这种顽强的生命力的形成，正是得益于民族传统体育的良好的适应性。

民族传统体育文化历史悠久，历经几千年的发展，早已与华夏民族在心理和生理两方面上都已实现了完美融合，具有能够满足不同层次人群体育运动需要的广泛适应性。

民族传统体育文化的良好的适应性，使得民族传统体育文化的开展更加普及，几乎使得民族中的每名成员都能有机会参与其中。因此，民族传统体育文化发展到现在，仍然在人民群众的生产生活中具有重要的影响。以民族传统体育文化的各种体育项目为例，其中的龙舟、赛马、摔跤、叼羊、射箭等，这些对抗性激烈的民族传统体育项目，通常是男性展现自身实力的平台，而一些更多依赖技巧和平衡的项目，如秋千、跳板、跳绳、舞蹈等则女性更为青睐。

目前，我国许多民族传统体育运动项目仍是大众体育健身的重要内容。现阶段，在各种民族传统体育运动项目中，参与较多的体育人口主要以青壮年为主，在我国各少数民族中，族群里的老人在年轻时几乎都经历过这些运动的挑战，他们也会对青年参与运动提出有益的指导，或是作为权威裁判参与到比赛之中。

随着民族传统体育文化在现代社会的发展，民族传统体育文化的适应性仍然促进着民族传统体育文化的不断发展，而不被现代社会发展所抛弃。在市场经济发展成熟的现代社会，我国一些地区的民族传统体育文化更是找到了其在新时期的可持续发展路径，传统体育文化活动开展的意义早已不只是体育活动这么简单，它更是作为一定的社会关系交往与人文交往的总和，是不同民族生产、生活、民俗等的综合体现，对外具有强大的吸引力，是发展体育旅游的重要原生态、可再生的体育旅游资源。

（六）交融性

各民族的许多传统的体育项目都是在人们进行体育活动时，相互交融、共同学习，最终达成统一。一些学者将这种现象称为"文化糅合"，它体现了民族传统体育发展规律中的共融性特征。

我国具有丰富的民族传统体育文化，但是我国民族传统体育文化不是简单的各族人民的各种形式的简单组合，从文化层面上来讲，我国民族传统体育文化的外在形式是不同民族开展的体育文化活动和运动，这些民族传统体育活动背后蕴含的民族文化非常丰富，是一种多元文化交融所构成的复合体。

民族传统体育文化的交融性表现在多个方面。

首先，不同民族传统体育运动项目之间，相互交流与借鉴，不断地自我完善。

其次，民族传统体育文化与其他文化、艺术形式与内容相结合，促进自我文化内涵的丰富。文化与艺术的相互融合是民族体育的交融性的体现。我国许多民族传统体育项目都曾借鉴了其他民族技艺、艺术形式与内容。如武术与百戏中的杂技、武舞。在我国少数民族体育中，由于我国少数民族人民，大多能歌善舞、能骑善射，产生了技击性和艺术性相统一的传统体育项目，既强身健体、愉悦身心，达到健、力、美和谐统一，如黎族的"跳竹竿"，不仅要求参与者具有良好的身体素质，还要具备较高的音乐素养和舞蹈技巧。

再次，民族传统体育文化在与其他民族的体育文化交流过程中，被其他民族所接受，成为共同的民族传统体育文化。民族传统体育项目都是在某一地区、某一民族被创造和发展起来的，之后随着各民族文化的交流，被其他具有相同自然条件的民族所接受和改造，从而得到丰富，走向成熟。如马球、秋千、骑术、武术、气功及围棋等项目都是各民族人民共同创造的结果。

最后，不同民族传统体育文化相结合，产生新的民族传统体育运动项目与文化。随着民族传统体育进一步融合与交流，一些体育项目在此过程中，不断被创造和发展。如射箭与马术相结合，出现骑射；球技与马术相结合，发展出了马球等。

（七）集体性

民族传统体育文化活动内容丰富、形式多样，并多以集体的形式开展，表现出集体性。

就民族传统体育文化的早期产生来说，早期社会，生产力有限，人民群居而生，这就使得人民的生产生活具有集体性的特点，特别是在一些民族地区、部落或山寨，人作为个体的能量是非常渺小的，而只有当人融入一个行为、意识都较为相近的集体中后，才能将自己的力量汇集到集体力量当中，完成生存所必需的各种活动。在此基础上产生的民族传统体育文化也必然体现出集体性。

在民族传统体育产生的时代，人民群居生活，各民族均是如此，因此，包括传统体育在内的民族文化中都非常强调民族的集体性意识。由于民族的集体性意识的建立与强化，使得作为民族文化的传统体育也同样具有集体性质。

民族聚集性以及共同的民族心理，使得具有相同体育习俗的人汇聚到一起，如此便形成了一种对传统体育的认同，基于这个认同再延伸到其他文化领域，也就更加能够突出这种集体整合性本质。从民族传统体育文化活动中知道有许多民族传统体育项目的开展都是集体性的，例如，彝族的集体舞蹈"竹竿舞"、苗族节庆活动的"铜鼓舞"等。

（八）多样性

民族传统体育的多样性体现在其内容丰富、形式多样方面，它是由各个民族共同创造的。具体分析如下。

首先，民族传统体育文化活动项目众多。根据《中华民族传统体育志》统计，我国汉族和55个少数民族的传统体育共计977项，其中少数民族的传统体育为676项。每一个民族都有本民族的传统体育项目。其分布之广，项目之多，也是世界上绝无仅有的。

其次，民族传统体育文化活动内容丰富。民族传统体育文化的诞生与各民族的生产生活有着非常密切的关系，不同民族的各种发展需要催生了丰富多彩的民族传统体育文化形态。如哈萨克等民族的姑娘追、羌族的推杆、朝鲜族的跳板等，这些项目与种族的繁衍有关；如赫哲族的叉草球、草原的赛马和骑射以及江南水乡的竞渡等，这些活动与生产和生活习俗有关；有的项目则直接由军事技能转化而来，如武术等。正是由于这些项目贴近各民族的生产、生活、娱乐、生理等方面的不同需要，从而构成了丰富多彩的民族传统体育文化内容。

最后，民族传统体育文化活动形式多样。我国是一个多民族、地域辽阔、经纬度跨度大的国家，生活着不同地区的各个民族。不同的民族具有不同的文化类型和特点。每一个民族的人民都生活在一定的宗教、信仰、利益、习俗、制度、规范、文化心理等文化氛围中，与其他民族相区别，各个民族独特的生产和生活习俗，使得民族传统体育项目的起源和组织活动形式各不相同，呈现出多样性。

（九）继承性

文化的发展具有继承性，文化的这种继承性使得其能随着人类社会的发展而长期留存而不失传。就文化发展的基本规律来讲，任何一种文化的发展都具有积累性和变革性，在社会文明发展中，后人对前人文化或知识的发展都首先要立足于掌握前人所总结出的内容，然后再根据理解和研究对先前的文化进行完善或改造，这就是一种文化的积累。

民族传统体育文化是我国优秀的民族传统文化，从传统的角度来讲，文化发展要适应人类社会的发展，文化是作为一种观念形态存在的，因此，对于文化的看法，在不同时代的人对其的看法就有些许不同，甚至有很大的不同，那么这也就决定了文化会在一定程度上由人的主观意识带来的被改变，最终使其处于一种不断产生又不断淘汰的过程中。因此，并不是所有的在历史上出现过的文化都可称为传统文化，只有那些具有重要价值、具有生命活力并得以积淀、保存和延续下来的文化才称为传统文化。民族传统体育文化是我国的一种优秀的传统文化，是我国优秀文化的代表之一，和其他一般的文化相比，更具生命活力，有着传统的延续、继承和传扬的优势，所以，历经几千年的文明洗礼，依然在现代社会具有重要价值。

（十）传承性

优秀的文化在社会发展中发挥着非常重要的作用，有传承的必要性。民族传统体育文化是一种优秀的文化，具有传承性。

从现代社会的发展来讲，民族传统体育文化的传承，就是要保证民族传统体育文化在现代社会的持续发展。现阶段，我国非常重视民族传统体育文化的传承，积极开展民族传统体育文化的理与挖掘工作，并重视民族传统体育文化的宣传，许多优秀的民族传统体育项目被列为非物质文化遗产受到重点保护与传承。传承民族传统体育文化具有重要的现实意义。

四、民族传统体育文化的核心价值

人们对民族传统体育文化价值的认同，其本质在于对民族传统体育文化的核心价值的理解与认同，这种价值认同是民族传统体育文化得以不断传承与发展的基础。具体来说，我国丰富多彩的民族传统体育文化的核心价值主要体现在以下几个方面：

（一）重视礼教

古语解释"礼"为"不易之礼，乃礼之里面，礼之精髓；礼之意义，约略如此"。重视习武过程中武术对习武者"礼"的教化，是我国传统民族传统体育文化的本体价值。

我国民族传统体育文化是在我国传统文化的基础上产生和发展而来的，我国传统文化重视礼教，因此，这种文化思想影响了我国民族传统体育文化，"礼"是民族传统体育文化的"内核"。

在我国民族传统体育文化萌芽和形成之初，各种具体的民族体育活动只是基于身体的各种运动形式，并不具有文化内涵，随着民族传统体育的逐渐发展，其文化内涵不断丰富。

具体来说，我国民族传统体育文化中的"礼"最初是阶级社会中的对权力的强调，在这种"礼"制下，武术逐渐具有了文化性质，并逐渐形成"尊师重道""武德戒律"等行为准则，在世代习武者身上传承、沉淀下来，并不断得到发展与完善。

此外，在民族传统体育文化的发展中，对于礼的尊崇还表现在技术和内容的发展上。我国民族传统体育代表项目——武术，从点到为止的较量，并不赞赏拼死斗争，这种追求使得武术向巧、养生、艺术表演等方面综合发展，并讲究德与艺的统一。

（二）形神兼备

民族传统体育文化以具体的民族传统体育项目为基本存在形式，它首先是体育运动，是肢体语言符号，它注重"身韵"的塑造，和其他体育运动（西方竞技体育）形式不同，它的"身韵"内涵赋予了民族传统体育文化长久的生命力，并在此基础上追求"神韵"，主要体现在"形神兼备"方面，并且讲究内外兼修。

以传统武术为例，我国民族传统体育文化对于形神的双重重视主要体现在以下两个方面。

首先，在民族传统体育文化活动中，"神"是运动者必须要重视的内容，在传统武术习练中，习武者通过对"形"的把握去追求内在的"神"，"神"是一种内在的精神气质。武术的"神韵"既包括了对生命的感悟，还包括自我的情感指向和艺术追求。[①]

其次，受中国古代传统文化观念的影响，传统武术的习练讲究"身韵"，并在此基础上形成了特有的传统美学思想和观念，习武者在习武过程中，中华民族的精神、风貌、气概都是通过各种富有韵律的肢体律动展现出来的。

就我国民族传统体育的民族性特点来说，武术的技击中讲究"内外合一，形神兼备"，强调动作的目的性和实效性。另外它还强调"眼、心、神、体"的相互协调。这些都体现了民族传统体育的特色及背后依托的中华文化。

（三）关注人文

从大的范围来讲，我国不同民族的民族传统体育运动，像蒙古族的摔跤、维吾尔族的姑娘追、朝鲜族的秋千、苗族的划龙舟等，这些运动项目均能体现出其本民族的文化特质，各种民族传统体育活动的开展，不仅仅讲求技巧，更注重技艺的表现，并关注各体育活动背后的重要文化价值和意义，如姑娘追的交往价值、秋下的民族特色、划龙舟

---

① 李信厚．郑健．文化视域下武术文化的认同与自觉［J］．广州体育学院学报，2016（05）：36.

的龙文化和民族团结、拼搏精神。

（四）德艺双馨

民族传统体育通过肢体传播，通过思想影响。各族人民在不同民族传统体育活动的开展中，学习民族技能，了解民族心理，感受民族特色，领会民族精神。

民族传统体育对运动者的品德具有较高的要求，无论是中国传统武术、蹴鞠，还是蒙古族摔跤、射箭，或是苗族赛龙舟等，虽然都重视技艺，但更追求运动者的品德修养，在运动过程中，决不能通过不正当手段来取胜。

以传统武术为例，无论是汉族武术，还是其他少数民族的拳术、剑术等，"武德"，都是传统民族传统体育文化的重要组成部分，武德是在武术这一特殊领域中对社会伦理道德思想的具体运用。武德是一种从武、习武道德，武德是习武之人必须遵循的行为规范和准则。武德贯穿于习武者拜师择徒、教武、习武、用武的全过程，尽管在不同的历史时期和拳种门派中，武德的具体要求不同，但作为民族体育文化中的核心部分，从古至今，武德一直符合中华民族的伦理道德、行为处事准则和对"善""美"的追求，并逐渐发展成为中华民族伦理道德思想的重要一部分，武德也是中华民族精神的重要组成部分，是中华民族传统民族文化的重要内容之一。

第二节　民族传统体育文化的发展态势

一、民族传统体育文化的理论研究态势

（一）缺乏理论研究

整体来看，我国对民族传统体育文化理论的研究较为缺乏。

就研究内容来说，目前，我国针对民族传统体育文化的研究，主要是民族传统体育项目实践的研究。但是，必须认识到，研究民族传统休育并不像简单的体育运动这么简单，如果忽视了它背后蕴藏着的巨大的文化内涵，不能从更加深刻的文化理论入手进行研究的话，那么对民族传统体育的研究只能是浮于表面，更不会从中领悟到中华民族深厚的文化积淀。因此，还需要进一步加强对民族传统体育运动项目背后的、深层次的文化研究。

在研究项目方面，长期以来，我国对民族传统体育项目的研究主要集中在传统武术和少数拳种上，对少数民族传统体育项目的研究较少，一些民族传统体育项目在小范围

流传，受众少，研究经费和人员始终不能到位，导致很多优秀的少数民族的一些传统体育项目失传了。

在研究力度方面，由于从近代以来，我国民族传统体育受到西方竞技体育的冲击，在民族传统体育已经到了生死存亡的临界点时，相关的学者才开始觉醒，纷纷加入到对我国的民族传统体育更加深入的理论研究之中。然而这些研究如同民族传统体育本身的发展一样，并没有得到官方的太多重视，研究处于无组织状态，多是从研究者的兴趣出发。1998 年开始，民族传统体育才作为一个专业成为教育部颁发实施的体育本科专业，国家和政府才开始正式对民族传统体育进行研究，但是，民族传统体育研究的面比较窄，层次不高，不够深入。

（二）研究人才匮乏

教育是衡量一个国家发展水平的重要指标之一，目前，我国实施的"科教兴国"战略，就把教育的发展放在一个重要的地位。

21 世纪是一个人才竞争的时代，必须要抓好人才教育。教育水平如果得不到提高和发展，就会影响社会各类人才的培养，并且在很大程度上影响着民族传统体育的发展。

我国民族传统体育文化内容丰富、项目众多、形式多样，而与之相对应的，我国民族传统体育文化的研究人员极度缺乏，很多民族传统体育文化需要专业人员进行研究，而我国目前这种专门研究民族传统体育文化的人才培养缺乏经费和机构，学校教育方面也很难做到人才培养的专业性。研究人才匮乏是目前我国民族传统体育文化研究面临的一个重要问题。

二、民族传统体育文化的教育发展态势

（一）课程比例少

现阶段，民族传统体育是我国学校体育教学的重要内容。通过教育传承也促进我国民族传统体育文化传承的一个重要和有效途径，而且，民族传统体育本身具有的民族性、健身性、娱乐性等本质或特征都与学校体育所追求的目标相吻合，特别是民族传统体育弘扬民族文化的内容更是现代我国教育所提倡的内容。因此，必须抓紧我国很重视各级各类学校的民族传统体育课程的开展。

但是，就实际教学情况来看，我国的学校体育课程体系，已被西方体育项目所占领，无论是体育教学内容还是课外体育活动，西方竞技体育项目几乎覆盖了整个学校体育教学课程体系的内容，民族传统体育课程非常少。就全国范围大学体育教育来讲，更

多的学校则不够重视我国民族传统体育项目的教学，课程设置多以选修课形式，课程多设置在大学第二学年，且课时较少。

即使是在少数开展了民族传统体育项目的学校，也是在学生主观意愿和实际需求的影响下，更多是为了满足教学内容体系的需要，课程开展流于形式。

（二）教学内容少

调查发现，我国各级各类学校的学生，对我国民族传统体育文化和活动项目大多数是非常感兴趣的，有参与和学习的动机。结合不同学生所喜欢的民族传统体育项目（表7-1）来看，学校应在民族传统体育课程的设置上充分考虑男女学生的不同项目需求，以及不同学生的娱乐、健身、养生等不同需求。[①] 但是，我国各学校的民族传统体育课程课时本来就少，在这样的情况下，再充分地照顾到不同学生的学习需求，几乎很难实现。

目前，我国民族传统体育教学内容，主要是以武术课程教学内容为主，同时开展的还有太极拳、长拳项目，其他少数民族传统体育项目则较少涉及。

表7-1 学生喜爱的民族传统体育课程调查

课程内容	频数	百分比（%）	男生数	女生数	总数
太极拳	280	49.9	120	160	561
太极剑	106	18.9	40	66	561
象棋	105	18.7	70	35	561
散打	98	17.5	86	12	561
钓鱼	84	14.9	69	15	561
毽球	78	13.9	9	69	561
气功	77	13.7	43	34	561
长拳	75	13.4	72	3	561
荡秋千	73	13.0	23	50	561
围棋	70	12.5	56	14	561
棍术	63	11.2	56	7	561
形意拳	49	8.7	37	12	561

（三）师资不足

我国新课程改革以后，学校民族传统体育课逐渐改变以往以公体课形式的教学模

---

① 张辉.四川省普通大学民族传统体育课程升设现状与对策研究［D］.四川师范大学，2011.

式，而以选项课形式开展，民族传统体育课程较以往有所增多，但是，由于我国学校民族传统体育教学刚刚起步，学校民族传统体育教学师资力量匮乏。

目前，我国学校民族传统体育师资不足的情况主要表现在以下两个方面：

首先，教师数量少。在我国各学校体育教学中，从事西方竞技体育项目的教师较多，民族传统体育教师较少。这种情况短时期内很难改变。

其次，师资专业性不强。当前学校民族传统体育教学的授课教师也大多数是以武术专业为主的教师，还有很多授课教师是从其他专业转过来的。通过我国一些地区的学校体育教学调查发现，学校体育教师队伍，在从事民族传统体育项目教学的教师中，专业教师的比例为 42.8%，而 57.2% 为非专业教师。另据调查显示，在接受调查的 12 所大学中，在从事民族传统体育项目教学的教师中，只有 15 位民族传统体育专业的体育教师，有 20% 的授课教师在工作几年后才开始接触民族传统体育项目的教学。[①]

三、民族传统体育文化的竞争发展态势

（一）竞技性质凸显

20 世纪 90 年代以后，体育的全球化发展趋势越来越明显，竞技化发展成为世界体育发展主流。目前，在体育全球化发展背景下，全球化的体育发展是以西方体育发展为主的，体育全球化是"西方体育的全球化"，体育的全球化没有从古希腊和西方体育的文化挟制之中走出来，发展到今天体育全球化的内容和形式，基本被西方体育所垄断或同化。

任何一种体育运动都具有竞技性，民族传统体育运动也不例外，甚至有些项目的竞技性还很强，如武术、摔跤、赛马等。我国的民族传统体育活动最早源于黄帝时期，当时的一些体育活动属于宗教庆典仪式的一个部分，这个时候的竞技性还不突出。先秦以后，传统体育的军事价值纷纷体现，竞技性得到了广泛的发展。但是，和西方竞技体育相比，我国民族传统体育中，竞技性要弱得多，很多民族传统体育项目更多是注重健身、娱乐、养生等其他价值。

为了与世界体育竞技化发展趋势相符，融入世界竞技体育的发展之中，我国多次对一些典型的民族传统体育项目（如武术、散打、摔跤等）竞技规则和竞赛体系进行不断完善。武术的竞技化改造正在不断完善和适应现代体育中发展。1990 年，在第 11 届亚运会上，武术被列为正式比赛项目。1991 年，内蒙古举办首届"国际那达慕大会"。进

---

① 杜炳辉.大学民族传统体育项目的发展现状研究［J］.体育世界.2011（05）.

入 21 世纪，为使武术进入奥运会，2003 年，我国重新修订了《武术（套路）竞赛规则》，使武术比赛的评判更加客观、简洁和易操作，竞技化程度进一步提高。

同时，也为了进一步促进各民族发展，传承和发展民族民间传统体育，我国开始举办全国少数民族传统体育运动会，该运动会具有民族性、广泛性和业余性等特色，极大地促进了民族传统体育的进一步普及、发展，在少数民族体育运动会上，诸多民族传统体育项目的竞技性突出，赛事观赏价值较高。

（二）市场化运作

现代社会已经进入商品经济时代，有市场需求才有发展空间。民族传统体育的发展绝对不能走"酒香不怕巷子深"的路子，必须主动进行商品化改造，以适应现代商品经济的发展。

要想在市场经济竞争中站稳脚跟，必须对民族传统体育进行市场化运作，使民族传统体育的发展围绕消费者的需求进行运作；要使民族传统体育运动项目竞赛顺应竞技市场竞争、在竞技体育市场化过程中更好地抢占国际市场份额，以促进我国民族传统体育竞技的快速发展。具体来说，民族传统体育产品和民族传统体育赛事，无论是在设计、生产，还是包装方面，都要树立消费者为中心的理念，并主动参与市场营销。

当前，我国各地区为了发展竞技，同时也为了弘扬本地区本民族体育文化，都在积极开展少数民族传统体育旅游，并结合现代市场经济发展特点寻求本地区、本民族的特色发展道路，以一种新的运作方式融入现代市场竞争之中。

四、民族传统体育文化的区域化发展态势

（一）不同民族的民族体育发展不平衡

我国民族传统体育项目，在各民族的具体体育项目数量上表现出地区性发展不平衡。就我国民族传统体育整体来看，虽然在众多项目中有许多项目有着类似的地方，还有一些项目的属性尚无法界定，尚有许多边远地区未在走访发现的范围之内，再加上历史、社会、文化等种种因素的影响，使得这一数字并非是绝对准确的。但是，从现有数据上可以推断出，在我国民族传统体育项目中，汉族的体育项目多，其他少数民族的民族传统体育项目少。

因此，简单来说，从区域范围来讲，汉族聚集的地区，民族传统体育项目和文化形式多，少数民族聚集地区，民族传统体育项目数量较少、文化形态也少。

（二）各经济区的民族体育发展不平衡

经济基础决定上层建筑，民族传统体育文化属于精神层面的文化，属于上层建筑部分，受经济因素的制约。经济的发展对文化的产生、发展具有重要的影响作用。具体表现在以下几个方面。

首先，经济生产方式的不同，决定了在此基础上产生的民族传统体育文化内容和形式不同。例如，我国北方地区地域广阔，地形主要为高原和平原，气候普遍少雨、冬季寒冷、夏季凉爽，因此北方民族以农耕文明为主，在此基础上产生的民族传统体育多与农业生产有关，而西北地区少数民族以畜牧业为主，因此，民族传统体育多围绕畜牧业生产活动开展，出现了诸如摔跤、赛马、角力等运动。反观南方地区，地形依山傍水、气候温和，再加上多湖多水，因此其许多体育活动与水有关。民族文化的差异性是客观存在的，即使是同一民族，由于所聚居的地区差异较大也会在包括体育运动文化在内的多种风俗上表现出许多不同的地方。

其次，经济发展程度不同，民族传统体育文化的传播和影响范围也不同。民族传统体育活动的地域性的本质在于某一个民族或几个民族所处的特殊地域会给该地区所居住的民族的文化带来些许影响。地域差别较大的地区其居住的民族的文化和习俗差别也较大。这些都使得在与外来文化的和谐发展过程中各个民族都在自己文化背景基础上形成了有别于其他民族的传统体育文化与活动方式。我国古代经济落后，交通不便，因此各民族传统体育民族性更加明显，经济发达地区的文化逐渐向不发达地区输出，因此，经济发达地区的民族传统体育的影响范围就更大，在现代社会仍是如此。我国经济发达地区的汉民族文化要比其他少数民族的民族文化传播范围更广、影响力更大。

最后，地区经济发展影响教育事业开展，这一点在民族传统体育文化的研究中经常被忽略。只有在经济发展能满足基本需求的基础上，人们才会进一步考虑发展教育事业，推广和传承民族文化。与东部沿海等地区相比，我国西部少数民族地区的经济发展落后，民族传统体育教育发展也相对落后。我国东部与西部地区仍然存在着不小的差距。近年来，我国的教育取得了一定的成绩，民族地区以及西部等地区的教育得到了较大的发展，并在一定程度上促进了本地区的发展。但民族地区的教育发展不上去，就会导致人才发展的失衡和流失，民族地区的传统体育运动也会因之而遭到破坏和没落。因此，必须关注我国一些少数民族地区民族传统体育教育发展落后的状况。

需要特别指出的是，在经济对不同地区文化的影响上，我国民族传统体育是从原始社会和奴隶社会发展而来，一些民族传统体育所依赖的广大农村地区和民族地区的经济、文化较为落后，受此影响，仍然有许多民族传统体育项目无法摆脱原主形态或次原生形态的深刻烙印，至今还带有浓郁的文娱色彩，并与舞蹈、杂技、祭祀等混为一体，还有很多民族传统体育文化带有封建色彩和落后思想。

第三节　民族传统体育文化体系构建的策略

一、规范和改革民族传统体育教育

教育是民族传统体育文化发展的保证，教育能培养出一大批专业人才，从而更好地推动民族传统体育的发展。总之，教育的发展是一个基本问题，也是一个长远问题，而民族传统体育以教育为基础的人才发展观的确立，是民族传统体育未来发展的中流砥柱。

（一）丰富传统民族体育教学资源

在我国学校体育教育教学中，我国民族传统体育教学内容有其不可替代的优势，但从现代世界竞技化体育发展趋势上来看，以及结合当前我国体育教育教学改革过程中新的体育教学目标的确立，某些传统体育教学内容已不适合或者说在某些地方（如规则、技术难度）上不适合现代体育教学的要求。

现阶段，为了更好地发挥传统体育教学内容的优势，使其更好地为我国学校体育教学服务，以适应现代教学的需要。应从规则、技术难度、趣味性等方面对民族传统体育中的一些项目进行改造，以便于简化规则、降低难度，突出民族传统体育的游戏、生活、实用等特征，使其成为学生终身体育内容。

（二）调整民族传统体育课程结构

目前，我国学校民族传统体育教学主要是以选项课为主，形式较为单一，不利于学生参与民族传统体育的积极性的调动。

为激发学生对民族传统体育参与和学习的兴趣，当前，我国各地区普通学校应根据各自的实际情况，有针对性、目的性地拓展民族传统体育课程类型，使课内、课外一体化教学得到进一步加强，进而使民族传统体育课程结构得到进一步完善，这有助于促进学生在课外积极参与民族传统体育文化活动。

（三）拓展民族传统体育课程内容

长期以来，在我国各级各类学校的民族传统体育教学中，教材内容往往是专家、学者按照特定的要求编写的，因此往往严密性和逻辑性很强。这种编写方式虽有利于教学，但容易脱离教育教学实际。教材的课程内容需经过体育教师的加工讲解，才真正使教学内容展现给学生。因此在民族传统体育教学过程中，教师可根据具体教学目标和实际情况对教材内容进行取舍，选择适合本校、本地区的民族传统体育项目教学和组织开展活动。

以传统武术为例，在课程内容选择和设计方面，绝大多数学校都是将武术套路运动作为主要内容，但是，根据目前的调查来看，格斗运动越来越引起学生的兴趣，为了满足学生的愿望，顺应这一趋势，建议学校在传统武术教学开展过程中，可以将传统武术的套路教学相应地删减，增加武术散打内容。我国西北地区还可以积极开展摔跤、角力等内容的教学，使教学内容更加丰富，从而提高学生对民族传统体育课程的兴趣和学习积极性。

（四）完善民族传统体育专业教材

民族传统体育属于体育学，但是，民族传统体育教材不仅要涉及体育学，而且还要涉及与之相关的其他学科，如传统哲学、中医学、训练学、养生学、伦理学、美学、兵法学等。作为一个由多学科相交叉所形成的新兴专业，我国民族传统体育教材多是运动项目的固定套路介绍，缺乏文化内容。

要促进我国民族传统体育文化的发展，构建完善的民族传统体育文化体系，就必须增加民族传统体育文化内容，根据各地区不同学校的实际体育教学特点和民族传统体育运动项目特点，不断开发和完善学校民族传统体育类的专业课教材。通过民族传统体育教学开展，丰富学生的民族传统体育文化知识和素养。

（五）建设校园民族传统体育文化

文化环境是以一种特定的文化氛围，对学生有着重要的作用，会使学生在不知不觉中受到潜移默化的影响，受到陶冶、导向和激励，建设校园民族传统体育的良好文化环境，有利于充分发挥民族传统体育的育人作用。

在学校民族传统体育教学中，必须充分发挥民族传统体育课和体育教师的教育功能。在课堂教学过程中，教师应注重自身指导性和学生主体性的充分发挥，通过多元的体育内容和体育方法，不断提高学生的学习兴趣，促进学生建立终身体育意识，让学生参与体育教学过程，在实践中培养学生学习民族传统体育的兴趣。

（六）体育教学突出地方民族特色

民族传统体育具有地域性特征。文化发展离不开文化诞生和发展地域的自然和人文环境。一定的地域是一个民族长期繁衍生息的空间条件，许多民族传统体育活动都是在一定的自然和人文环境下孕育产生的。民族传统体育地域性特征的客观存在要求学校民族传统体育的发展必须重视各学校的地域特征。

结合民族传统体育开展的地域特点，同时考虑到各不同学校的实际情况存在一定的差异性，民族传统体育教学应突出区域、地方特色和特点，民族传统体育课程内容选用要充分结合本地区的实际，从实际出发。结合本地区开展较多的、影响广泛的民族体育内容，开设相应的民族传统体育教学项目。

二、对民族传统体育进行竞技化改造

当前，竞技体育是世界体育发展的主流，对我国民族传统体育进行竞技化改造，是新时期我国民族传统体育在现代社会可持续发展的必然要求，必须转变观念，充分认清这一事实。为了适应当前全球体育竞技化发展趋势，我国民族传统体育开始进行竞技化改造，民族传统体育文化的竞技性质日益凸显。对民族传统体育进行改造使其符合竞技体育的特征，才能促进其竞技化的科学发展，并与当前世界体育竞技化发展相适应。对我国民族传统体育的竞技化改造应从以下几个方面入手。

（一）内容和形式的竞技化改造

对民族传统体育套路的结构和内容进行改造，提高民族传统体育的娱乐性和观赏性，使民族传统体育既包含民族项目要求，同时又能将世界各民族的同类素材和内容融入其中。

针对一些竞技性较强的民族传统体育项目，如传统武术、蹴鞠、散打、摔跤、射箭、秋千等，应改变原有民族传统体育套路模式化、民俗仪式和庆祝内容，在丰富民族传统体育内容与形式的基础上，使其突出和充分体现西方竞技体育的一些特点，为其进一步融入现代竞技体育奠定基础。

值得一提的是，对民族传统体育的竞技化改造，应建立在保留民族传统体育基本特点的基础上，仍要凸显出体育运动开展的民族性，不能盲目改造。

（二）运动规则的竞技化改造

西方竞技体育具有明确的规则，在规则指导下开展，根据规则进行评判，这是竞技化体育在全世界范围内广泛推广的基础。对民族传统体育运动项目的运动规则的不断调整也是我国民族传统体育一步步走向竞技性、规范化的重要前提。

当前，对我国民族传统体育运动规则的竞技化改造，应重点做好以下两个方面的工作。

首先，简化规则。在民族传统体育竞技化探索过程中，民族传统体育竞赛规则的不统一和操作性的缺乏是影响民族传统体育竞技化发展的一个重要制约因素。为融入现代竞技体育，针对上述问题的存在，民族传统体育必须统一规则。统一规则就应该使体育竞赛规则的使用要方便，现阶段，要想保证民族传统体育竞赛公平、公正地进行，简化竞赛规则非常重要。以我国传统武术为例，对武术套路、动作的技术评判缺乏统一、明确的标准，直接影响了不同裁判在比赛过程中对参赛选手的评判。从裁判员的角度来讲，目前，在武术套路比赛中，技术动作的规则判定十分复杂，对裁判员的武术专业素养和裁判能力要求较高，而现在的武术比赛裁判员多为兼职，对武术技术动作研究有限，对操作性不强的武术竞赛规则的理解也有限。[1] 这就使得各个裁判评判标准不统一，评判内容及其关注点不同，很难对选手的表现做出像西方竞技体育那样的明确的数据判断。简化竞赛规则是保证武术比赛客观、公正开展的重要和有效手段，简便可操作性的武术竞赛规则便于裁判员评判，这是促进竞技武术竞赛的竞技化和国际化发展的必由之路，也是民族传统体育竞技化发展必须首先要重点落实的改造工作内容。

其次，明确具体评判标准，使规则更具操作性。规则的可操作性是现代竞技体育的一个重要特点。仍以我国传统武术为例，我国传统武术内容丰富、动作多变、套路多样，不仅重视技术动作，更强调"精气神"，讲究神韵，这就使得武术的评判不仅仅局限于动作、套路的完成，还要兼顾形体、形态、意蕴表现、神韵风采、"精气神"等多个方面，而这些内容的优劣评判是很难量化的。反观现代竞技体育的评判标准，非常直观的是用时间、距离等客观数据说明的，我国民族传统体育内容丰富要进行统一的技术评定，就必须规范规则。现代竞技体育比赛规则的规范化是武术发展的客观要求，也是民族传统体育评判标准适应现代竞技体育发展要求必须要改造的。

三、立足社会发展民族传统体育文化

（一）建立全社会的文化传承体系

在当前日益重视国家和民族文化软实力发展的背景下，民族传统体育文化的传播和传承意义重大，它承载着继承传统文化和弘扬民族精神的历史使命。因此，应开拓思路，民族传统体育文化体系的完整建立，不能仅仅局限于校园、依靠竞技化发展，而是要依靠全社会来发展。

---

[1] 张志辉.竞技武术套路竞赛规则嬗变的研究［D］.北京体育大学，2015.

具体来说，就是要学校、家庭与社会相互配合，充分发挥体育宣传的导向作用。端正家长、教师、学生对学校民族传统体育的认识，使他们深刻地理解学校民族传统体育对培养现代化的人、促进人的全面发展、传承我国优秀传统文化的作用。

一方面，使学生能自觉、主动参与民族传统体育活动，使大学生在实践中加深对民族传统体育的情感、在实践中真正提高民族传统体育文化素养。

另一方面，促进整个社会的民族传统体育文化自信心的建立，使社会大众能积极、自觉地学习与宣传民族传统体育文化，在整个社会形成良好的民族传统体育文化氛围，建立民族自信心。

（二）借助文艺宣传传统体育文化

文艺与文化之间具有密切的联系，文艺是文化的具体、可视性的表现，可以借助文艺发展，宣传民族传统体育文化。

一方面，可以借助影视作品宣传民族传统体育文化。影视文化是一个朝阳性的文化产业，正对人民的生活产生着重要的影响。"功夫"（Kong fu）是国外对中国文化认知的一个重要标签，认为每个中国人都像李小龙一样有一身好本领。这种民族传统体育对其文化的影响，正是源于电影在人们意识领域的映射。近些年来，我国创作了《霍元甲》《叶问》《新少林寺》等一大批优秀的宣传中华民族传统体育的电影，这些优秀作品和电影明星对于我国民族传统体育文化的宣传、普及、推广起到重要作用，并引起世界反响。

另一方面，可以借助文化展览、文学作品、舞台剧、民族印象系列表演，来宣传民族传统体育文化，增强地方性、民族性的体育文化的影响力，并提高我国文化软实力。

（三）推广大众民族传统体育健身

民族传统体育文化的活动性质与功能是多元化的，其集健身、养生、娱乐、竞技为一身，其中，民族传统体育的健身性、娱乐性使其能成为大众健身运动项目的重要内容。

具体来说，民族传统体育具有重要的健身功能。体育运动的本质本身就带有健身性，因此民族传统体育也拥有这一属性。民族传统体育项目植根于我国地区的传统体育运动项目，所以毋庸置疑地拥有足够的群众基础，且大多数人对本民族的一些传统项目的规则和参与方法较为了解，可以非常方便地参与其中。此外，我国民族传统体育大多来源于日常的生产生活行为，后来随着生产力的不断提升，一些古老的生产方式不再拥有实际意义，转而变成了人们以其作为娱乐的方式。最初的民族传统体育较为简单，几乎没有太多规则可言，随意性和灵活性较强，民众可自由参与其中。

在现阶段，我国大力推广全面健身计划，民族传统体育的健身与娱乐属性，使得民族传统体育运动成了大众健身活动的重要内容。通过开展民族传统体育活动，对于现阶段，增强民众的体质，提高民众的身体运动能力，优化民众的身体素质，使民众具有强健的体魄和健康的心理具有重要促进作用。

需要特别指出的是，全民健身计划的实施给我国民族传统体育事业提供了有利的发展空间。新时期，在合理利用发展空间的同时，还需要注意民族传统体育文化的优势发展原则。形成以民族传统体育、中华养生术等带动其他民族传统体育项目发展的局面，将优势项目与弱势项目有机结合起来，在发挥优势项目的前提下，大力发展弱势项目，进而实现民族传统体育文化事业的全面发展。

四、促进我国民族传统体育文化的世界化发展

当前，随着我国国际地位不断提高，我国对外交流的日益频繁，我国对外交流的形式也日趋多元化，这对于国际文化交流具有重要的促进作用。

新时期，要促进我国民族传统体育文化的发展，不断地建立与完善我国民族传统体育文化体系，就要立足全世界，在全世界范围内推广我国民族传统体育文化，建立中华民族的民族自信心和自尊心，增强中华民族的凝聚力。

在世界范围内推广我国民族传统体育文化，可以借鉴武术赛事和孔子学院模式。武术是外国人了解我国民族传统体育文化的一个重要窗口，目前我国已经打造出具有世界影响力的武术散打赛事，成功地宣传了我国传统武术文化。而孔子学院是我国对外文化交流的一个创举，在国际上已经成为中国文化对外交流的主要阵地，是异国学生体验、学习中国文化的地方。我国民族传统体育文化在世界范围内的推广和发展可以成功借鉴和依托上述两个模式和途径。

总之，民族的就是世界的。促进我国民族传统体育文化的世界化、国际化发展，是我国民族传统体育文化自身发展的需要，也是弘扬世界优秀民族传统体育文化内容的客观需要。

第八章 大学体育文化的传播与发展

第一节 体育文化传播

一、体育文化传播的内涵

体育文化是人类有意向的活动或为了改变的存在，是人们在满足了物质需求的基础上创造出来的文化世界，是人类为了不断适应生存的环境，从而调整人与自然、人与人的关系，以便获得更好的生存和发展所创造出来的生活形式、精神文化和思维方式。

体育文化是社会文化的一个重要分支，是关于人类体育运动的非物质、体制和精神文化的综合体。体育文化包括体育意识、体育情感、体育价值、体育理想、体育道德、体育制度和体育物质条件等。体育文化从广义上讲是为了丰富人们生活、满足生存需要，以身体为媒介，满足人类在身体进行活动时不断改造和完善，最终达到社会认可的文化。从另一方面讲体育文化是生活文化的一部分。体育文化来源于社会生活，也必然为社会生活服务，肯定了体育是一种有价值的活动，并赋予体育一定的使命，从而使体育由借助自然的活动变成了有文化内涵的活动。体育文化是人类社会的一种文化现象，它的产生与人类社会的生产、生活以及军事、宗教、舞蹈、民俗等都有直接和间接的联系。关于体育与人类生产、生活的联系早有人论述，本书中也有谈及，至于与人类原始的军事、宗教、舞蹈、民俗联系的分析却较少，现略举数例以表述之。例如，原始人在最初时期，猎获大型的野生动物，以跳舞来表示欢庆，如今，它演变为具有高超艺术和优美舞姿的现代舞蹈，这就是体育文化由原始形态向现代文化逐步进化和发展的表现形式之一。当然，这里强调的是有意识、有目的的行为和有一定技能传授的活动，并不是指原始人无方向、无技能的活动。显然，体育文化的产生是与人类社会文化的渊源相一致的。从中国的历史记载上看，原始部落在祭日和拜日的仪式上燃起篝火，手握木棍或白羽毛，围着火堆，跳起各种舞蹈，象征太阳诞生了，表示对太阳的崇拜。再有，中国古代民俗活动中的祭龙、龙舟竞渡活动，以及如今在寺庙中的墙壁上还能看到的古代人手舞足蹈、拉弓射击的动作，从这些活动上能想象和体会到原始人体育文化的最初起源。

体育文化的产生、发展到现今，是经过漫长的人类社会发展过程的，而且，随着人类社会的发展，体育文化也在不断完善、提高。例如，中国古代传统的体育项目气功、武术、太极拳以及民间舞蹈等，随着人类社会的不断延续和发展，如今都成为现代中国乃至世界体育文化的宝贵财富。

体育文化之所以超越一个国家或一个民族的范围，有着外在的各种原因，但就体育文化本身而言，它的转变和提高以及发展，是以人的自身健康、强壮、优美和品德高尚为目的的，这是判断人类社会在不同时期的文化水准的实质性形态，也是区别各民族文化差异的一个重要标志。因此，在当今世界，体育成为世界性的公共活动，是同国力、国运、民族精神相联系的，体育运动风靡了全球，从而，体育文化在现代社会生活中引人关注。正如人们所共知的，中国的武术、太极拳，其主张内外俱练、形神兼顾，讲文明、讲道德、讲修养身心、延年益寿，深为人们所喜爱和欣赏，近些年来，它不仅在国内城乡得到广泛普及和提高，而且在世界其他国家也广为流传，中国体育文化在世界范围内进行传播和发展。

二、体育文化传播的目的、意义

传播是沟通彼此意向，以达到统一行为的目的。传播的方式可因自然和社会环境的不同，以及文化变迁方面的差异，而出现完全不同的传播结果。体育文化的产生和发展很大的原因在于传播媒介。随着时代的发展，传播的媒介也在发生着巨大的变化。从最早的狩猎传播、身体传播、宗教传播发展到现在的报刊、杂志、电台、电视、网络等传播方式。传播的不断发展和扩大，也使体育文化不断发展和扩大。

体育文化的传播是一个非常复杂的问题，它涉及各个方面的因素，有类型、途径、影响和作用等。随着人类社会的发展，体育也在不断地发展和变化，新的运动项目总是不断地涌现出来，这些新项目最初产生的地方，可称之为体育的发源地。体育项目从其发源地向外扩散，进而广泛地传播。体育传播主要是指体育的地域移动，体育传播是人的一种社会活动过程。在现代社会，传播媒介越来越多，体育文化的任何方面均能得到广泛的传播，这是有目共睹的，是历史发展的必然。

每一个民族的体育文化组成体育的纵向发展，各民族之间的体育传播形成体育的横向发展。没有横向发展，就没有纵向发展。所以每一个民族体育的发展，不仅有本民族体育传统中一切优秀遗产的纵向继承，又有吸收其他民族、其他国家体育中一切积极有益东西的横向继承，二者必不可少。体育文化的发展实质上是一种体育文化借助于某种外来的力量与自身的相互作用铸造新的体育文化的过程。只要有人类活动就会存在体育传播，体育传播建构与发展了体育的生存方式，它能够促进体育文化的发展。

从体育文化发展过程来看，体育本身具有外向性和开放性的特点，这使其交流十分频繁，是诸多文化交流中较为突出的一种。体育文化交流的形式也是五花八门。从历史的发展上看，主要有奥运会、贸易、传教、殖民、战争、旅游、留学、讲授、外交活动、移民等。它们往往是互相交错、相互促进、不断发展的。体育文化传播的主要目的是将体育文化纳入世界文化发展的轨道，使体育文化从民族性和区域性的交流扩展到全世界，这也标志着人类社会发展的进步和体育文化发展的进步。

体育文化传播作为现代社会的一种特殊文化形态，对社会的政治、经济、文化教育、商业等起到了巨大的作用。在政治上它可以振奋民族精神，激发爱国主义热情，提高国家在世界上的地位，加强各国人民之间的交流，促进各民族的团结和社会的安定。在经济上能够促进经济的快速发展。它已成为集体育、经济、贸易、文化等于一体的综合性的文化活动。一些民族性的体育文化项目，它们现在已不再是单纯的民族体育活动，已经发展成为全球性的体育活动。可见体育文化在现代社会中具有强大的推动力量，它作用于社会的各个方面，对社会的进步与发展起着不可估量的作用，因此，它的传播将有非常广阔的前景。

三、体育文化与传播

（一）体育文化拓展了传播载体

体育文化的起源是人类劳动过程中形成的超生物肢体的健全完善过程和超生物经验的传递交流过程。在不同的民族体育文化发展过程中，都形成了各自不同的体育文化模式（保持一种相对的结构方式及稳定性）。现代体育文化是以西方工业革命和文艺复兴运动为文化背景而产生的，它在谋求自身的培育和发展，增进健康和保持积极的心理、生理状态的同时，维护社会稳定、发展体育理想、培养体育意识。其主要包括群体性的竞技活动、个体性的保健活动及各种类型的娱乐活动。体育文化发展的主要动力在于传播上，文化的传播是人在社会活动中对文化的分配和享受，是人与人之间的文化互动现象，体育文化传播遵循着文化传播的规律，也有其自身的特点，它是以人类各民族文化交流为重要内容所进行的。

体育文化的交流和传播都是双向性的，只有在传播中才能保证提高，才能够生存和延续，才能不断增殖，才能进一步地繁荣和发展。

体育文化的发展，首先要依赖于体育教育。体育教育主要包括学校体育教育和终身体育教育两大类。体育教育对体育文化的传播主要表现在继承和延续方面。体育文化在传播中，从纵向看，要有系统性，要继承和发展本民族体育文化的传统，使之不致失传，这就需要从教育方面入手，打好基础。从横向看，体育文化又需要相互交流、相互补充，这样才能有所发展，有所创新，才能更好地发扬光大。

其次，体育文化的发展需要先进生产力的扶助，高科技的体育设备，先进的技术设施，这也是传播体育文化所不可缺少的一部分。

再次，体育文化的发展还要依赖于现代传播技术，只有高效的现代传播方式，才能使其更快更强地发展起来，才能不被历史所淘汰。

最后，体育文化的发展还需要更多的人参与到体育运动中去，只有把体育运动推向大众，才能使体育文化源远流长，永不失传。

（二）传播丰富了体育文化

体育文化的形成与发展一定程度上受传播的影响，这是显而易见的。传播对体育文化的影响，更深一层的意义体现在对整个社会的影响，因为体育文化是社会的一个重要方面，下面简单介绍一下传播影响体育文化的几种现象。

1. 体育文化的融合

体育文化融合的内涵是指两种或者两种以上不同地域、民族、国家的文化彼此借鉴、吸收、认同并最终融为一体的过程。促成文化融合的因素之一就是传播的交流作用。我们可以感知到传播有时可能是不由自主的活动，比如不同肤色、不同民族的人由于共同居住在同一个地区，致使语言、文化互相渗透从而产生文化融合。我们的祖先，原始部落之间的点滴文化感染、互相交叉传播是促进文化融合的重要因素。然而，另外带有强迫性传播途径的也是导致文化最终融合的一种方式——就是通过侵略战争、征服等来实现的，后来与本地的体育文化逐渐融合。显然，文化融合最终是不能依靠强迫来完成的，仅依靠征服是很难消灭一种文化或强迫一种文化就范的，除非这种征服是文明对落后的征服。

体育文化融合的另一个侧面是文化的一种同化现象。文化同化是指两种文化通过彼此互动而逐渐趋于一致的现象。一般来说，先进的、文明程度较高的文化对落后的、文明程度较低的文化具有较强的同化作用。例如，在原始社会里，人们用跑跳、投掷、打击、游水等手段来获取生活资料，当人们在取得胜利以后，他们用欢呼、舞蹈来庆贺自己的劳动成果，以表达欢畅的思想感情。从这些活动中，出现了体操的雏形。体操就是人们从原始舞蹈当中提炼出来的一种"身体按一定规律的操练"。它的发展融合了各个方面的需要，欧洲一些发达资本主义国家鉴于军事目的的需要，把体操与军事训练相结合。在训练过程中，人们除了形体训练之外，还要采用一些轻器械进行发展肌肉力量的全身运动，而且这种运动不断发展壮大，使体操运动在传播中逐渐活跃，从而推动了体操运动的进一步发展。

2. 体育文化的增殖

文化的增殖是文化的一种放大现象。文化在传播过程中会发生一系列的变化、其本身所特有的价值或意义会产生出新的价值或意义来，也可能是一种或者几种文化的受众面增加，那就要看这种文化的底蕴了。被传播的文化相对于传播前来说有某种增殖放大现象，这就是我们所说的文化的增殖。

传播给文化带来了增殖，这实际上也是传播媒介在传播过程中起到了催化剂的作用。它一方面表现在文化传播量的不断增长，另一方面表现为文化传播质的增加。量的增长主要指传播覆盖面的扩大，是指同一信息的发散性传播随着现代信息传播手段的发展而日益增强。例如电话、电报、电视、通信卫星等现代化传播手段的使用，使得传播的时间大大缩短，效率大大增加，某一地方发生的重大事件，通过通信卫星可以迅速地传向世界各地。在这里，我们把质的增加理解为信息在传播中价值意义的扩大，融合后的新的文化相对于融合前的文化会产生某种变革。中国的传统文化在传播中能否得到增殖与放大，取决于文化本身的价值意义、传播的方式、传播途径及文化受体的状况。如果我们所传播的文化本身是落伍的，传播后增殖的概率是很小的或者说是不可能的。文化本身的价值几乎可以决定它的增殖性。

文化受体对文化增殖的影响也很重要。俗话说"近朱者赤，近墨者黑"，当一种文化传播到另一种文化圈时，必须要与其适应并受其影响，从而使原有的文化在一定程度上改变其价值和意义，产生增殖现象。

体育文化的增殖现象是极其广泛的，例如随着游泳运动的不断开展，人们逐渐感到运动项目太少了，比赛的内容也十分单调枯燥，于是就产生要求开展一些更新、更有兴趣的水上体育运动项目的愿望。1860 年，英国曾经流行两种非正规的比赛：一种是抓鸭子比赛。就是将鸭子放入水中，运动员下水追赶鸭子，谁先抓住鸭子，就算获胜。但是这种比赛由于残害动物而受到了社会舆论的谴责，被迫停止了。第二种比赛是人们将苹果桶安上木制的马头，并标上赛马场上知名的赛马名字，将桶放到水里，人们骑在木桶上，手持长勺，用勺子打球，之后逐渐发展成为现在的水球运动。

3. 体育文化的积淀

文化是用符号记录发生过的事情，是用符号积累已经发生的现象。符号沉淀的时间越久，文化越深厚。人的生命是短暂的，一代人在历史的长河中只是一闪而过，但文化财富的积累可能是几百年甚至几千年。文化的积淀要通过几代人甚至几十代人的传播，因此，文化的传承必然对文化的积淀起着重要的影响，如果文化没有这种历史的传承，世界文化都将终止和消亡。

传承对文化的积淀来说是动态的，一个地域、一个民族、一个国家的文化在传承过程中也会被不断筛选和淘汰，也会被不断地发扬光大。文化如何变更，取决于社会发展进步的选择。这种选择基于社会对文化的需求，传播则把这种需求变成现实。

体育文化的积淀现象是非常普遍的，现代竞技体育几乎每项运动的发展都是通过积淀而实现的。如排球运动最早起源于美国，当时只是一项球类游戏，人们分别站在网球场球网的两侧，用篮球胆之类的球拖拉拍击，当时击球的次数不限，出场的人数由双方共同商定，也不限多少，但必须双方相等；后来发展为限制人数和击球次数；最后发展成为组织比较严密、规则比较全面的现代排球运动。

4. 体育文化的变迁

文化变迁是指社会文化特质、文化模式、文化结构转变的过程。我国历史上的"五四"运动，提倡新文化，提倡民主与科学，对旧的封建文化进行摧枯拉朽式的革命，导致了中国近代社会的一次较大的文化变迁。在这其中，传播起着重要作用。"五四"运动和新文化运动带来的社会文化变迁，与西方科学民主思想向中国的传播密切相关，没有西方先进文明的传播，就不可能形成"五四"运动的土壤。没有"五四"运动及马克思主义的传播与影响，中国也不会产生新民主主义文化和社会主义文化取代半封建半殖民地文化的文化变迁。因此，传播是人类进步的主要推动力。

体育文化作为一种独立的文化形式，其作用是其他任何文化形态和现象所不能取代的。人类通过劳动改造和创造环境，同时也在改造和创造体育文化环境，体育文化环境与外在的自然环境不同，它包含人类个体生理环境，乃至社会群体的生理、心理环境。作为具有文化价值的体育运动，它是一种社会实践活动，也就是人能够全面、自由、和谐地发展，或者说大身心发展的完美展开和全面实现的活动，是个体人格和社会人格的和谐统一过程。

（三）传播促进体育文化的快速发展

传播是人与人之间、人与社会之间、社会与社会之间文化信息的交流与互动过程。在整个过程中，传播始终存在着分享、增殖、变迁、冲突、调适和控制等行为。如何认识从分享到控制，取决于我们对传播的理解。分享就是获取他人成果，为自己生存和发展介入新的力量。而控制，从受传者方面看，客观上是维系旧的文化状态，反对同化；从传播者方面看，客观上是在扩大文化占有上的不平等。这种矛盾是一种无法克服的障碍，只有当控制不再是文化的主导方式，而在文化上互惠与帮助的时候，文化的传播才会充满和谐与秩序。

体育文化是人们对体育运动的认识、情感、理解，它的最大属性是群体性，几乎所有体育运动项目都是在集体协作下完成的。体育运动可以极大地满足人与人之间交往的需要，为人际交往提供一种有效交流的条件和机会，完成人性的归属。

传播对体育文化的作用是相当大的，体育文化只有借助传播这种介质做好宣传，才能得到更进一步的发展，使人们对体育文化有广泛的了解，让更多的人能根据自己的兴趣、爱好进行自由的选择，使体育文化走进千家万户，从而促进体育文化的进一步发展。

1. 从传播学的角度来说，传播对体育文化的作用

（1）观察的功能

通过对社会各个方面的观察，可以向人们提供各式各样的新闻、评论和技术统计，即把各个地区的体育文化相互连接传送，使人们能够从直观的角度去观察它、了解它、掌握它，从而促进它的发展。

（2）组合的功能

通过媒体的传播，可以对各种信息进行有选择性的解释并加以组合。对于体育文化来说，它的活动内容基本上没有什么可以回避的，媒体可以用较为明确的态度表示赞成还是反对，或者是表扬还是批评，这就对体育文化提出了很高的要求，留住精华，去掉糟粕，最终使留住的精华能在各种场合加以推广，这同时也促进了体育文化的发展。

（3）传播的连续性

通过传播，媒体可以将一件事情连续完整地报道出来。一些大众体育运动，通过传播形式传递出去，从而吸收更多的民众参加这项体育运动，使体育文化进一步发展。

（4）具有互动作用

互联网的出现，打破了传统的大众传播媒体单向、舆论千篇一律的格局，实现了信息的多元化、舆论的多元化。它可以从不同的角度，用不同的方式、方法向各个方面进行扩散。体育文化走向市场就是使各行业都来关心体育，关注自己的身体健康，也使他们借助某一项体育运动来宣传自己的产品，借助媒体的力量相互促进、蓬勃发展。信息时代的发展使生活不自觉地受到了很大的影响，体育文化也是一样。

2. 传播媒体在影响和促进体育文化发展的过程中的作用

（1）观念方面

随着社会的发展、传播媒体使人们对体育文化的理解更加深入，人们在接受媒体的宣传和自身的参与体验中，逐渐认识到体育文化的创新与健康是紧密联系在一起的，从而逐渐形成了正确的体育观念。受众意识到社会的发展对人的素质也有了更高的要求，于是更加积极地参与体育运动，最终对体育价值观也有了合理的定位。因为体育运动能使人们以更好的精神面貌、更强的体魄、更智慧的头脑去面对社会的挑战。

（2）参与方面

观念的变化能促进人们态度的转变，态度的转变激发人们积极主动参与体育运动，时时刻刻关心体育运动的发展。在科学技术发达、经济繁荣的地区，经常参加体育活动的人数已占到50%。在发展中国家，随着人们生活水平的提高，生活方式也在不断发生着变化，参与体育锻炼的人数逐年增长。有关调查表明，目前我国经常参与体育锻炼、关心体育新闻的人数已占到了32%以上，有越来越多的人参与到体育运动的行列里来了。这表明在传播媒体的作用下，人们更多地了解体育、关心体育，这同时也促进了体育文化事业的进一步发展。

（3）投入和消费观念方面

在传播媒体的积极宣传和带动下，社会各界对体育价值的认识在逐渐提高，体育设施的投入和体育消费也呈上升趋势，这里有政府职能部门的投入，也有大众体育参与者的积极响应。花钱买健康的观念，日趋深入到每个人的心中。人们根据各种需要积极购买各种有关的书籍、报刊、服装、运动器材等，积极上网通过传播媒体来了解体育发展的崭新动态，从而也促进了体育文化的进一步发展。

传播与大众体育之间是互动的，其结果是双赢的。对传播媒体来说，通过设立精彩的体育栏目，使各种媒体的用户大幅度增加，传播更加广泛，体育产业将获得更大利益，社会效益也不可低估。对体育文化自身而言，通过传播媒介的大力宣传，能够使广大社会民众对体育的意义、作用、功能等方面加深了解，体育观念逐渐改变，更进一步激发人们积极主动地参与到体育活动中去，通过体育锻炼不断地塑造自我；反之也促进了大众体育、竞技体育运动的不断发展。因此，传播媒体对体育文化的发展影响深远。

第二节　文化强国战略背景下我国大学体育文化传播的新思考

一、文化强国战略背景下，我国大学体育文化传播的要素

（一）大学体育文化的共享性

人类文化发展历史是文化创造的历史，同时也是不同社群、民族及国家文化共享的历史，文化共享的历史与人类发展的历史共短长，共享性是文化发展繁荣的重要因素，文化共享的目的和宗旨是促进文化的发展和繁荣。大学体育文化的共享性是在校学生、教师对体育文化的认同和理解，这是文化传播的基础，只有在这一前提下，校园文化才能传播，这种共享文化存在的形式各种各样，可以是文字、语言、颜色、动作等。例如，红色对中国人来说是表示喜庆，白色表示丧葬，但美国则不一样，红色表示恐怖，白色表示洁净。在校园团体赛项目比赛前，运动员们会围在一起手掌向下叠加在一起，表示团结加油，比赛时运动员会不断用手掌拳头在胸前击打表示自我加油，当运动员向上伸出食指和中指形成"V"时表示胜利；在运动场周围看到像红旗形的"LN"字母的图案是李宁公司的标志，"大钩"是耐克公司的标志等，如果不了解这些共享文化，就不会明白，就无法顺利交流和传播。同时学生文化层次较高，向往新事物，且能更好理解和接受文化的共享性，所以大学体育文化共享性是校园文化传播的基础。

（二）大学体育文化的传播关系

大学体育文化的传播关系是指大学体育文化传播中发生的联系，这是大学体育文化传播的前提。即使有了共享文化，如果没有这种传播关系，大学体育文化也不会发生传播，而且这种传播关系不可能发生在单个人身上。校园中有体育课、体育比赛、体育社团等，形成一个个关系网交织在一起，当许许多多教师和学生发生联系，组成各种关联的传播关系，才能发生大学体育文化的传播。这种传播关系体现在以下两个方面。

第一，外界与校园间的体育文化关系，方向是双向的，可以是外界信息传向大学校园，也可以是校园向外界传递信息。

第二，校园内部自身的传播关系，是信息在校园内部的自我传递的过程。

（三）大学体育文化的传播媒介

大学体育文化的传播媒介是大学体育文化传播的中介、载体和渠道，是大学体育文

化传播的工具和手段。一般可以将大学体育文化传播媒介分为人和物两类。

人是大学体育文化的传播者和接受者，同时也是最为活跃的传播媒介，校园中的"人"主要是教师和学生，其主要传播形式是开展体育课、训练课、比赛交流及体育社团等活动。其传播可以是教师本人通过语言或身体动作等向学生传播的过程，同时也可是学生间的传播或学生向老师传播，这种传播是多方面的，可以是单对单或单对多等，传播的媒介是人。另一种传播媒介是物，这种媒介较多，在校园的体育文化中主要有文字、音像和网络三种。文字是语言的物化，是最常见也是最普遍的传播媒介，也是大学体育文化积累和传承的重要手段。音像是学习体育技术和理论知识的视觉化的直接产物。现在网络媒介资源丰富，大量体育网站和地方网站的链接为我们检索体育类信息提供了高效的方法，同时也为大学体育文化的传播与交流提供了一个良好的平台。

（四）大学体育文化的传播方式

大学体育文化传播方式是传播者与接受者相互沟通的方法，是大学体育文化的桥梁。大学体育文化的传播方式很多，不同的过程表现也有所不同，通常有人际传播、群体传播、组织传播、大众传播四种传播方式。

1. 人际传播

人际传播指人与人之间的信息传播，通常是面对面的、不公开的场所的传播，这是最简单的传播方式，这种传播方式在武术、健身操、街舞、瑜伽等项目中常存在，采用"师傅"通过言传身教、手把手指导"徒弟"这种链式的传播形式。这种传播方式的特点是传播缓慢，在信息交流迅速的大学，这种传播方式明显已经不能满足师生对体育文化的需求了。

2. 群体传播

群体传播指信息在群体间进行交流的过程，这种传播的主要特点是传播人群广、传播速度快，大学体育比赛、体育文化节、体育社团活动等均是群体传播体育文化的表现。

3. 组织传播

组织传播指通过有组织、有计划传播信息的活动，如大学体育协会（篮球协会、排球协会、足球协会、网球协会、游泳协会等），这种传播方式具有很强的目的性。

4. 大众传播

大众传播指借助各种现代先进的大众媒介进行传播，如杂志、报纸、广播、图书、广告、电视、电影、手机、网络等媒介，这种传播方式具有信息传播单向流动、信息同时公开、信息传递快捷广泛等特点。

二、文化强国战略背景下，我国大学体育文化传播价值的思考

（一）自我增值价值

大学体育文化的传播必然存在文化增值的价值。学校是学习和传播知识的重要场所，外来的体育文化常常先在大学进行传播，经过大学包装使其更具吸引力，从而使其文化价值进一步强化，这样容易被民众接受。校园文化增值是经过传播者、接受者、传播媒介、群体参与四方面的因素作用而产生增值效应的。任何文化的传播都是传播者以自身的文化价值观念为准绳，在事实的基础上进行文化加工和自己的理解，掺进自己的价值观。

师生是大学体育文化的主要传播者，师生文化水平较高、理解能力较强，如果大学体育文化经过师生对其进行"包装""加工"，其社会的增值价值马上能立竿见影。文化的增值也存在于文化信息的接受者整个反应过程中，当人们接受一种文化价值信息时，总是根据自己的经验重新理解和界定这种文化信息的价值和意义，传播学中的"使用与满足""选择接受"理论都是以接受者为出发点来研究传播效果。

大学体育文化传播经师生接受后，就会根据自己经验和价值观的理解衍生出多种意义，而达到文化的增值。传播媒介对大学体育文化的增值起到事半功倍的作用。媒体的不断发展，传统媒体的不断更新，赋予了信息更多的意义，这点在校园文化传播方面的作用非常明显。群体参与是大学体育文化增值的重要因素。大学体育文化是人们活动的产物，因而大学体育文化的传播与增值更是离不开群体的参与，集体价值观正是在群体参与的基础上形成的。

（二）教育价值

大学体育文化的教育价值主要表现在它的潜移默化，暗示性和渗透性，这种暗示性不同于以教师教授、学生学的单向灌输为主的课堂教育，而是在具体的体育活动中，通过统一的规则、规范的行为、严密的组织和约定俗成的规定，使参加者和观赏者自觉或不自觉地接受体育文化的教育，从而培养良好的意志品质，能提高人们感受美、鉴赏美、创造美的能力。教育是大学体育文化的主要传播方法之一，大学体育文化对于学校体育教育目标的实现和改变学生的生活方式、学习方式以及习惯的养成都起到重要的作用。大学体育文化传播的价值已不再局限于课堂教育，而是不断通过各种体育活动、体育竞赛、体育文化产品、体育精神等活动潜移默化地使学生受到体育教育的熏陶，不自

觉地接受社会主导的价值观念和人生观，摒弃不正确的思想和行为，养成良好的道德品质、生活习惯，从而提升其体育文化素质。

（三）体育文化保护与传承价值

体育文化的传播过程本身就是保护与传承体育文化的过程，体育文化作为一种文化现象，无论对传播者或者接受者，只有成为人们的需要时才能进行传播，人们的意识、心理和价值观制约着体育文化的传播。学校是培养人才的主要场所，大学体育文化虽然是社会体育文化的缩影，但体育文化能够在学校传播是得到政府等有关部门认可的，凡能在学校进行传播的体育文化都是代表当前社会和民族文化的精华，同时体育文化在学校被师生接受后，经过他们对体育文化的理解，掺进自己的是非价值观，形成的体育文化更具有较大的社会认可性，这更容易推动体育文化的传播，无形中也保护了体育文化。

（四）社会调控价值

大学体育文化的社会调控价值是指通过大学体育文化对社会进行调适和控制的价值。这主要体现在两个层面：一是调适；二是控制。现实社会中，各种文化传播影响了人们的价值观和人生观，这些价值观和人生观不一定都是阳光健康的，特别是大学学生大都刚离开父母独立生活，在受到社会各种文化传播的影响，同时在处理人际关系方面存在各种不协调后，很多同学可能会产生悲伤或轻生的想法。大学体育文化通过各种各样的体育文化活动，拓展了校园内人与人交往的空间，增加了校园情感沟通的渠道，可以很好地改善这种现象，使校园文化进一步健康发展。

社会要健康、稳定发展，必须实行自我控制。在学校可以通过各种体育比赛、体育法规、体育精神、体育道德等体育文化活动的教育，使师生行为、活动稳定在一定的规范之内，保持校园的稳定，同时也可以借此机会培养师生遵纪守法的习惯，使学生以后走向社会能更好地控制自己的行为，促进社会文明发展和进步。

第三节 大学体育文化的现代化发展与创新

一、大学体育文化现代化发展新模式的塑造

（一）平衡大学体育文化中主体需要与社会需要的关系

1. 主体需要与社会需要的区别

大学体育文化主体需要与社会需要之间存在很多的共性，但也有一些明显的不同，具体表现在以下几个方面。

（1）起始目标不同

社会需要的起始目标为国家和民族的发展进步，它的着眼点更大、更宏观。而大学体育文化主体的需要更加细致和具体，就是从校园中师生群体的意识诉求的微观角度出发的。

（2）形成机制不同

社会需要是在遵循社会价值取向的基础上总结总体的共性而形成的。反观大学体育文化主体的需要是将自身作为对象，遵循学生的价值取向，受个人非理性因素的影响。

（3）表现形式不同

社会需要主要表现在宏观层面，这就带有了明显的概括性和综合性。而大学体育文化主体的需要则主要表现在微观层面，带有明显的针对性与具体性。

妥善处理主体需要与社会需要的关系以及明确它们之间的地位关系非常重要。只有这样才能让两者需要相互促进，相互借鉴，共同发展。但实际上，我国更加注重社会需要，忽视大学体育文化主体的需要，这直接导致体育教学在学校中的地位偏低，教学质量较差，不能充分调动主体的积极性，体育教育作为素质教育中的重要组成部分沦为一种形式。

2. 妥善处理主体需要与社会需要的关系

大学体育文化主体对于文化发展的自身需要是促使文化长期、健康与稳固发展的重要保证，一旦这种重视程度降低，大学体育的文化发展就会成为一种形式化的活动与文化，这是一种没有灵魂的实际文化，这就一定会使大学体育文化难以形成一个有序、健康发展的文化系统。

虽然社会需要与大学体育文化主体需要具有一定的一致性，但是如果忽视主体在各

个侧面不同层次的需要，也会在一定程度上影响社会需要的满足。大学体育文化主体的需要如果没有获得满足，则很可能就会在心理层面上对这种文化教育产生反感情绪，长久如此的话就会影响社会需要的实现。

大学体育文化主体需要是校园文化发展的重要推动力，然而社会需要则是重要的外在影响因素。学生在发展过程中，可了解社会需要的发展动向，并将其内化为自身需要，实现体育文化的发展。

在开展相应的大学体育文化建设过程中，应积极对校园主体文化需要进行分析，了解其生理和心理特点，加强对其的沟通和理解，将满足主体需要作为各项体育工作的重要目的。在开展工作过程中，应将社会需要视为关键的基础，给予充分重视，将其作为评定大学体育文化发展水平的标准，引导其向正确的方向发展。学校应该通过各种方式，将社会需要与主体需要融合起来。

（二）协调外部性干预与主体主观能动作用的关系

1. 坚持开放性原则

要想建设优秀的校园文化，首先要关注建设主体的问题。校园文化建设的主体对文化的需要会产生相应的内在动力，促进其主观能动性的发挥，从而提高工作效率。然而可以看到的是非大学体育文化建设主体的外部干预性的确可以在加快文化建设速度方面取得一些捷径，但要明确这并不是说如此一来的效率就更高。出现这种问题的主要原因是大学体育文化主体自身进行校园文化建设，能够更好地发展能动性，建设的文化体系更加统一，这样学生就更能适应这种文化系统。鉴于此，就需要建设者始终保持开放的态度，积极借鉴外部优秀的文化，将其融入大学体育文化建设中。此外，还要注重对文化主体的整合，实现文化主体素质的发展。

2. 发挥市场调节机制的作用

我国目前正处在社会主义初级阶段，各方面事业都在有条不紊地发展之中。因此，国家也在对教育体制进行改革，不断探索更加合理的教育之道。特别是在人才培养中越发关注市场的作用，即培养人才的依据成为社会的需要，这就是一种典型的市场调节教育的行为。例如，某个行业缺乏相关人才，则学校加强对相关专业学生的培养。政府在其中发挥一定的宏观调控职能。

政府的行政干预会在一定程度上干扰市场的调节机制，从而不利于市场调节机制的发挥。政府应积极履行新的职能，维持市场对人才需求的导向作用，构建新的人才培养模式。

（三）排除主导性制约因素的影响

大学体育文化发展的主导性制约因素主要包括人生价值取向、社会交往模式、价值本位类型、价值思维方式，消除这些制约因素是发展大学体育文化的关键。

文化本身具有两面性，其本身具有好的一面，也有一些文化本身并不符合现代社会的价值观。而要想实现大学体育文化发展的全新模式，就需要坚决抵制这些文化中的糟粕，防止它破坏大学体育文化的健康发展。

二、文化传承创新背景下体育教学的改革

体育教学改革要以体育教学现状及其他相关体育活动为基础，此外还应与校园文化建设相结合。这一切都是为了使体育教学改革顺应体育运动的发展规律。文化的传承与创新本身就是两个互相矛盾的事物，传承是将已有的文化完整地传递下来，而创新则是改变已有的文化，或是改变已有文化中的某个方面。然而，辩证来看，文化的传承是文化创新的基础，文化创新也是促进文化继续传承的根本驱动力。只有在这种相互作用下，传统文化才能在新时代继续闪耀辉煌，焕发出新的活力。而且只有这样，体育教学改革才能够获得不竭的精神动力和智力支撑，并且为体育教学改革提供灵活的方法和可靠的平台。

（一）加强大学体育文化建设与体育教学改革的结合

注重对校园文化以及大学体育文化的双重建设可以为体育教学改革带来动力，这也是一所学校增强自身软实力的必然需求。在学校体教改革进行之中，也要随时关注一些人文关怀方面的事物，全面贯彻落实"教育以学生为本"的理念。另外，体育教学改革还要注重对大学体育的多重文化的改革，如大学体育物质与精神文化建设、大学体育制度文化建设和大学体育行为文化建设等。只针对某一元素进行的改革总是会显露出片面性与单一性，最终的改革结果也不会持久。还有一点需要注意的是，对于大学体育文化的建设还不能忽视学校所在地区的民族风俗、地区特色以及学校综合实践活动情况。力求以提升在校学生的身心素质、民族精神为目标，落实切实可行的学校体育教学改革方案。

（二）以文化传承创新推动体育教学改革

要想使学校体育教学改革获得源源不断的动力，就需要文化的传承与创新能够跟上时代的变迁。如此产生的推动作用的原因主要是因为文化的传承与创新可以对体育教学改革中出现的许多问题进行指导和解决。具体来看，文化的传承与创新的首要表现就是

能够完善体育教学改革的理念。理念的转变并非易事，只有当社会发展到一定水平或忽然出现某种对体育教学产生重大影响的事件后，才有可能出现理念上的转变，而文化的传承与创新能够为这一问题提供更加符合时代发展需要的答案。另外，文化的传承与创新为体育课程改革的理论方向提供了理论基础。体育教学改革要求将"以人为本""健康第一"的理念与教学内容充分融合，要求突出发挥学生的主体地位，并为学生提供更加舒适的体育学习环境。

（三）通过体育教学改革促进文化传承创新

体育教学改革对于促进文化的传承与创新具有积极的作用。这种反作用力在体育教学改革中主要体现在对我国传统文化在体育事业中的文化内涵与特性、给人带来的综合发展变化以及整合校园文化与体育文化等的发掘方面。

1. 通过体育课程改革可以发掘我国传统文化的特性

体育教学改革是改变现行体育教学多方面因素与问题的行为，同时这也是一种对趋于完美的体育教学活动的改变尝试。这个改革过程能够体现我国传统文化的特性，因此被视为对传统文化进行传承与创新的一种间接的手段。

2. 体育教学改革可促进学生综合素养的提升

学生是我国未来社会主义建设的主力军，也是我国传统文化的继承人和开拓者。为了让学生能够成功胜任这些角色，需要从学校阶段对其进行全面综合的教育，特别要注重文化素质教育，而体育教学改革能够为培养更加优秀的社会主义接班人打好基础。

第九章 大学体育文化体系的构建

第一节 大学体育文化精神建设

一、对大学体育精神的认识

体育精神是一种文化意识形态，是通过体育运动而形成并集中体现出人类的力量、智慧与进取心理等最积极意识的总和，是体育运动的最高级产物。它从文化角度反映了人类自身的崇高。体育精神的魅力能够产生较强的鼓舞力、感染力和征服力，成为体育本身所特有的最积极的教育因素，进而能够指导和影响人类的生活方式和体育实践。体育精神的展现，是运动技能、技巧和多种优秀心理品质作用于运动的身体之后的升华。

（一）大学体育精神的涵义

大学体育文化是指体育文化在校园这个特定时空环境中的存在形态和发展方式。大学体育精神则是指一定历史阶段，在大学体育文化建设中积淀、整合和提炼出来的，反映大学体育文化的行为准则、价值观念和意识的总和，是校园人的体育精神生活方式和意识形态的反映。一般说来，大学体育精神包括以下含义：

1. 科学精神

大学体育的科学精神，体现在大学体育教学与训练、活动与比赛中按规律和制度办事，不盲从。要认真地分析和研究，对那些符合先进文化本质和发展规律的大学体育活动，要积极总结、归纳，集中推广，力求以此构筑大学体育文化的主旋律。

2. 求善求美精神

求善主要体现在世界观、人生观、体育道德观等方面的价值判断上。大学培育出的人才应该具有一定的历史使命感、正义感和正直的品质；一种爱校、建校之心；一种团结互助、为人民服务的思想意识。求美，主要体现在审美实践上。要求师生培养正确高雅的审美意识，引导人们按照美的规律来规范校园生活的全部（包括体育环境美、体育行为美、体育思想美等），使得整个校园洋溢着体育美的气息。

3. 团结拼搏，争先创优精神

主要体现大学师生在体育训练中不怕困难和挫折，具有坚强的毅力；在体育比赛中团结拼搏、勇于竞争、善于竞争，并力求争先创优。团结拼搏、争先创优精神的发扬既可以使校园充满生机和活力，又可以使师生员工形成一定的个性、形成一种催人向上的心理机制。

4. 创新精神

大学体育文化是总结、继承和传播人类优秀体育文化的成果，是在继承基础上的创新。在高度的知识密集和智慧卓越的大学校园，师生们企望创造新的体育文化，以符合时代发展的需要。创新精神是大学体育文化的一种综合体现。

5. 健康第一的观念

"体者，载知识之车、寓道德之舍，无体便是无德智也"，这是毛泽东在青年时期用自己的亲身体验写下的具有辩证法意义的警句。强健的体魄是服务社会、贡献国家、实现理想的基础条件，是实现人的全面发展的重要方面。学校的主要任务是要培养社会主义现代化事业的接班人，必须树立健康第一的观念。

（二）大学体育精神的特性

1. 鲜明的时代性

大学体育精神是大学所处一定历史时期的时代精神和时代风貌的具体体现。因此，一所大学的体育精神，必将随着人类社会的重大变迁和大学的发展而发展变化，大学体育精神应该和时代精神相一致。

2. 稳定性

大学体育精神一旦形成，便具有相对稳定性。这种相对的稳定性使人们的体育思想、体育意识和体育行为得到某种程度的维系、巩固和规范。大学体育精神的相对稳定性，也标志着对民族传统体育文化和学校传统体育的继承和发扬，体现了优秀传统体育和时代精神的交融。

3. 个性特征

大学体育精神所具有的个性特征，是一所大学的体育精神区别于其他大学体育精神的根本所在。由于大学之间在历史传统、性质、具体工作的指导思想、学校所在地区的体育文化环境等方面因素的差异，就会带来不同学校的人们在体育传统观念、体育行为方式等方面的不同，进而产生出一所学校特有的大学体育精神。

4.渗透性

所谓大学体育精神的渗透性，是指大学体育精神能够发生辐射，渗透到学校教学、科研、管理等各项工作之中，渗透到师生员工的一切活动当中，渗透到人们思想政治、价值观念形成的过程中。从而影响和引导大学师生员工和大学体育文化的发展。它还可能渗透到校外的社会生活中，从而实现大学体育文化对社会和社会文化的辐射。

（三）大学体育精神的价值取向

1.先进性

大学体育是大学校园文化的重要内容，从价值观上看主要反映在大学体育精神上，它是大学体育的灵魂。大学体育精神价值取向的先进性就是看它是否面向现代化、面向世界、面向未来，是否是民族的、科学的、大众的。相反，那些带有迷信、愚昧、低俗、颓废、庸俗等色彩的大学体育的行为准则、价值观念和意识形态，则是落后的、危害和影响大学体育开展和校风、学风建设的价值选择与评价。

2.科学性

科学是相对一般概念而言的，大学体育精神价值取向的科学性是指它的选择和评价不偏颇、不唯上、不迷信权威、不执迷。大学体育文化作为校园文化的重要内容，要彰显体育的魅力和凝聚力，但决不能为此疯狂或者执迷，而要理性地、认真地分析和研究，那些符合先进文化本质和发展规律的大学体育活动，要积极总结归纳、集中推广，力求以此构筑校园文化的主旋律。

3.增进健康

增进健康是体育永恒的主题。在我国，由于人们对大学体育理解的差异，造成大学体育的功能和价值取向的异变。学校体育的唯技术、唯规范思想，削弱了体育增进健康的功能和作用，从而也扭曲了大学体育精神价值取向的选择和评价。然而，随着素质教育的实施和对大学体育功能的不断开发，大学体育所提供的多姿多彩的身体活动和娱乐方式，已使大学体育活动成为校园人增进健康至关重要的手段和方式，所以，以人为本、增进健康是新世纪大学体育精神的核心价值取向。

4.促进个性完善

一般说来，个性结构包括个性的倾向性、能力系统和自我调节系统等基本要素，这个结构的完备与否，将直接关系到个体身心能否全面发展和社会适应能力强弱。大学体育活动是群体性和独立性相互交织的文化活动，参加体育活动的人，无论在个人竞技还是在群体比赛中体力的改善和技能的获得、同伴的赞许和肯定，都会使参与者产生积极的情绪和由衷的满足感；长处和弱点的暴露，也同样会使参加者自我意识增强，激励自我不断地战胜困难、挑战极限，并且在大学体育活动中进行调整，这个过程是促进个性完善和发展的过程，也是大学体育精神的宗旨所在。因而，大学体育精神价值取向就在于促进个性完善。只有满足了个性完善使之得到全面发展、谈得上健康，才谈得上适应和创造，才是素质教育的具体体现。

二、体育精神对体育文化的发展所起的作用

体育精神进入体育教学，将促进体育课程改革，一改以往单调而枯燥的传统体育教学模式，采用轻松活泼、形式多样的体育教学方式方法，增强学生的体育意识，促进广大青少年学生健康、全面发展。因此，体育教学必须以人为本，树立体育精神的观念，让学生深刻认识参与体育运动的最高价值理念，使我国青少年能够真正科学有效地投入到体育运动当中去，让体育为他们今后的学习、工作和生活带来终身利益。

（一）体育精神对体育教学的作用

体育精神是爱国主义最具活力的载体和最鲜明的表现。体育作为一种文化，与爱国主义有着天然的联系。每个运动员都有自己的理想、信念和动力，都有自己为之奋斗的座右铭，但有一条是中国几代优秀运动员共同拥有的最宝贵的精神财富，那就是为国争光、为民族争气！20 世纪 30 年代刘长春"单刀赴会"；50 年代容国团、侯加昌、王文教等一大批有着强烈民族责任感的运动员、教练员从国外返回祖国，为振兴与发展新中国体育事业作出贡献；60 年代中国运动员登上世界最高峰珠穆朗玛峰；80 年代洛杉矶奥运会中国体育健儿实现金牌零的突破；90 年代中国提出申奥震惊了世界；容国团的"人生能有几回搏"；蔡振华放弃国外丰厚待遇和安逸的生活毅然回国，在中国乒乓球运动最需要他的关键时刻挑起重振国球的重担并连创辉煌等等，没有不是为国争光的爱国主义精神在中国体育战线上的生动写照。

2. 激发学生社会情感

由于体育运动具有竞赛性、对抗性的特征，竞赛结果又有不确定性，因此它不仅能引起广泛的社会关注，而且能够使人们产生强烈的情感刺激和情感体验，调整失衡心态。体育教师应运用体育课自身特有的教学特点，营造比赛氛围，让学生在不知不觉中意识到人与人之间团结合作、相互理解的重要性，同时激起学生积极向上的心理体验和社会责任感。体育教师通过体育课堂教学中设计的各项有计划、有目的的活动，不但要

向学生传授体育知识技能，更重要的是要在潜移默化中培养学生的集体责任感、奉献精神和团队精神。从而使学生懂得国家利益、社会利益和集体利益高于个人利益，只有具备良好的社会情感，才能成为对国家、社会与集体有益的优秀人才。

（二）提高学生的心理素质和社会适应力

1. 体育有助于培养合作精神

合作建立在团体成员对团体目标认识相同的基础上。在合作的社会背景中个人所得有助于团体所得。现代社会需要合作精神，一个人的力量微不足道，一个人要想在社会中取得成就就要与他人合作。合作能力既是体育活动参与者必备的素质，也是通过体育活动需要发展的一种能力，体育教学对学生合作精神的培养具有积极的意义。

2. 体育锻炼有助于形成竞争意识

竞争是体育运动的主要特征之一。在体育运动过程中，时时处处都充满着竞争，既有对自己运动能力的挑战，也有与他人的竞争；既有人与人之间的竞争，也有团体与团体之间的竞争。现代社会竞争日趋激烈，努力地培养竞争意识与能力有助于学生走出校门、走向社会后更很好地适应社会。

（三）体育教学与体育精神

尽管体育运动技术手段、比赛方法、胜负的形式各不相同，但基本的体育精神却是相同的。学生投入到体育运动中就已经开始接受体育精神的影响和教育，受到体育精神的熏陶，改变和塑造着自己的人格精神。

①体育教师要培养学生树立体育精神的意识，认识到体育精神对学生人格形成所起的重要作用，把体育精神的教育贯穿在整个教育过程中，时时刻刻利用体育精神培养学生的人格。

②细读精研教材，挖掘、提炼教学内容之间的体育精神。

③教学过程中用适当的教学方法和手段，培养学生的体育精神，注意教学细节对学生体育精神的教育。在深化教学改革的时代，体育精神的培养是体育教学的一个高层次的战略目标，所有的体育教师都应在体育精神的挖掘、提炼上，在体育精神教育的内容、教育方法与手段上狠下一番功夫。

三、大学体育精神建设的途径分析

（一）营造良好的体育文化氛围，发挥体育精神内隐式教育作用

体育精神是社会文化的一种，体育精神对人的影响是潜在式的，能在无声无息中形

成一种渗透力量，大学生所受体育精神的影响不仅发生在体育课程中，而且发生在大学生的日常生活中。对于大学生而言，处于一种良好的体育文化氛围中，能够激发大学生锻炼的自觉性，培养他们对体育的热爱，使大学生在体育锻炼中获得情感和精神的升华，进而达到文化教育的目的。国内有不少大学倡导"我运动、我健康、我快乐"的体育运动理念，在体育活动中大学生体会到这种理念的精神实质，为体育精神的传递和培养提供了机会，体育精神也为形成正确的校园文化起到了促进作用，特别是在促进大学生形成好的体育锻炼习惯和健康的生活方式上，体育精神有着良好的促进作用。

（二）创新教育方式方法，将体育精神内化为自觉意识与行为

心理学家本杰明·布鲁姆（Benjamin Bloom，1913 年 –1999 年）将教育目标划分为认知、情感、动作逐步递进的 3 个层次。他认为教育目标的最高水准是把体育活动看成是人的自身价值的体现，他认为体育精神是通过体育活动将这种精神内化为人的情感，并对人的行动做出指导，成为人的精神支撑。因此，体育教育的方式方法也需要进一步完善，可以在体育教育活动中激发大学生的学习热情，让大学生能够主动地感悟生活。从目前的情况来看，体育精神主要在体育活动中得到体现，大学举办的运动会、社团活动等，都可以为大学生提供健身的作用，但是体育活动并非展现体育精神的唯一途径。比如人们越来越依赖于即时通讯工具如 QQ、微博，大学生在虚拟空间中所花费的时间很多。可以更好地利用这些工具，比如建立体育专用微博，在微博中植入健康生活的理念，这种易于被学生接受的方式，能更好地让大学生感受体育精神，并且这种做法有助于体育精神的内化。

（三）将体育精神培养纳入校园文化建设体系，形成工作长效机制

在我国体育在整体教育系统中的地位是比较低的，很多家长受传统观念的影响，认为学生进行体育活动的目的就是锻炼身体，不是为了在体育方面取得什么成绩，更不会考虑体育对于学生精神层面的影响。但是在西方国家，中产阶级家庭对于孩子的培养中包括着体育锻炼，而且他们对于孩子的体育锻炼是有目的性的，希望通过体育锻炼促进孩子的竞争意识，使他们能够形成一种必胜的信心和勇气。大学是培养人才的地方，体育精神对于培养大学生拥有健康的心态，形成正确的校园文化都是有益的，但是体育精神是一个长效性的活动，不可能速成，需要学校在进行校园文化建设时将体育精神纳入到校园文化建设中，形成了人人讲体育精神的校园文化氛围。

（四）构建体育活动价值体系，彰显体育精神价值

体育精神是在大量的体育活动中体现的，体育精神的表现形式比较抽象，所以大学

生在把握体育精神时需要注意进行区分。虽然很多学校都组织各种体育活动，但是在热闹的体育活动中，有时大学生并没有领会到体育活动的深层价值。很少有学生会考虑到体育精神，并进行深思。体育精神需要细化，然后将体育精神和体育活动结合起来，是一种比较可行的方式。我们常说的"重在参与"最早是由奥运会发起人顾拜旦提出的。这里的参与是指参与体育活动，有试试看、体验一下的意思，这种参与体现了对体育活动的主动探索性，在参与的过程中发挥自我潜能。放弃参与，就是放弃发现自我的机会。体育精神注重的是参与且是体验，不是通过语言讲道理，是体验后获得经验和体会。

大学生本身是不同的个体，由于知识、经验的不同，对体育精神的领悟能力也有差异，所以可以对体育精神进行细化，在此基础上形成体育活动价值体系此外，体育比赛中的企业与俱乐部的联盟本质上也对体育精神的培育有着促进作用，所以说，以多元化的方式融入体育精神培育工作中，可以使体育精神更有活力。

第二节　大学体育文化物质建设

一、大学体育物质文化建设的现状

（一）体育经费的现状调查

体育经费是大学体育文化最基本的物质保障。根据调查显示，目前多数大学的体育经费的划拨视具体需要而定，体育经费的使用主要是购买体育仪器和设备，维护和建设体育场地设施，添置体育服装器材和体育图书音像资料，春季运动会与冬季运动会的训练、比赛、奖励等。

（二）体育场地设施的现状调查

近年来，高等院校为了加快发展，纷纷加大各个学科的软件和硬件建设力度。体育场地设施作为高等院校校园环境建设的醒目亮点体现了学校办学的综合实力，各校领导越来越重视对体育场地设施的修建和改善。但由于大学不断扩大招生，使本来人均面积就少的体育场馆越来越不能满足体育教学和学生课外体育活动的需要。数据显示，"211"大学的体育场馆数量多、质量好，但是为了延长其使用寿命，许多高质量的体育场馆只能在校队训练或举办比赛时使用，不能作为日常教学用的场地。普通大学的体育场馆设施数量较多、质量较好，基本可以满足日常教学和学生课外活动的需要，独立学院和高职高专体育场馆现状较为类似，都是体育场馆数量较少，使用率却相对较高。这一方面显示出体育场馆数量难以满足其体育教学和课外活动的需要，另一方面说明持续地使用会加大体育场馆的损耗，学生和教工的满意度自然不会高。

（三）体育运动器材的现状调查

数据显示，多数"211"大学与普通大学的师生认为学校体育运动器材数量较多、质量较好且基本够用，独立学院体育器材的数量和质量稍好于高职高专院校，能够基本保证使用，但是质量较差限制了教学和训练的质量。另据调查显示，各类大学的体育运动器材主要用来保证教学和训练的使用，并没有向学生提供课外体育活动所需的器材，有的师生认为这样的管理并不合理。

（四）体育图书音像教材资料的现状调查

数据显示，"211"大学和普通大学的体育书刊资料基本能够保证教学和学生阅读的需要；独立学院的体育书刊资料质量一般，已不能满足大部分学生的需要；高职高专院校没有体育书刊资料室，体育书刊资料质量差，不能满足师生的需要。调查还显示，大部分大学的图书馆中体育专项书籍较少，且内容比较陈旧、阅读价值小，特别是独立学院和高职商专院校对体育图书资料的重视程度不高，资料不齐全、管理较落后，为师生查阅体育资料造成困难，给了科研和教学带来极大的不便。

（五）体育宣传设施的现状调查

数据显示，四类大学基本都有宣传栏，可以发布包括体育消息在内的各类信息。例如，有的"211"大学有象征体育精神的火炬雕像。这种代表体育的雕塑无声地传播着体育文化，使置身在校园中的个体时刻感受到体育精神的鼓舞。

二、大学体育物质文化存在的问题与不足

（一）体育物质文化发展不平衡

随着高等教育改革的不断深入，大学各个方面建设都需要大量的资金投入。但是，当前大学对大学体育物质文化的资金投入往往被推后或被忽略。而且由于大学体育物质文化的发展水平还受到学校所在地的经济发展水平、城市规模、学校规模层次等因素的制约，导致了各级各类学校体育物质文化发展的不平衡。在部分经济较发达地区、一些高水平大学、一些新建或新迁校址大学，学校的体育物质文化发展较快，而部分经济落后地区、普通大学、独立学院和高职高专等学校中，体育物质文化发展则相对滞后，具

体表现为：体育场馆设施陈旧、体育器材及设施数量不足，体育宣传设施和体育图书资料较少等，满足不了基本的教学及各项群体活动的开展的需要。相对而言，"211"大学和普通大学用于体育工作的专项经费相对较多，体育硬件设施较好，教师和学生的满意度较高。而独立学院和高职高专院校在体育基础设施建设方面明显落后于"211"大学和普通大学，说明独立学院和高职高专没有充分认识到体育物质文化建设在校园文化建设中的重要性。

（二）体育物质文化建设理念的缺乏

我国一些大学虽然经济实力不及欧美发达国家高水平大学，但是动辄花费几千万元甚至几亿元建造高标准的大型体育场馆，挤占了学校有限的办学资金。还有许多大学只考虑体育场馆的竞技运动功能，而没有将教学、健身、娱乐的理念运用在体育场馆的建设和改造中，结果由于场馆建造标准太高、维护费用过高，只可以限制进馆时间和人数，或者采用收取高额费用的办法进行补偿，造成了高标准体育场馆的闲置浪费。

（三）大学扩招对体育物质文化建设的影响

近年来，我国高等教育大力倡导多种教育形式并存的形式，特别是加强了独立学院和高职高专院校的教育投入力度，这无疑为我国高等教育事业的发展带来了新的机遇和挑战。一些学校易地重建或加强校园基本建设，规划和设计新的体育场馆设施，实现了大学体育物质文化建设跨越式的发展。但是大多数大学只能挤占有限的体育活动场地来满足扩招后的教学和生活用地，满足不了日益壮大的学生团体的运动需求，给大学的体育课教学和其他体育活动的开展带来了诸多影响。新建体育场地设施由于涉及政策、征地、资金、工期等因素，短时间难以弥补扩招带来的供需矛盾，这种现象在独立学院和高职高专院校中表现得尤为明显。

三、大学体育物质文化发展策略

（一）改变观念，加大大学体育物质文化建设力度

各类大学应根据自身的实际情况加大大学体育物质文化建设的力度。不但是要加强体育硬件设施建设，而且还要挖掘硬件设施中蕴涵的人文价值。体育场馆、塑像、宣传栏等物质载体本身就是一种文化现象，它凝聚着人类的智慧，体现着人类的价值观。这些外在物质实体所承载的文化内涵对学生的思想起到了陶冶作用。而且在进行大学体育文化建设时，应该坚持继承原则、不断创新和发展，吸纳中外体育物质文化的精华，体现出时代、民族的特点和教育的特色，使体育硬件设施建设不仅体现现代化、高科技的

特点，更能成为弘扬民族和传统文化的载体。

（二）实现多元化发展，使社会效益与经济效益有机结合

学校应向广大师生员工提供大量充足的体育活动场地设施，以便使他们拥有健康的身体、旺盛的精力和良好的健身习惯，更好地投入到教学和学习当中去。这样学生毕业后走向社会和工作岗位，不但会对社会作出更大的贡献，而且会提升大学的声誉，吸引更多的优秀人才到大学中来。在此基础上，在课余时间把闲置的体育场地通过有偿服务的方式面向社会开放，吸纳一部分的资金用于维护和管理场地可以有效地缓解体育经费不足的压力，实现社会效益与经济效益相结合的目的。

第三节　大学体育文化制度建设

一、大学体育文化制度建设的必要性

建设健康向上的大学体育文化，不仅是大学校园文化建设的需要，同时也对提高大学生体育文化素质、增强体质，培养终身体育思想，促进体育和校园精神文明建设有积极的作用，是值得大学工作者探讨和研究的课题。近几年来，随大学体育地位的逐步提高，大学体育文化建设也随着师生重视度的提高而有了长足的进步。大学开展了形式多样的体育文化活动，使学生的参与积极性有了很大提高，不仅促进了学生的身心健康，而且对培养学生体育意识和运动能力起到了积极作用。但是，在进步的同时也存在着一些问题和不足。由于独生子女在大学中的比例较高，存在爱享受、怕付出的不良观念，在体育运动中碰到困难就畏惧不前，不敢克服困难。还有很多同学集体主义观念不强，不愿参加集体活动，出现失败相互埋怨，经常出现和队友不合或消极参加运动的情况。

（一）大学体育管理中间环节薄弱

我国高等教育在宏观管理上制定了体育管理方针，也有相应的目标和评价机制，要求高等学校要努力构建学校体育与终身体育紧密衔接的课程体系，提高学生的体育意识、健身能力和欣赏水平，促进了学生全面发展。但缺少相对具体的管理方法，体育的管理和执行权下放到了各大学。我国普通大学体育管理组织结构存在的问题主要在于学术管理和行政管理混淆不清、层级结构不够科学、基层组织形式单一、开放性较弱、与外界的交流渗透不足。

（二）大学体育对管理对象的要求缺少个性化

学校体育教育在国内已经步入正轨，但是同时还存在着一些因素使得大学体育的发展受到不同程度的阻碍。当前大学体育教育存在学生体育兴趣不足的现象。许多大学体育运动只在少部分喜爱体育运动的学生中自觉进行、多数学生对体育课程的学习仅以修满体育学分为目标，或者将体育课看成繁重的文化课学习间放松休息的时间，体育运动没有成为大学学生的自觉行为。

（三）大学体育社团管理组织水平亟待提高

体育社团是大学校园中最活跃的学生社团，是大学学生社团的重要组成部分，为丰富学生的业余文化生活起到了很大作用。但是，大学体育社团在飞速增长和发展的同时，因其管理等相关知识缺乏，学校又没有进行必要的指导和培训，不可避免地存在着组织松散、管理水平低、发展目标不明确等各种各样的问题。

（四）大学内部体育管理效率低下，管理机制落后

大学内部体育管理体制机构缺乏灵活性，也缺乏和其他部门的协同性。我国大部分大学体育管理实行的是大学行政管理部门直接指挥为主，大学体育管理部门在一定范围内自我调节为辅的管理模式。这种模式较少考虑大学体育与社会体育的关系，也较少考虑大学体育管理与大学管理之间的联系和协同，学校体育场馆、器材管理也相对滞后。

（五）大学体育健康意识不足

随着我国国民体质健康检测工作的大规模开展，国民体质状况调查结果不容乐观。各级学校学生的体质状况都远低于十年前，也低于国外同龄青少年。目前在我国学校中，年级越高学生的体育健身意识越淡薄，这不能不说是我国学校体育教育的失误和悲哀。所有这些均提示，强化国民的体育健身意识和健康行为、强化学校体育的教育功能，开展全民健身活动是非常必要和可行的。

二、学校内部管理机制具体的建议

学校管理是一项复杂的系统工作，需要调动一切能够运用的资源，构建全方位的保障机制，保证体育管理的质量。

（一）树立"以健康第一"为主导的大学体育文化思想

学校体育工作者和管理者应该认识到建设大学体育文化是大学工作的重要组成部分，拓宽学生的体育文化视野，培养积极健康的体育精神。

（二）加强体育管理组织体系的建设

应从两个方面予以考虑：一是建立起学校体育管理与外部环境的联合机制，主要包括与校外单位和校内非体育部门组成具有协调配合职能的组织机构，对于大学体育工作从宏观上进行有效协调。二是建立结构合理、层次清晰、高效有序的大学体育管理执行机构，细化大学体育管理各组成部分，实现科学有序管理。

（三）充分发挥学生在大学体育文化中的主体作用

必须以学生为中心开展相应的体育文化活动。大学的体育活动应该保证体育活动项目多样化和体育活动生活化，根据学生的特点体育活动的形式可以小型化，并做到不同人群体育活动的差异化。

（四）积极开展大学体育竞赛活动

大学通过开设高水平的传统体育项目形成有自己特色的体育传统，这样才能提高学校体育的影响力，适应 21 世纪大学的发展潮流。大学还要结合本校的实际状况，开展校内的体育竞赛活动，通过去引导广大师生参与的体育竞赛活动，将会极大地改善大学校园的体育文化环境。

（五）规范体育俱乐部的组织管理

大学应将体育俱乐部作为一项专项工作来组织。体育俱乐部的组建并不削弱体育课的基础地位，体育俱乐部应由学校管理人员、专业教师和学生共同管理和运行，体育俱乐部不能成为一个休闲娱乐组织，而应该是具有具体管理职责和任务的全校性官方组织，参加体育运动的学生和教师要有备案制度，相应的档案资料要作为师生的考评资料。

（六）提高大学体育设施的利用效率

大学应建立体育场馆和设施良好的经营管理体系，必须重新对传统的封闭的经营方式进行改进，引进先进的管理模式及经营方式，并对社会实行有偿开放。学校应掌控体育场馆的经营模式，减少了微观上的政策干预，调节有关部门之间的经济关系，调动体育场馆管理人员的积极性，以此推动大学体育场馆的利用率以及服务水平。

三、大学体育管理制度的原则和方法

根据学校体育工作的特点与规律，学校体育管理的基本原则有整体性原则、周期性原则、有序性原则、规范性原则、教育性原则和有效性原则。

1. 整体性原则

学校体育管理的整体性原则包括了两层含义：

①学校教育管理是一个有机的整体系统，它由若干个子系统组成，按工作任务可以分为智力教育管理、道德教育管理、体育教育管理等子系统，学校体育管理作为学校教育管理的子系统，首先应服从并服务于学校教育管理这个整体，处理好局部和全局的关系，使之与学校教育管理相适应，为培养德、智、体全面发展的一代新人作出应有的贡献。其次，学校的领导者、有关部门、组织与人员，也应该处理好全局与局部的关系，在抓学校教育管理的时候，将体育管理列入其中，使学校体育管理在学校教育管理中有相应的位置，并给予应有的重视和关心。

②学校体育管理作为学校教育管理的子系统，自身又有一个由若干个更小的了系统组成的整体系统。就学校体育管理的内容分，可以分为体育教学管理、课外体育活动管理、运动队训练管理、体育竞赛管理等子系统。这些子系统虽然各自管理对象的内容与特点不同，所采用的管理手段和方法也存在着区别，但它们之间又是相互联系、相互促进、相互制约的，并形成了学校体育管理的整体，为完成学校体育的总目标服务。

2. 周期性原则

学校育人活动的周期性特点和规律，决定了学校体育管理的周期性。学生从进入小学开始到获得一定的学历毕业走上社会，这是一个通过多少年教育培养的全周期。而小学、初中、高中、大学，各学段又相对独立为一个大周期；每一学段又是以年级来划分，每一个学年又构成学年度周期；每一学期、每一周均构成学期周期或周的周期；直至每一天、每一次课、每一次活动形成最基本的教学和活动单元。

这种周而复始、循环往复、不断提升的过程，决定学校教育管理的周期性，也决定了学校体育管理的周期性。

学校体育管理的周期性，要求在设计、决策各级各类学校体育发展战略、学校体育目标、体育教学大纲、体育锻炼标准和体育合格标准等事关学校体育全局的事项时，有一个科学的、通盘的思路和架构，使不同学段之间、不同年级和学期之间，既互相衔接又不断提高要求，以期达到理想的效果。学校体育管理的周期性，还要求实施学校体育计划管理。计划管理是学校体育管理的极为重要的表现形式。

计划的制定和执行，是学校体育质量的重要保证。没有计划，就不成其为管理，也就谈不上学校体育工作的质量。而计划的制定，又是以学校体育教育的周期性特点为依据的，如：学校体育工作计划，就是以学年度与学期为时限的；体育教学计划，分为学年体育教学工作计划和学期体育教学工作计划；运动队训练计划，也是以学年度来划分训练周期的等等。

学校体育的周期性，还表现在学校体育工作和活动的季节性。由于我国四季分明，南北气候相差悬殊，因而在活动内容的安排上，总是考虑季节因素，因季节而异，例如春季的校田径运动会，秋季的各种球类比赛，夏季的游泳，冬季南方的长跑活动和北方的冰雪运动等等。

3. 有序性原则

管理是一种有序的活动，学校体育管理也不例外。学校体育工作是一项复杂的工作。由于其对象的广泛性、工作内容的多样性和任务的繁重性等特点，决定了学校体育管理工作的复杂性。贯彻学校体育管理的有序性原则，就能保证各项工作忙而不乱、井然有序地进行。学校体育管理的有序性，首先表现在学校体育管理系统是一种多层次的有序结构，学校主管体育工作的校长、体育卫生领导小组（体育运动委员会）、教务处（体卫处）和总务处、体育教研组（室、部）、体育教师、班主任。这种管理系统反映了管理的层次性特征，形成为决策层、管理层、执行层等三个层次。不同层次应明确职责和分工，上级管下级，一级管一级，领导做领导的事，各层做各层的事。这样分层次的有序活动，就能使管理产生最佳的综合整体效应。学校体育管理的有序性，还表现在管理过程的有序性。管理过程的三个基本环节，即计划、实施、检验，也反映了管理活动的有序性。不论是学校体育工作，还是体育课教学、课外体育活动、课余体育训练、体育竞赛，在实施管理时，都要按照这三个基本环节进行。如果违背了管理过程的有序性，就会造成工作杂乱无序、事倍功半，影响或削弱管理的效果。学校体育管理的有序性，还表现在处理学校体育的具体工作时，要分清主次、轻重、缓急。主要工作应始终抓住不放，以此带动全局；重点工作着力办，来保证重点任务的完成；急事急办或特办，以期短期内收到显著的成效。

4. 规范性原则

学校教育是一种有目的、有组织的活动。学校是在党的教育方针、国家有关教育的法律和法规的指导和约束下开展教育活动的。教育方针和法规，就是一种最具有约束力、最基本的规范和准则。作为学校教育组成部分的学校体育，同样也应受制于这种最基本的规范和准则之下。任何轻视、忽视、削弱、排斥学校体育的行为，都是对上述规范和准则的背离；同样任何只顾体育成绩，不问、不抓德育与文化学习的行为，也是对上述规范和准则的背离。学校体育管理的规范性，要求学校体育建立必要的规章制度和工作规程。合理的规章制度和工作规程，既可以保证学校体育管理者正常的、稳定的工作秩序，又可使受管理者自觉地遵守，来维护和保证学校各类体育活动正常、合理地进行。学校体育管理的规范性，还要求学校有良好的校风和学风、良好的体育传统、风气和体育道德作风。校风和学风不仅对道德教育、智力教育有约束力和影响力，而且对体育教育也同样有约束力和影响力。

良好的体育传统、风气和体育道德作风不仅从一个侧面反映出一所学校体育的质量、水平和体育的精神风貌，而且还在一定意义上反映出一所学校的教育质量和精神面貌。

5. 教育性原则

学校体育是学校教育的重要组成部分，他的本身就属于一种教育活动。学校教育决定了学校体育管理必须遵循教育性原则。搞好学校体育管理，就能更有效地实现增进学生身心健康，增强学生体质；使学生掌握体育基本知识，培养学生体育运动的能力和习惯；培养学生道德品质等诸方面的效果，全面地完成学校体育工作的基本任务。

学校体育管理本身也是一种教育。合理的体育管理制度、有效的管理措施、严格的管理要求等，对学生的体育行为和道德行为起到很好的规范作用，因而能发挥积极的教育效果。加强体育课教学的管理，不仅能更好地完成体育教学的任务，也能教育学生树立为实现"四化"锻炼身体的思想；搞好课外体育活动的管理，能增强学生集体主义精神；做好体育竞赛的管理，能使参加者树立公平竞争的思想、养成遵守规则、尊重对方、尊重裁判的习惯，因此"管理也是教育""管理育人"的提法，是很有道理的。学校体育管理的教育性原则，还体现在学校体育管理者和体育教师的表率作用方面。学校体育管理者和体育教师在管理中严格要求、一丝不苟、以身作则、为人师表，其对学生的感召力及影响力不可估量。

6. 有效性原则

管理的目的是在实施管理过程中，合理地使用人力、财力、物力、时间、空间和信息，使之获得最佳的效益。体育管理的有效性以管理效率（或经济性）和效果作为评价的主要标准。管理效率是指人、财、物、时间、空间、信息的耗量与单位效果之比。讲管理效率，就是要用最少的人、财、物、时间、空间和信息获得最佳的效果。因而管理效率，也可称作管理的经济性。贯彻有效性原则，还要求大学在实施学校体育管理时，对管理工作的效率和效果进行科学的评价。上述各项原则是相互联系的有机整体，它们组成了学校体育管理的原则体系。贯彻这些原则，要在实际作中根据学校的具体情况和工作实际，合理而有机地加以运用并让之具体化。

（二）学校体育管理的方法

学校体育管理的一般方法有：法律法、行政法、教育法及奖惩法等。

1. 法律法

学校体育管理的法律法是运用法律、法规对学校体育进行管理的方法。它又可称作法律法规法。由于法律与法规具有普遍性、规范性和强制性等特点，故在其适用范围内具有普遍的约束力。教育与体育的法律法规、学校体育的法规，是进行学校体育管理的法律、法规依据，有利于维护学校体育管理秩序、调整各种管理关系，以促进学校体育事业的发展。

2. 行政法

学校体育管理的行政法，是运用行政组织的职能与手段对学校体育实施管理的方法。由于行政法具有权威性、指令性、针对性和自上而下的纵向性等特点，能有效地发挥组织、指挥、控制、调节的作用，是一类常用的管理方法。

3. 教育法

学校体育管理的教育法是运用宣传教育的手段和形式，对学校体育进行管理的方法。教育法也可称作宣传教育法。因为教育法具有说理性、引导性、多样性、灵活性和表率性等特点，能使管理者和被管理者知其然也知其所以然，启发自觉性和积极性，使管理制度和办法得以顺利地贯彻和推行，并使管理具有教育意义。

4. 奖惩法

学校体育管理的奖惩法是表彰、奖励先进，批评或惩戒后进的激励办法，因而也可以称作激励法。是学校体育管理中常用的行之有效的方法，也符合体育是一种竞争性活动的特点。表彰、奖励是对集体和个人的体育工作和成绩进行肯定、褒扬的方法，能起到激励、示范和推动学校体育工作的积极效果。表彰和奖励，可分为精神奖和物质奖两类。物质奖的奖品或奖金应适当并有教育意义。某些地方对优秀体育教师在薪资待遇方面给予一定的晋升也是可取的。批评和惩戒，是对学校体育工作的后进集体或个人进行批评教育、惩罚处理的方法，能起到教育、告诫、鞭策的作用。实施本方法时，要求批评应实事求是、以理服人，惩戒应依据罚则实事求是、适度掌握及惩前忠后。

第十章　新时代大学体育文化创新与体育文化现代化

第一节　新时代大学校体育文化建设的策略

一、观念引领，弘扬体育精神文化

体育精神通常可以培养学生艰苦奋斗、勇往直前的品质。这种精神有利于明确体育实践活动的发展方向，也有利于体育文化模式的改革，体育精神对学校精神文明建设发挥着主动作用，同时也能够明确学校制度文化的建设目的。

体育精神也是一种良好的能动意识，可促进体育行为的发生，对身心健康发展有着重要的作用。另外，这种精神是一种具有规范性的力量，可将一个人的体育状态、体育水平、体育心理反映出来，同时也能够激励人们追求更远大的理想。

在学校体育活动过程中，不仅要帮助学生树立良好的体育意识，还要引导他们学习一些优秀的体育精神，将体育精神与学校文化建设进行有效的结合，提升学生的团结协作精神与竞争意识，从体育精神的角度出发，促使体育文化建设质量的提升[①]。在健康中国的大背景下，想要更好地宣传体育精神化，应该合理地运用新的体育精神理念，跟上时代发展的步伐。在学校体育文化建设当中，应该根据学生的特点，融入一些体育精神内容，并将这些内容作为校园体育文化建设的导向，同时还要对物质文化、制度文化、精神文化建设进行创新与改革，并且加强这三方面的联系，促使体育精神能够在学校中更好地展现出来。

二、依法治校，健全制度文化建设

制度文化建设在学校体育文化建设中发挥着重要的作用，通过学校建立一系列的规章与制度，对学校体育文化设计不断完善，那么学校制度文化建设会变得更加具有特

---

① 袁晓芳.学校素质教育中的体育文化传承：读樊晓东等人学校体育文化建设［J］.当代教育科学，2018（7）.

色①。

　　学校可以根据自身的实际情况，将学校体育文化进行一定的创新，成为学校的一项重要活动，并且不断建立健全相关制度，比如：每年举办田径运动会、音乐艺术节、美术艺术节，通过这种形式可以为实施全面健身计划提供良好的保障②。还可以选择增设体育教师考核制度，建立一套完善科学的教学考核标准，对体育教师的教学成果进行监督和了解，将学生对于老师的评价纳入考核标准当中。通过定期向学生征询对于体育课程教学效果的评价，从中了解体育教师教学模式中存在的各类不足，结合学生的需求，对其中问题加以改善，提升体育教师的教学效果，推动大学体育文化建设③。学校领导应该提升对体育活动的认知水平，学习相关的知识与内容，并且落实到实际工作当中，提升学生整体的身体素质，促使他们能够有更好的发展。学校应该将体育项目与体育目标进行有效的结合，为学生提供不同的体育项目的训练，促进体育目标的实现，同时也能够满足我国健康战略的发展要求。把我国学校体育文化融入法治建设当中，创建学校、体育、职业等方面相结合的评价体系，促进了制度文化建设水平不断提升。

三、多元发展，构建学校、社区和社会的三方力量

　　在健康中国大背景下，学校应该加强社会与社区之间的联系，推动学校体育文化的发展。体育文化活动虽然属于一种自愿的行为，但是由于时间周期比较长、学习压力过大等各种原因，学生很难持续有效地进行。

　　公共体育设施有利于人们展开相关的体育活动，提升人们运动的积极性。学校可以适当地组织学校职工以指导员的身份参加到社区体育文化活动中，主要以宣传运动健康为主。同时引导学生积极参加社区体育运动，不仅锻炼学生的身体素质，而且也有利于提升学生的健康意识，另外还应该在活动内部创建相关的管理部门，比如：组织社区体育实践部，便于各个学校以社团的形式参与其中，其中管理部门的主要职能包括制定相应的规章制度、场地的布置，以及活动所需要的服务。同时应该合理地规划相应的文化建设，为制订互动文化互动计划提供基础，例如：安排时间、合理选择评价机制等，并且在实践中不断优化组织管理程序。

　　政府相关部门应不断优化与创新学校体育活动，制定促进学校体育发展的法律法规，帮助学校转变体育思想，促使学生能够健康地发展。同时，学校体育工作者应该经

---

① 崔正梅.构建高职学校体育文化的方法探析［J］.成才之路，2012（22）.
② 魏庆钢.试论构建学校体育文化的原则与方法［J］.中国学校体育，2001（6）.
③ 高希生，阁宝成.体育品牌的内涵及外延探析［J］.体育文化导刊，2005（12）.

常与社区进行沟通与交流，制订相关的工作计划，加强与社区体育活动之间的联系，可以安排学校专职人员到社区进行相关的体育文化指导，并且学校还应该选出一些高水平的体育教师规范相关社区群众的体育运动行为，同时组织学生参与到社区志愿者服务中来，创建相关的服务模式、沟通模式，并且不断完善这种模式，促使这两种模式更加科学、合理①。总而言之，在健康中国的发展背景下，应该提倡人们多参加一些有关健身的运动，将与群众有关的基础设施进行充分利用，同时学校体育充分发挥主导作用，使人们意识到健康对生活的重要性，并且有效推动体育文化的发展。

四、个性发展，探索适合校情的体育文化建设模式

在健康中国背景下，优化与创新体育教育有利于学生身体素质的提升。想要提升校园体育文化的建设水平，应该从学生的角度出发，将校园体育文化与学校文化教育进行有效结合，根据学校实际状况，创建符合学生发展的校园文化，加强宣传体育文化的力度，适当增加体育经费的投入，建设更多的体育设施。

学校体育在社会体育中占据着主体位置，不同的学校体育培养目标也要有一定的差异，培养目标尽可能突出学校的个性与特色。在建设校园文化的过程当中，应该以学生的特点与培养目标为基础，在此基础之上进行个性的发展。为了保证体育文化建设过程当中的特色，学校与教师应当发挥自身主观能动性，主动试行更多具有特点的教学方式，以此调动学生的积极性，推动校园体育文化的建设。学校的教育目标是为学生今后的发展奠定良好的基础，职业教育的目标是为我国培养高质量的体育运动人才，因此，在建设体育文化时，应该重视培养目标的实用性。通过对不同校园文化的融合，为学生营造一个良好的体育文化环境，进而促进了不同学校健康的体育文化的积极发展。

第二节　新时代背景下大学体育文化的创新研究

一、互联网时代大学生融入大学体育文化的路径构建

作为大学生接触最多、最具吸引力的一种校园文化，大学体育文化潜移默化地影响着大学生的身心健康和人格发展。但是大学生长时间上网，很少参与体育运动，也因此而失去了与同学、老师的交往机会，这就容易导致大学生出现不同程度的心理健康问

---

① 史冬博.刍议我国高校体育文化品牌的基本要素［J］.北京体育大学学报，2009（2）.

题，如紧张、冷漠、孤僻及情感缺乏等。大学体育文化对大学生形成正确的世界观、人生观和价值观具有重要的培育作用，在互联网时代鼓励大学生走出网络，亲身参与体育文化活动，可以促进大学生全面健康的发展。

互联网时代，互联网与校园文化的融合使传统校园文化的升级成为现实，在校园教育、文化、生活等多个领域中都应该渗透互联网思维，从而实现全方位的创新升级，2016 年，中国青年报、腾讯 QQ、中国大学传媒联盟共同主办"互联网＋校园"高峰论坛，主要从用户思维、简约思维、平台思维和跨界思维对"平台服务＋优质内容"的合作模式、繁荣校园文化的新路径进行探讨。[①] 有关学者受此启发，提出四个重要的视角来促进拥有互联网思维的大学生更好地建设和融入大学体育文化，这四个视角具体如下。

（一）主体尊重

重新明确互联网时代背景下大学生的参与主体地位。从用户思维来看，以用户的特点和需求为依据而着手设计和生产，以大学生为主体的所有参与者是大学体育文化中的"用户"，大学生的用户特征比较鲜明，主要表现为文化素养较高，学习、接受和接纳能力较强，能够熟悉把握信息社会的社交网络和分享应用，此外，大学生追求个性，对新事物充满好奇心，有冒险精神和尝试新事物的勇气，激情高，适应性较好等特点。

大学生是大学体育文化的主体，对大学生的主体地位予以尊重，在大学体育文化建设中创建平台（微信、微博等）让大学生发挥"用户"主体地位，这就要求对传统的体育文化活动进行创新，通过新的丰富多彩的体育活动来吸引学生，让学生产生新鲜感和好奇感，并通过对互动途径的优化，与大学生实现双向连接，鼓励大学生独立参与体育活动场地布置、宣传工作等，不要拘泥刻板流程，选有特长的学生从事比赛裁判工作，巩固学生的主体地位，增强其自信心与责任感，与时俱进。

在创建平台时，要求网络程序简单快捷，易上手操作，这样的应用软件更容易传播与流行，大学体育文化活动要与大学生的学习生活贴近，活动内容不要求参与者有特别的运动能力，多安排群体娱乐活动，调动了学生的积极性，同时建立和谐的师生关系。

（二）政策扶持

加强对大学体育政策长效机制的创建，大学体育文化活动的开展以学校为主体，各部门相互协调与合作。要重视培养大学体育教师的能力，培养大学管理者的正确观念。有些管理者自己对体育运动没兴趣，所以对学校体育运动的发展也不重视，只是完成规

---

① 钱枝 . 互联网时代大学生的校园体育文化融入路径构建［J］. 池州学院学报 .2018，32（3）.

定体育教学任务便不做其他方面的工作，不重视大学体育教师的专业能力培养，不尊重体育文化，这严重制约了大学体育文化的发展。

在互联网时代，大学应以《体育法》《国家体育锻炼标准》《学校体育工作条例》和《关于进一步加强和改进大学生思想政治教育的意见》等法律文本为指导对大学体育规章制度规范进行制定，做到职责明晰，分工明确，推动大学体育文化建设，提供支持政策，保证了学校体育工作的顺利开展。

（三）体育内容和形式创新

把复杂变简单是互联网思维的精髓，简约体育活动是大学体育文化的重要内容，这并非指将"运动会""体育节""艺术节"等各种类型的体育活动简单堆积，这虽然体现了大学体育文化内容的丰富，但投入的人力、物力和财力资源较多，准备周期长，增加了相关的负担，而且参与其中的人并非都是真正愿意参加的，这就失去了体育活动的趣味性，活动的举办也就难以达到预期效果。

简约体育活动的举办宗旨是学生参与、学校指导，从学校的办学特色出发对有特色的体育文化活动进行开展，不要对其他学校的体育文化活动进行简单模仿，要充分发挥自身优势，减少不必要投入的活动。

在大学体育教学方面也要不断改革与创新，增设休闲、拓展类运动项目，拓展运动空间，组织户外集体活动，让大学生在大自然环境中体验运动的无限乐趣，获得最大的享受。

（四）平台构建

在大学体育文化活动互联网平台构建中，要将各种零碎的社会资源整合起来，对开放的、多方共赢的生态圈进行打造，使大学师生对学校文化有深刻的理解，并参与文化建设。平台为所有参与者平等地提供了开放的发展机会，所有参与者无条件共享资源。平台通过信息共享对校园文化活动和参与者的关系进行调整，使校园文化能够可持续发展，实现最大效益。

"合作共赢、共建共享"的互联网精神是大学体育文化活动互联网平台倡导的主要精神，以大学为主导，大学生为主体，开展大学体育文化活动的组织、策划和交流，广泛宣传体育活动的意义，充分地考虑学生提出的宝贵意见，及时汇总，吸收建设性意见，及时安抚学生的不良情绪，给予合理的解释。此外，要营造积极健康的体育文化氛围，加强体育教育实践工作的开展，开发公共体育课程，提高教师专业素养和执教能力，对各方面的体育教学资源进行充分的整合和优化，进一步实现体育文化资源共享。

二、和谐社会视域中大学体育文化体系的完善

（一）加强思想引导，推进大学体育精神文化建设

校园精神文化中体育精神文化是一个不可缺少的重要组成部分，在大学体育文化中体育精神文化是核心和灵魂。大学体育文化是学校体育的窗口，大学体育精神文化则是学校体育教育的重要窗口。作为大学体育思想文化的集中表现，大学体育精神文化积极影响着大学生的思维方式、价值判断、精神风貌、道德情感、人格塑造、行为习惯等各方面。大学要注重构建与发展大学体育文化等软环境，紧跟时代步伐，和大学体育文化的发展需要相结合创新体育文化，努力促进先进体育文化的繁荣发展，从而以特色鲜明、时代气息强烈的大学体育精神构筑校园文化的主旋律。

（二）加强硬件保障，推进大学体育物质文化建设

学校开展体育活动，必然离不开体育场馆、体育设施、体育器材等物质基础，这是构建大学体育文化环境的基本前提和保障。大学应在学校的整体建设规划中纳入大学体育文化设施建设，不断对校园运动场馆、体育设施建设进行有计划、有步骤地完善，创造良好的校园环境来开展体育活动。

大学还要不断开发与创新运动项目，举办了丰富多彩的体育文化活动，提高大学生的参与积极性，进而促进大学体育物质文化建设的和谐价值和思想教育性的不断提升。

（三）加强科学管理，推进大学体育制度文化建设

大学体育文化系统的正常运行离不开大学体育制度文化的支持和保障，大学体育物质文化与精神文化的发展也离不开制度文化这一必要条件。大学应建立大学体育文化管理体制，并且注意要分工明确、责任到人。制度面前人人平等，大学相关领导要亲自挂帅，有关管理人员要身体力行，发挥好带头作用。

大学要明确大学体育的发展目标，立足实际需求，统筹规划和建设大学体育文化，对适合自身发展的管理机制不断建立健全，保障大学体育文化活动的正常开展。大学体育文化建设工程非常复杂，只有上级加强管理，各部门通力配合，才能使大学体育文化的可持续发展得到保证。

（四）加强形式创新，推进大学体育特色文化建设

不同大学的规模、办学类型、办学条件以及师生结构等都是有差异的，再加上地理位置、气候条件、环境等方面的不同，决定了不同大学的不同办学思想和教学理念。在大学体育文化建设过程中，大学应与自身办学优势和特点相结合，开展独具特色的体育

文化活动，从而促进学生课余文化生活的丰富。

（五）加强过程监督，推进大学体育文化评价体系建设

为顺利开展健康的大学体育文化活动，大学应建立科学合理的大学体育文化评价机制，适时评价大学体育文化活动的开展状况，并根据评价情况调整有关政策。大学体育物质文化、精神文化、制度文化等的建设状况，大学体育文化活动开展状况，师生的参与状况等是主要评定内容评价方式可结合定性和定量评价两种方式，通过客观、真实、全面的评价为今后大学体育文化工作的顺利开展提供可靠的参考。

第三节　体育文化现代化

一、体育文化的现代化转型

中国科学院可持续发展战略研究组对现代化的定义是："一个时段（期）的现代化是指某个特定的空间系统，在人类发展进程中的特定时间间隔，规定一组具体的可操作目标（预设具体目标）的实现步骤。"由此，可将民族传统体育的现代化内涵阐释为：在当代社会的发展路程上，不断趋向于一组复杂的、同时具有时代内涵的和时空边界约束的、与其他社会组成部分相协调且相对目标集合的动态过程。我们研究民族传统体育的现代化，是为了建立一套科学的、全面的及系统的现代化理论体系，使民族传统体育在现实中面临种种碰撞和冲击能够保全和创新发展，从而能在世界主体文化中展现出中华民族的特色，丰富世界文化内容。实现民族传统体育现代化的途径则是：

其一，整合民族传统体育文化。中华民族传统体育与西方竞技体育有着根本性区别，蕴含着形神合一、天人合一、修身养性的深厚含义，具有"内向性"和"调和"的特征，并且追求"和合"的精神。其所具有的这些思想特性，将更加适应现代体育在未来的发展动向和潮流，也是中华民族传统体育的优势所在。因此，发展民族传统体育文化要立足长远，着眼于未来，对现代体育文化去粗取精、博采众长、开拓创新，整合成一种面向未来的、超越现代体育文化的现代化文化。我国民族传统体育项目近千种，形式多样、内容丰富，试图把我国民族传统体育所有项目均留存传承下去是很不现实的，也是不符合发展规律的，因此我们只能从众多的项目中筛选，来打造一批中华民族传统体育精品项目。在推广当中，可能只有部分项目能够得到充分的发挥，绝大部分项目只能面临被淘汰的厄运。

其二，打破禁锢，创造现代化环境。我们要想认知历史、研读历史就必须回到事物的"原生态"，追求"本真""原汁原味""乡土""返璞归真"等，这些无形的要求也就成了我们挖掘和整理民族传统体育初期的主要思想。我们的初衷是好的，然而在对民族传统体育现代化研究的过程中却被这类"原生态"思想禁锢了，它无形中羁绊着民族传统体育的改革发展和创新实践。因而我们在研究现代化时需要转变陈旧的思想并进行思想理论创新，营造"百家争鸣"和"百花齐放"的氛围，创建良好的科研和创新环境。"土洋体育"之争出现于我国 20 世纪 30 年代，如果那时我们采取"土洋结合""土洋并举"的方针，那么到现在也就可能不需要再重提民族传统体育的现代化问题了。但是历史毕竟已经是过去，我们也无法去改变，深究谁是谁非已没有现实意义。目前我们开展的一些国际、国内、省市等民运会并不少，但观众却寥寥无几，出现这种现象，主要是因为有些项目缺乏娱乐性、锻炼价值、趣味性和观赏性，或者说缺乏竞技性和挑战性，因此我们更为民族传统体育的发展担忧，同时也进一步说明随着生活方式的改变，人们对体育的需求也发生变化。所以，立足现实、解放思想、打破禁锢、着力创新才是民族传统体育实现现代化的正确出路。

其三，借鉴融合，积极转型。西方体育能够长期扎根学校，一方面得益于政府主管部门及学校领导的重视、党的教育方针与"为国争光"的奥运精神，另一方面就是这些运动的形式简单方便，训练者甚至什么都不需要带就能直接进入状态，并能自觉参加锻炼和自觉地组织比赛活动。我们可以从中学习并借鉴经验。在创新的过程中，我们可以运用嫁接、借鉴、融合哪怕是变异的方式。我们要敢于进行创新研究与善于发现变异，还要努力去培养变异。以土家族的棉花球项目为例，它巧妙地把篮球的扣篮技术移植到棉花球运动中，从而使棉花球运动不仅增加了本身的锻炼价值、挑战性、趣味性和观赏性，还更加符合广大青少年的生理心理特征，并对青少年速度、力量、耐力、灵敏等素质的发展具有良好的促进作用。《中共中央关于加强青少年体育增强青少年体质的意见》（以下简称《意见》）中有一条不得不引起国人的注意：当前青少年的力量、速度、耐力等体能指标持续下降。还有一项调查显示：许多学校的校纪录几十年内没有被打破。我们面对如此严峻的形势，应该遵循《意见》的精神，努力提高人才培养质量和国民整体健康素质，尤其是关注青少年的生活与成长健康，努力创新民族传统体育项目，让其更加适应当代国人的需求。

其四，运用现代科技手段实现民族传统体育的现代化。创新是一个民族进步的灵魂和标志，是一个国家兴旺发达的不竭动力。离开创新谈民族现代化是不可想象的。现代体育中，体育已经离不开现代科技，世界各国都致力于研究和开发新姿势、新器材、新技术，纵观体育发展史，许多新的世界纪录或新的世界冠军往往依赖于一种新技术、新姿势、新器材等，这种现象在高手如云的国际赛事中比比皆是。例如，新的泳衣、撑杆、标枪等高科技材料的尝试和使用；跳水、体操中翻转动作的周数和连接次数不断增加；跳高、铅球动作的进化；游泳服装的现代化改进等。因此，在民族传统体育的现代化征程中，现代科技所带来的科技创新是必不可少的。

当前，相关研究者正在创新研究一些民族传统体育项目，探索改造革新技术，研究新型高性能器材，相信这些有益尝试必将促进我国民族传统体育的现代化。

二、大学体育文化现代化的发展策略

在我国大多数大学的课堂教育中，都将体育教育划分为副科，没有给予充分的重视。因此要想实现体育现代化发展目标就要求教育部门重新修订教学大纲，把体育教育作为基础的学科来进行系统的课堂教学，并且要保证学校体育教学的质量。可采取一些具体的措施来配合学校体育教学的实施，例如，规定文化课不及格可以进行补考，如果体育课达不到要求不可以补考，这种严格的规定势必会提高学生对体育课的重视程度。

（一）大学体育教育现代化的必要性

中国现代化建设是以市场经济发展为前提的，那么我国的体育教育现代化的发展就不可能脱离中国的基本国情。只有正确地看清本国存在的不足并合理汲取世界各国的优秀文化，完善中国特色体育现代化的理论，才能使得中国体育现代化与体育现代化教育有更好的发展，最终将中国的完美形象展现在世界的大舞台之上。我们已经认识到，盲目地追求西方文化是错误的，适当借鉴西方文化，以本国文化为主导来构建现代化体育教育才是发展的根本。众所周知，文化是一个民族经过几千年沉淀下来的巨大财富，民族文化可以反映一个国家的特征。改革开放政策的实行，把中国推到了世界的历史舞台之上，中华儿女已经成功地把中国文化展现给世界。

（二）大学体育教育现代化发展的策略

1. 体育教学思想现代化

教育思想现代化即教育思想主动适应社会变革，对教育建设具有超前意识，它包括人才观、质量观、教育价值观、教学观、师生观，并在教学实践中身体力行，使之成为全体教育工作者的自觉行动。就体育教育学而言，应从单一的生物体育教学观转变到多维的体育教学观；从传统的以体育知识技能灌输传授为中心转向以培养学生自主学习、自主锻炼，发展独立思考能力和创造能力为主的体育教学；从多元化、全面性、发展性的教学目标出发，从体育教学的生物、社会教育、心理方法论等多重原理出发注重不同年龄段学生的体育知识技能、体育兴趣及体育价值观的培养；改变人为地用心率、密度等生物学科的知识和方法来评定任何体育课的思想。而现在许多学校的室外体育优质课的评判，许多教师并不是关心该课是否使学生在愉快的身体运动中学到了知识，而是忙于测量学生的心率，测算该课的密度，让学生如临大敌，根本谈不上在愉快中运动学习，简直是在表演。整个体育课如果达不到预定的心率和密度，即使该课愉悦了学生的身心，增强了学生的体质，也只能与优质课无缘。以上思想有的已深深根植于体育教师的头脑中，甚至成为某些教师的自觉行动，所以这些对体育教学的改革极为不利。

2. 体育教学内容现代化

用先进的科学技术来充实技工学校的教育内容，强调了教材要反映出现代科学文化的先进水平。因此教育内容的精心优选、科学搭配是教育现代化难度最大、影响最广泛的基础性工作。现在的体育教材内容多而杂，而且缺乏年龄化、性别化、专业化的特点，教学内容陈旧，只重视知识本身而不重视知识的更新和选择的针对性，教材内容脱离群众体育内容，如铅球运动项目从小学就开始学习直到大学还在学习，真正走向社会之后没有人手里握着铅球在社区或公园进行锻炼，诸如此类的教材内容屡见不鲜。现代体育教学内容应重视多种教学内容的综合，体现终身健身的需要；注重基础理论内容与运动技能内容的合理搭配；注重体育教学内容的科学性、时代性、全面性与民族性。而现在的体育课教学很少体现出民族性，许多传统的有价值的运动内容被安排在教材的选修部分或只占必修教材的一小部分，且必修教材多被竞技体育运动项目内容所取代。

因此，在内容的选择上应注意继承与创新的结合。理论课教材应选择有利于强化学生健身意识、增强体质的知识。同时，应该抱着发展的实事求是的观念来扬弃传统的教学方式、方法，充实学校体育教育的文化价值与观念体系，实践课教材应打破以竞技运动为中心的教材体系，选用具有较高锻炼价值和终身效益的民族传统体育项目等，培养学生科学锻炼养护身体的能力。

3. 体育教师队伍现代化

体育教师队伍的现代化是体育教学现代化的核心因素。现代化的体育教师应具有一定的体育知识、技能、技术等，掌握现代教学方法、新型教学设备的操作技术和一定的专业外语，具有正确的人才观、教育观和师生观。

我国现有的体育教师队伍不论是学历层次，还是知识结构层次都不容乐观，仅就学历达标情况而言，小学、初中、高中分别为 61.84%、82.9%、87.9%。而且部分中小学体育教学水平低下，教育观念和知识结构陈旧，不能从较高层次上进行教学，在教学方法和手段上仍采用凯氏教学法。不管是幼儿园学生还是高中学生、大学生都是千篇一律的"立正""稍息""齐步走"，使儿童教育成人化、无趣性，成人教育无特性，而且绝大部分体育教师缺乏驾驭现代化教学设备的能力，运用了先进的信息工具获取各种体育信息的能力更是极为贫乏。

这就要求体育教师不仅要注重提高自己的学历层次，更要不断吸收新知识，更新知识结构，学会改变体育教学工作中形成的传统工作习惯与思维方式，用现代教育思想与理论武装自己，使自己的观念和认识得到提高。

4. 体育设施现代化

（1）电子计算机的运用

在对运动员进行训练的时候，电子计算机是教练最常用的工具，教练可以把运动员的生理状况通过编写程序输入计算机中，根据队员的自身情况制订针对性较强的训练计划。在竞赛的时候，电子计算机能够综合运动员各项结果，

预测出运动员在下节比赛中可能表现出的状态，这样就可给教练足够的时间来制定准确的战术。在现场比赛设备布置方面，电子计算机常常和记分牌相连接，计算机的应用不仅能够提高记录的准确性，还能自己排列出名次，最重要的是可将比赛成绩传送到荧幕上。

（2）激光、电子设备的运用

在训练过程中随处可以见到激光、电子设备的运用，比如录像机、摄像机、立体摄影仪等，这些设备的应用可以从不同的视角来记录场上队员的表现，以便在赛后进行正确的技术分析，同时也能够为观众清晰地呈现出不同场地的不同镜头的切换。

（3）电子遥测技术的运用

在体育科研中随处可见心率、心电等遥测设备，其可以随时监控运动员在训练时的身体各项指标的变化，合理地安排运动量。在比赛过程中，教练员可以通过电子遥测技术对运动员进行场外指导，及时纠正错误，从而能够取得预期的效果。

新中国成立以后，我国对外体育交流工作取得了令人瞩目的成绩，但是主要停留在竞技运动的多变和双边竞赛活动的表面阶段，在国家学术交流方面还没有形成规模化。我国体育事业虽然已经取得了很大发展，但与国外相比还是存在着较大差距。因此在未来的体育现代化发展中，我们要通过各方面的不懈努力来打破这样的局面，积极吸取国外的先进训练方法并向国外推广我国的先进理论，通过不断加强国际体育交流与信息搜集，实现体育教育现代化。

实现体育现代化应从以下几个方面着手：首先是实现体育教育指导思想现代化。在体育实践教育中要以学生为教育的核心，教师应该多关注学生个体素质的区别，要因材施教，突出学生的主体地位，建立良好的师生合作关系，实现了共同进步。其次是实现体育教育内容现代化。要求整个体育教育内容要完整、设置合理、结构简明、实用性强等，在教学中要运用科学的方法，能使得所有的运动员虚心接受，从而达到教学的目的。再次是体育设施要现代化。体育设施是体育教学的基础设施，也是学校体育教学综合实力的体现。它具体还包括体育教学设备、训练装备达到现代化体育教育水平的要求。有经济实力的学校，应该根据学校的规模完善相配套的体育设施。经济基础较差的学校，应该结合学校一切能利用的教学设备，最大程度地服务于学生。最终还要实现体育教学管理的现代化。体育教学管理现代化是指以理论知识为基础，应用现代化教学的方法来提高体育教学质量，积极地将先进的科技技术运用到体育教学管理中，优化体育现代化教育的过程。我们只有不断完善自身建设，才可以满足体育现代化发展的新需要。

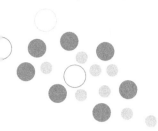

参考文献

［1］周冰 . 多元视域下的体育文化发展研究［M］. 长春：吉林大学出版社，2022.

［2］张仙波 . 体育强国战略下我国体育文化的重塑与发展研究［M］. 长春：吉林出版集团股份有限公司，2022.

［3］张丰 . 非遗保护视角下民族传统体育文化的传承与发展研究［M］. 长春：吉林大学出版社有限责任公司，2022.

［4］赵一刚 . 高校校园体育文化建设与探究［M］. 北京：中国原子能出版社，2022.

［5］张丽 . 我国民族传统体育文化的传播与发展研究［M］. 长春：吉林出版集团股份有限公司，2022.

［6］卢伯春 . 终身体育思想下我国学校体育文化的建设与发展研究［M］. 广州：广东人民出版社有限公司，2022.

［7］王昕光，赵云鹏，吴伟 . 传统体育文化研究［M］. 太原：山西经济出版社，2021.

［8］谢萌 . 高校体育文化教育研究［M］. 长春：吉林人民出版社，2021.

［9］田华 . 民俗体育文化研究与探索［M］. 长春：吉林文史出版社有限责任公司，2021.

［10］刘佳，南子春，马占菊 . 校园体育文化的建设与发展探究［M］. 北京：中国纺织出版社，2021.

［11］郭燕 . 新媒体时代体育文化建设研究［M］. 延吉：延边大学出版社有限责任公司，2021.

［12］张丽 . 我国民族传统体育文化的传播与发展研究［M］. 长春：吉林出版集团股份有限公司，2021.

［13］李进文 . 高校体育教学与体育文化融合发展研究［M］. 北京：中国原子能出版传媒有限公司，2021.

［14］白真 . 社会转型期我国传统体育文化的价值体系与实现路径研究［M］. 上海：上海交通大学出版社有限公司，2021.

［15］吴彩芳 . 校园体育教育改革与文化建设研究［M］. 北京：中国原子能出版社，2021.

［16］刘青 . 新时期高校体育文化构建研究［M］. 长春：吉林人民出版社，2021.

［17］杨学文，赵磊 . 高校冰雪体育文化教育与发展体系研究［M］. 长春：吉林人民出版社，2021.

［18］吕品.高校体育文化理论与实践研究［M］.长春:吉林出版集团股份有限公司,2021.

［19］苏永骏.建设体育强国背景下学校体育文化建设与发展研究［M］.北京:中国农业出版社,2021.

［20］赖荣亮.体育文化建设与大学生体育能力培养研究［M］.长春:吉林出版集团股份有限公司,2021.

［21］谢成立.文化交融背景下传统体育文化的创新与发展［M］.北京:中国农业出版社,2021.

［22］向青松.高校体育文化理论与实践研究［M］.北京:原子能出版社,2020.

［23］康丹丹,施悦,马烨军.高校体育文化建设与大学生体育健康［M］.长春:吉林人民出版社,2020.

［24］冯娟娟,李德伦,周玫.高校体育文化与大学生体育运动［M］.长春:吉林出版集团股份有限公司,2020.

［25］沈竹雅.大学生体育运动与体育文化研究［M］.长春:吉林出版集团股份有限公司,2020.

［26］张丽.中国传统体育文化的对外传播与产业发展研究［M］.长春:吉林出版集团股份有限公司,2020.

［27］海梦楠.民族体育与文化产业融合发展［M］.长春:吉林人民出版社,2020.

［28］孙洁.体育文化研究的多向度审视［M］.天津:天津科学技术出版社,2020.

［29］张鹏.高校体育文化教育与运动研究［M］.长春:吉林科学技术出版社,2020.

［30］何巧红.大学体育文化与运动训练研究［M］.长春:吉林科学技术出版社,2020.

［31］石丽华,吕涛.我国民族传统体育文化传承与发展研究［M］.太原:山西经济出版社,2020.

［32］谢明川.民族传统体育文化的继承保护与创新发展研究［M］.北京:中国纺织出版社,2020.

［33］刘国民,梁朱贵.体育文化传承策略研究［M］.长春:吉林出版集团股份有限公司,2020.

［34］韦阳.高校校园体育文化建设研究［M］.长春:吉林文史出版社,2020.

［35］芮松.体育文化与高校德育教育的融合［M］.北京:应急管理出版社,2020.

［36］张雷.高校体育文化教育与全民健身研究［M］.天津:天津科学技术出版社,2020.